隣国の言語を学び、教えるということ

日韓の高校で教える言語教師のライフストーリー

澤邉裕子 著
사와베 유코

目次

序章　複言語・複文化主義の潮流の中で……………………………………… 1

　1．本書の目的　　　　　　　　　　　　　　　　　　　　　　1

　2．英語偏重の外国語教育　　　　　　　　　　　　　　　　　2

　　2.1　日本の学校教育における外国語教育　　　　　　　　　2

　　2.2　韓国の学校教育における外国語教育　　　　　　　　　5

　3．複言語・複文化主義の潮流　　　　　　　　　　　　　　　6

　　3.1　複言語・複文化主義とは　　　　　　　　　　　　　　6

　　3.2　東アジアにおける複言語・複文化主義に関する議論　　10

　　3.3　言語変種の一つとしての日本語と韓国語の選択　　　　12

　　3.4　なぜ教師に注目するのか　　　　　　　　　　　　　　13

　4．本書の構成　　　　　　　　　　　　　　　　　　　　　　14

　5．本書で使用する用語　　　　　　　　　　　　　　　　　　15

第1章　隣国の言語を学び、教えることの意味づけ
　　　　―概論的枠組みと研究方法―　……………………………………… 23

　1．概念的枠組み　　　　　　　　　　　　　　　　　　　　　23

　　1.1　言語教育分野におけるアイデンティティ研究への注目　23

　　1.2　状況的学習論とアイデンティティ　　　　　　　　　　24

　　1.3　第二言語習得研究におけるノートンの理論　　　　　　26

　　1.4　言語教師のアイデンティティを捉える視点　　　　　　29

　2．立脚する研究パラダイム　　　　　　　　　　　　　　　　31

　3．質的データを用いた日韓の言語教師に関する先行研究　　　33

　　3.1　韓国の日本語教師に関する質的研究　　　　　　　　　33

　　3.2　日本の韓国語教師に関する質的研究　　　　　　　　　40

　　3.3　本研究のオリジナリティ　　　　　　　　　　　　　　46

　4．研究の方法　　　　　　　　　　　　　　　　　　　　　　47

　　4.1　質的研究　　　　　　　　　　　　　　　　　　　　　47

　　4.2　フィールドワークという研究手法　　　　　　　　　　47

4.2.1	フィールドワークとエスノグラフィー	47
4.2.2	フィールドワークが行われた場所	49
4.2.3	フィールドワークにおけるデータの収集と分析	50

4.3　教師の「語り」を聞くという研究方法　　52

4.3.1　ライフストーリーという手法　　52

4.3.2　インタビューの概要　　54

4.4　本研究を実施するにあたっての筆者の構え　　58

第2章　隣国の言語を教える教師たちの背後にある社会的、教育的文脈
―第二外国語教育の制度がある韓国とない日本―　　67

1. 近年における日韓の社会的な文脈　　67

2. 日韓における隣国の言語の位置づけ　　71

3. 韓国における日本語教育　　74

　3.1　朝鮮半島における日本語教育の概観　　74

　　3.1.1　日本語教育の歴史　　74

　　3.1.2　中等教育における日本語教育の歴史　　77

　　3.1.3　中等教育における教育課程の変遷　　80

　3.2　韓国の中等教育で教える日本語教師の任用と研修機会　　84

4. 日本における韓国語教育　　86

　4.1　日本における韓国語教育の概観　　86

　　4.1.1　韓国語教育の歴史　　86

　　4.1.2　中等教育における韓国語教育の歴史　　88

　4.2　日本の中等教育で教える韓国語教師の任用と研修機会　　93

　4.3　非常勤講師が多く教える韓国語の教育現場　　95

5. 日韓の教育制度と教師ネットワークの協働　　97

　5.1　日韓の教師が置かれている教育現場の背景比較　　97

　5.2　教師たちのネットワークによる政策提言　　99

　　5.2.1　韓国における「第二外国語教育正常化」のための提言　　99

　　5.2.2　日本における「高等学校における複数外国語必修化」提言　　101

第3章　隣国の言語を教える教師たちのライフストーリー　　109

1. 調査協力者と筆者との関係性　　109

2. 在日コリアン韓国語教師のライフストーリー 111

2.1 パク先生のライフストーリー 111

2.1.1 韓国語の学習動機 111

2.1.2 韓国人としてのアイデンティティ確立のための韓国語学習と韓国名の名乗り 113

2.1.3 大学での教員免許の取得と卒業後の韓国留学 115

2.1.4 国籍を巡る葛藤と韓国語教育への思い 118

2.1.5 韓国語教師としてのスタート―会社員との二足の草鞋 119

2.1.6 在日コリアンの教師としての生徒との関わり 121

2.1.7 韓国語を使う場の創出 124

2.2 アイデンティティへの投資としての韓国語学習 127

2.3 パク先生の教育観 128

3. 韓国人日本語教師のライフストーリー 129

3.1 イ先生のライフストーリー 129

3.1.1 日本語の学習動機 129

3.1.2 70年代の夜間大学での日本語学習と教職への関心 133

3.1.3 教師研修と授業改善 135

3.1.4 教師間の協働とネットワークの形成 137

3.1.5 韓日学校間交流を継続させることの信念と生徒たちへの影響 138

3.1.6 複雑な韓日関係の中で伝える日本語学習の意味 139

3.1.7 イ先生による日本語教師人生の評価 143

3.2 キム先生のライフストーリー 144

3.2.1 日本語の学習動機 144

3.2.2 80年代の大学での日本語学習と人的交流 146

3.2.3 教師研修と授業改善 147

3.2.4 複雑な韓日関係の中で伝える日本語学習の意味 149

3.2.5 日本語教師をつなぐネットワークの形成 151

3.2.6 東アジアの生徒、教師をつなぐNPO法人の設立 152

3.2.7 教育課程の変化への期待と今後の目標 155

3.3 イ先生とキム先生の教育観 157

4. 日本人韓国語教師のライフストーリー 158

4.1 川野先生のライフストーリー 158

	4.1.1	韓国語の学習動機	158
	4.1.2	80年代の大学での韓国語学習と教職への関心	161
	4.1.3	周囲を説得しての韓国語の授業開設	166
	4.1.4	日韓の交流授業とつながりの創出	168
	4.1.5	川野先生自身の韓国観の変容	170
	4.1.6	英語教材の出版を通じての社会への発信	171
	4.1.7	高校の韓国語教育が持つ意義の実感と制度の壁	172
	4.1.8	「社会」と「教育」を結びつける教育	175
4.2	清水先生のライフストーリー	176
	4.2.1	韓国語の学習動機	176
	4.2.2	90年代後半の大学での韓国語学習と教職への関心	178
	4.2.3	英語と韓国語の2つの言語が教えられる教師としての葛藤とメリット	
			182
	4.2.4	ノンネイティヴ教師としてのアイデンティティを生かす教育	185
	4.2.5	日韓学校間交流の場の創出と周囲の教師たちの理解	186
	4.2.6	高校の韓国語教育の意義の実感と制度の壁	187
4.3	川野先生と清水先生の教育観	190

5. 隣国の言語を教える教師たちの自己変容　192
- 5.1 隣国の言語を教える教師になるまでのプロセス　192
- 5.2 複言語・複文化経験の場を創出する教師へ　194
- 5.3 教室の変革から学校、社会の変革へ　195

第4章　教育観の表出としての教師たちの教育実践 …………………… 199

1. 本調査の目的と方法　199
2. 在日コリアン日本語教師　ナム先生の事例　200
- 2.1 コリョ高校の概要とナム先生が日本語教師になるまでの過程　200
- 2.2 日本語ネイティヴと韓国人日本語教師のティーム・ティーチング授業
- 205
- 2.3 ナム先生の授業実践の特徴と実践を生み出す教育観　209
  - 2.3.1 日本語だけでコミュニケーションをとる相手となる　210
  - 2.3.2 日本のリアルな素材を教材として使う　211
  - 2.3.3 生徒同士の活発なコミュニケーション活動の機会を作る　212

2.4　日本語ネイティヴとしての葛藤と実践の模索　　213

　3．韓国人日本語教師　バン先生の事例　　217

　　3.1　プギョン高校の概要とバン先生が日本語教師になるまでの過程　　217

　　3.2　日本人大学生との交流授業　　219

　　3.3　バン先生の授業実践の特徴と実践を生み出す教育観　　225

　　　3.3.1　韓日の文化相互理解を促す交流活動の場を作る　　226

　　　3.3.2　遊びの要素を取り入れる　　227

　　　3.3.3　生徒同士の活発なコミュニケーション活動の機会を作る　　228

　　　3.3.4　日本語の使い手としてのモデルを見せる　　230

　　3.4　民族主義者だった自己の変容と教育者としての夢　　232

　4．日本人韓国語教師　田村先生の事例　　236

　　4.1　高見高校の概要と田村先生が韓国語教師になるまでの過程　　236

　　4.2　韓国の高校生と「つながる」ための授業　　240

　　4.3　田村先生の授業実践の特徴と実践を生み出す教育観　　246

　　　4.3.1　積極的に韓国語を使用し、リアルな交流場面を意識した練習を行う

　　　　　　　　247

　　　4.3.2　1つの授業の中に様々な練習形態を取り入れる　　249

　　　4.3.3　生徒を励まし、褒め、参加を促す　　251

　　　4.3.4　韓国文化や日韓の歴史への理解を促し、他教科とつながりを持たせる

　　　　　　　　252

　　4.4　韓国語の学びの機会を作ることの価値の実感から複数外国語必修化提言へ

　　　　　　　　255

　5．教師たちの教育観と教育実践の背景にある複言語・複文化経験　　259

終 章　隣国の言語の教育に教師たちが関わる意義 ……………………… **265**

　1．隣国の言語を教える教師たちに通底する教育観　　265

　　1.1　教師たちの言語学習経験と教育観　　265

　　　1.1.1　在日コリアン教師2名の言語学習経験と教育観　　265

　　　1.1.2　韓国人日本語教師3名の言語学習経験と教育観　　266

　　　1.1.3　日本人韓国語教師3名の言語学習経験と教育観　　267

　　1.2　教師たちの複言語・複文化経験の内容別の分類　　268

　　　1.2.1　国の移動を伴う経験　　269

1.2.2	国の移動を伴わない経験	269
1.3	社会の中で複言語・複文化経験を生かし、成長する教師	276

2. 教師たちの資本となる要素　279

2.1	資本となる要素に関する概要	279
2.2	エスニシティ・母語	283
2.3	教育者としての専門性	285
2.4	複言語・複文化能力	286
2.5	ネットワーク	287

3. 日韓の言語教育に教師たちが関わる意義と可能性　290

3.1	複言語・複文化の素養を生かす人のモデルとして	290
3.2	教室レベル・学校レベル・社会レベルにおける教師たちの役割	291
3.3	日韓の言語教師たちの共同体の可能性	294

4. 本書の学術的意義と今後の課題　297

参考文献　303

巻末資料　325

［巻末資料①］インタビュー調査の協力依頼文	325
［巻末資料②］インタビュー調査の協力承諾書	327
［巻末資料③］調査協力者のライフストーリー概要	328

おわりに　331

索引　335

序　章

複言語・複文化主義の潮流の中で

1.　本書の目的

　日本においても韓国においても、外国語教育と言えば第一に「英語」の教育が挙げられ、英語教育熱は高い。そうした中で韓国において日本語を、日本において韓国語を学び、教えるということに対してはどのような意味づけがされているのだろうか。本書は日本と韓国の間の社会的な文脈の中で隣国の言語を学び、教えるという営みに注目し、教師たちの言語学習と言語教育への意味づけ、思い描いていったなりたい自分の理想のアイデンティティと培っていった教育観、教育観の表出としての教育実践のありようを探る。さらにそこから教師たちが隣国の言語の教育に関わる意義と可能性を考えることを目指す。

　2001 年以降、ヨーロッパから生まれた「複言語・複文化主義」の思想が世界の言語教育の新たな大きな潮流となりつつある。複言語能力とは、「様々な言語の様々な技能を様々な熟達レベルで様々な目的のために習得し用いる能力」（欧州評議会言語政策局／山本訳 2016：224）だと定義される。複言語主義・複文化主義とは、個人の中に多様な言語能力や言語体験が蓄積され、それらが有機的に結びついて新たなコミュニケーション能力を生み出すという概念である。そのような能力を持つ人間を育成することは、平和で融和的な地域を構築することにつながると考えられている。

　この複言語・複文化主義の理念はヨーロッパを超えて、世界各国の言語政策や言語教育にインパクトを与え、影響を及ぼし始めているが、東アジアの複言語・複文化主義に関する本格的な議論はまだこれからという段階にある。本書はこのような文脈を背景に、日韓の言語教師が東アジアの複言語・複文化主義の実現といかに関係していくかを考える上で参照できる知見も提示していきたい。

　本書のタイトルにある「隣国の言語」とは、本書においては韓国にとって

の日本語、日本にとっての韓国語のことを指す。この2つの国における日本語と韓国語のことを包括的に指す言葉として、「隣国の言語」という用語を用いることとする。

次に、本書の学術的な背景となる「英語偏重の外国語教育」と「複言語・複文化主義の潮流」について述べる。

2. 英語偏重の外国語教育

2.1 日本の学校教育における外国語教育

日本の学校教育における「外国語」の学習意義は、1960 年代に四技能の伸長だけでなく人間形成にあるとして徐々にその位置づけを明確にし、外国語科目は選択科目から国民全員が受ける意義のあるものと位置づけられるようになっていった（相澤 2005）。教科としての「外国語」は 1956（昭和 31）年の高等学校学習指導要領において正式に誕生する[1]が、1998（平成 10）年の学習指導要領の改訂まで、高等学校（以下、高校とする）における教科としての「外国語」は原則として英語に限られておらず、英語、ドイツ語、フランス語から選択することが可能であった。中学校においても同様で、学習指導要領にはドイツ語とフランス語の指導方針が示されていた。

大きな転換点となったのは 90 年代後半の学習指導要領の改訂である。1998（平成 10）年版の学習指導要領（中学）で「外国語」が必修科目となり、原則として英語を履修するものとされた。高校の学習指導要領においても 1999 年の改訂によって外国語が必履修となった[2]。外国語が人間形成に資するものであり、国民教育に必要なものであるとの位置づけがされた一方で、実質的にはその外国語とは「英語」のことを意味することになり、以来、その方向性は強まりを見せている。

文部科学省が発表した 2003（平成 15）年の「「英語が使える日本人」の育成のための行動計画」、2013（平成 25）年の「グローバル化に対応した英語教育改革実施計画」など一連の政策の流れにもその方向性が色濃く表れている。この背景には長年英語を教えても実用的な英語の力を身につけさせることができない教育現場に対する経済界からの要望もあるだろう。グローバル化する社会の中で、主にビジネスの場で英語が使える人材が求められる傾向にあることは事実である。しかしこうした「外国語＝英語」「英語＝地球語」と見なす日本の英語一極集中の外国語教育に対しては、批判も多くある。例

えば當作（2014）は日本における外国語教育について次のような問題点があると指摘する。

　日本で外国語教育というと英語教育と同義語といっていいほど、英語教育が主流となっている。社会に出てから英語の能力が必要であるかどうかに関わらず、ほぼ全員が英語を学習することを強いられている。これは後述する教育における平等主義に基づいているところもある。英語は苦手であるが、中国語、フランス語やスペイン語なら大丈夫という学生もいるはずである。また、音楽が好きな生徒はイタリア語を勉強したいということもあろう。自分の住む地域では、英語よりも中国語、韓国語、ロシア語、あるいはポルトガル語のほうが役に立つということもあろう。

（當作 2014：40）

　このように、日本の外国語教育のあり方には多くの研究者や教育関係者が危機感を募らせている（森住ほか（編）2016；鳥飼ほか 2017 など）。教育の最終的な目的は人間形成にあると考えられているのにもかかわらず、外国語教育において実質的には英語教育が主流となっており、その内容としてもアメリカ中心の近代標準英語に照準が当てられ、英語の運用という道具的な面に重点が置かれてしまっていること、また、英語以外の外国語が周辺的なものと位置づけられ、子どもたちが英語以外の言語を学ぶ機会が保障されていないということに対する危機感の表れであると言えよう。

　実質的に「外国語＝英語」となっている日本の学校教育の中で、現在のところそれ以外の外国語を検定教科書で扱う場合、図 0-1 に示したような部分的なものになる[3]。

　図 0-1 は『JOYFUL English Communication Ⅰ』という英語の教科書である。会話文の場面となっているのは、日本の公益財団法人国際文化フォーラムと韓国の秀林文化財団の主催により毎年開催されている、日韓の中高生のダンス交流会[4]であり、日本の高校生と韓国の高校生が初めて会い、韓国の生徒が「こんにちは」、日本の生徒が「アンニョンハセヨ」と相手の母語で挨拶をして、続きの会話を英語でしている様子が実際のダンス交流会の写真とともに提示されている。日本の生徒と韓国の生徒が日本語、韓国語、英語を共通言語としてコミュニケーションを図っている場面であり、日本と韓国という文

脈において、身につけた複言語がどのように実際のコミュニケーションに生かされるかのイメージを具体的に示したものであると思われる。

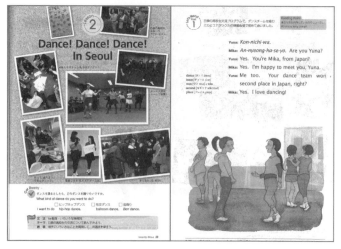

図 0-1 『JOYFUL English Communication Ⅰ』（三友社出版）pp.23-24

　これは「英語」を学習言語として共通に学んでいる日韓の中高生の交流のリアリティであり、日本語、韓国語、英語の部分的能力を生かしてコミュニケーションするモデルを示したものであろう。英語教育の中に部分的に扱われるこのような韓国語（または他の外国語）は、英語以外の外国語にも目を向けさせる仕掛けでもあると考えられる。また一方でこうした教材の試みや場面設定は、英語が世界の共通語であるという「英語＝共通語」言説、日本の学校教育における外国語教育のあり方を考えさせる一例と言えるだろう。

　しかしながら、そうした英語教育に偏重した日本の学校教育における外国語教育が変化する可能性が全くないわけではない。2016 年 12 月、中央教育審議会答申（2016 年 12 月 21 日）[5]において、2017 年度より英語以外の外国語について拠点機関を指定し、新学習指導要領に基づいた研究開発が支援されることが発表された[6]。2018 年現在、「グローバル化に対応した外国語教育推進事業」として、中等教育における英語以外の外国語授業の研究開発が各拠点校において実施されている途上にある。今後その成果がどのように評価されるか筆者も注目しているところである。

2.2　韓国の学校教育における外国語教育

　英語教育一辺倒の傾向が強い日本の学校教育に対し、隣国である韓国は英語を中心としながらも、多様な外国語教育を学校教育の中に導入してきた。韓国の戦後における日本語教育の歴史については第2章において後述するが、高校の教育課程に関して述べれば、日本からの解放後、朝鮮戦争を経て1954年に策定された第1次教育課程から2015改訂教育課程[7]まで、英語以外の外国語を選択し、学習できる制度が築かれてきた[8]。第1次教育課程（1955年制定、公布）では英語、ドイツ語、フランス語、中国語の中から1つまたは2つ選択するとされ、外国語の目標においてはコミュニケーション能力の育成よりも、むしろ当該外国語の文化理解が重視されていた（河先2013a：149）。第7次教育課程（1997年公布、2002年施行）では高校において英語（必履修8単位＋選択40単位）に加え、ドイツ語、フランス語、スペイン語、中国語、日本語、ロシア語、アラビア語から1言語（選択6〜12単位）が選択できるようになり、中学においても「裁量時間」において第二外国語[9]が履修できる制度となった。図0-2は2001年に韓国の中学校で「生活日本語」という科目ができ、初めて刊行された中学生用の日本語教科書である。日本の生活文化の理解、自然な会話表現などが重視された教科書となっている。このように韓国の学校教育においては、文化理解や自然なコミュニケーションを重視した第二外国語教育が進められてきた。

図0-2　『中学校生活日本語　こんにちは』（教育人的資源部）pp.8-9.

6

長谷川（2016）の言葉を借りれば、韓国の学校教育における第二外国語教育は 2000 年代前半には、「全盛期」（p.108）を迎えたと言える。しかしながらそうした第二外国語教育の全盛期も 2009 改訂教育課程において大きな変換を余儀なくされる。それまで英語と同様、「外国語」領域の教科として必修選択の扱いを受けていた英語以外の外国語は、「第二外国語」という括りの中に一括され、さらに、「漢文」、「技術家庭」と同じ科目群「生活・教養領域」の中に位置づけられることになった。これにより、英語以外の外国語は選択科目となり、履修する単位数も大幅に減らされることとなった。2018年現在もその傾向は変化の兆しがなく、韓国の学校教育における第二外国語は、制度としてなくなっていないとは言え、受難の時代を迎えている。

本節においては日本および韓国の学校教育における英語教育の偏重、英語以外の外国語教育の軽視傾向について述べた。だが、世界における外国語教育の潮流を見た時、人間形成に寄与する外国語という位置づけは既に自明のものとなっているとも言え、学校教育を含め生涯にわたって、母語に加えて複数の外国語を学ぶことが推奨される時代となってきている。次節においては、外国語教育の新たな潮流である複言語・複文化主義と本研究との関連性について述べる。

■ 3. 複言語・複文化主義の潮流

3.1 複言語・複文化主義とは

ヨーロッパの欧州評議会[10]（Council of Europe）が 40 年近くにもわたる研究の成果として幾度の改訂を経て 2001 年に出版した『Common European Framework of Reference for Languages：外国語の学習、教授、評価のためのヨーロッパ共通参照枠』（以下、『参照枠』とする）においては、複言語・複文化主義が提唱されている。欧州評議会が提唱している複言語主義というものは、個人の中に複数の言語が共存している状況を表し、通常、「多言語主義」とは異なる意味を持つ語として使用されている。「多言語主義」（multilingualism）は社会の中に多様な言語が共存している状況を表す用語である。それに対し、「複言語主義」（plurilingualism）は個人の中に複数の言語能力が共存している状況を表す用語である。

『参照枠』では複言語主義について以下のような解説がされている。

複言語主義は多言語主義（multilingualism）と異なる。後者は複数の言語の知識であり、あるいは特定の社会の中で異種の言語が共存していることである。多言語主義は単に特定の学校や教育制度の中で学習可能な言語を多様化すること、または生徒たちに一つ以上の外国語を学ぶように奨励したり、あるいは国際社会における英語のコミュニケーション上の支配的位置を引き下げることで達成され得る。一方、複言語主義がそれ以上に強調しているのは、次のような事実である。つまり個々人の言語体験は、その文化的背景の中で広がる。家庭内の言語から社会全般での言語、それから（学校や大学で学ぶ場合でも、直接的習得にしろ）他の民族の言語へと広がって行くのである。しかしその際、その言語や文化を完全に切り離し、心の中の別々の部屋にしまっておくわけではない。むしろそこでは新しいコミュニケーション能力が作り上げられるのであるが、その成立には全ての言語知識と経験が寄与するし、そこでは言語同士が相互の関係を築き、また相互に作用し合っているのである。

（『参照枠』、1.3／吉島・大橋ほか訳編 2004：4）

　この解説からも分かるように、複言語主義とは個人の中に蓄積される言語経験が相互に関連し合って新たなコミュニケーション能力を生み出すという概念である。その複言語主義はそれ自体としては複文化主義のコンテクストの中で見る必要があるとされている。

　ある人の文化的能力の中では、その個人が接した種々の文化（国家的、地域的、社会的な文化を含む）は、ただ単に並列的に存在しているのではない、それらは比較・対比され、活発に作用しあって、豊かな統合された複文化能力（pluricultural competence）を作り出すのである。そうした複文化能力の中で、複言語能力（plurilingual competence）はその一部として、他の要素・成分と相互に作用しあう。

（『参照枠』、1.4／吉島・大橋ほか訳編 2004：5-6）

　このような複言語・複文化主義の思想が生まれた背景にあるのはヨーロッパ統合の運動である。ヨーロッパは隣国と陸続きとなっており、争いが繰り返されてきた地域である。そうした戦争への反省から、平和な世界を築くた

めに重要視されたのが相互の言語と文化への理解であった。

『参照枠』には複言語・複文化主義の意義が以下のように記述されている。

> ある一つの外国語と文化の知識で「母」語や「自」文化とに関わる民族中心主義を必ずしも超越できるわけではなく、むしろ反対の影響を受ける場合がある（言語を**一つ**だけ学習し、**一つ**の外国文化だけと接触すると、ステレオタイプや先入観が弱まるどころか強化されてしまうことは珍しくない）。複数の言語を知れば、民族中心主義を克服しやすくなり、同時に学習能力も豊かになる。
>
> 　　　　　　　　　　　（『参照枠』、6.1.3.3 ／吉島・大橋ほか訳編 2004：148）

　2002 年に公表され、その後修正を重ねて作成された『言語教育政策策定ガイド』（欧州評議会言語政策局／山本（訳）2016、以下『ガイド』とする）においては、複言語主義の発達は民主的な振舞いの本質的な構成要素だと記述されている（p.59）。欧州評議会は、言葉の学ぶ目的を「相互理解」、「民主的市民性」、「社会的結束」を促進するためだとし、そのために「複言語主義」と「言語の多様性」[11] を尊重する必要があると考えたのである（大木 2011:6）。

　複言語・複文化主義の考え方で、新たに生み出されたコミュニケーション能力は複言語・複文化能力[12]と呼ばれる。『参照枠』では個人の持つ複言語能力と複文化能力は同一のものではなく、通常、不均衡な状態であるとする。つまり、あるコミュニティについて豊富な文化的知識を持ちながら言語については貧弱な知識しか持っていない、あるいはその逆も十分にあり得るということである。この不均衡は、複言語と複文化が生涯にわたり変化し続けていくものであるということとも結びついているという。

> こうした不均衡は、複言語と複文化の能力が本質的に変化するものであることとも結びついている。伝統的な見方では、「母語」による「一言語」でのコミュニケーション能力は急速に安定するのに対し、複言語と複文化の能力は過渡的なもので、その構成は変化するものである。一人一人の職業経験、家庭的背景、旅行経験、読書や趣味によって、その人の言語的・文化的な経歴にかなり違いが出て、複言語的な不均衡は変形し、複文化の経験はさらに複雑化する。このことは決して、その人物の

不安定性や不確実性、バランスの欠如などを意味するのではなく、大多数の場合、むしろそれは、アイデンティティーに対する意識を高めることに貢献しているのである。（『参照枠』、6.1.3.1／吉島・大橋ほか訳編 2004：147）

　以上、述べてきたように、『参照枠』においては、個人が複言語・複文化能力を生涯にわたって高め続け[13]、豊かな言語文化アイデンティティを育てていくことが、平和的なヨーロッパを構築する上で重要であるという認識が示されたわけである。言語学習と人間形成の関係性における新たな局面が拓かれたと言っても良いであろう。

　こうした『参照枠』の根底にある理念は前述したとおり、ヨーロッパを超えて、世界各国の言語政策や言語教育に影響を及ぼしている。それは『参照枠』の基本理念の普遍性に共感する政策立案者、研究者、教育関係者が数多く存在するからであろう。

　『参照枠』の影響を受けているのは日本も例外ではなく、現在は様々なレベルで『参照枠』の研究や『参照枠』の理念を参照した新たな言語教育のあり方が模索、実施されている状況である。例えば英語教育においては、いち早く東京外国語大学において「CEFR-J」という英語能力の到達度指標が開発されている。文部科学省が 2018（平成 30）年に告示した新学習指導要領でも、小学校、中学校、高校で一貫した目標を実現するためとして、『参照枠』を参考に、目標に至るまでの段階が設定されている。また、日本語教育においても、独立行政法人国際交流基金による「JF 日本語教育スタンダード」という日本語教育の新たな能力指標の枠組みが『参照枠』の影響を受けて開発されている。このように日本の外国語教育において『参照枠』が能力指標の枠組みとして参照される傾向があるのは、『参照枠』が言語熟達度の共通参照レベル（A1 レベルから C2 レベルまで 6 つの段階的なレベル[14]）を客観的な指標として提示していることによるものである。『参照枠』では複言語・複文化能力を構成する要素を「部分的能力（partial competence）」と呼び、個人の複言語能力を豊かにする構成要素として位置づけている（『参照枠』、6.1.3.4／吉島・大橋ほか訳編 2004：148）。『参照枠』の複言語主義における言語学習は、1 つか 2 つ（あるいはそれ以上）の言語を習得し、その言語の「理想的母語話者」になることを目指すものではない。先に挙げた 6 つの言語熟達度はこうした部分的能力を評価するための指標として提示され

ている。しかしながら日本が『参照枠』を受容して作成した能力指標の枠組みは英語教育や日本語教育といった単一言語主義の発想にとどまっており、『参照枠』の複言語・複文化主義という言語教育思想が考慮されていないという批判もある（西山 2010；山本ほか 2010 など）。

　一方、近年では大阪大学、東京外国語大学、上智大学など様々な大学において多言語教育の教育指標や到達度の可視化のために『参照枠』が活用される動きや、『参照枠』が生まれた背景や理念を踏まえた上で、日本語教育の現場で『参照枠』を参照した教育実践を考える試み（奥村・櫻井・鈴木編 2016）も生まれている。複言語・複文化主義という大きな理念を参考にしながら外国語教育の到達目標となる指標を定めたり、『参照枠』が推奨する「行動中心アプローチ[15]」に基づく教育実践をいかに自身の教育現場で実現するかについて考えることを促したりするものとなっている。

3.2　東アジアにおける複言語・複文化主義に関する議論

　前述のように日本では、外国語の教育指標や到達度の可視化のためや行動中心アプローチによる教育実践を考えるために『参照枠』が利用されることが多いが、この受容を巡っては『参照枠』が生まれたヨーロッパの文脈と日本やアジアの置かれている文脈との違いを考慮する必要性も指摘されている。この点については山川（2010：61）が日本において「複言語主義」や「複文化主義」を活用していく場合、「ヨーロッパ教育」にならって「アジア教育」という視野からも捉えることが可能かどうかに関する議論が必要であると述べている。同様の指摘は他の研究者からも提示されている。

　例えば境（2009：25）は、『参照枠』が個人の複文化能力を高めることにより地域間摩擦を減少させ、融和的・平和的なヨーロッパを構築することを目指して作られたことを重視し、日本においても多言語・多文化化を見据え、東アジア共同体から言語教育を構想するなど、国家レベルの言語政策が必要であると述べている。

　また、西山（2009：70-72）は日本、中国、韓国など北東アジアがそれぞれ自国語の普及政策に力を入れている近年の傾向[16]を危惧し、『参照枠』を参照し、アジア諸国との共存を進める「北東アジア言語共通参照枠」を作り上げられないかと問題提起をしている。北東アジアは経済的な交流が盛んであり、共同体としての素地がある一方、ヨーロッパとは違い、現在も国境や

領土の問題で政治的緊張を強いられている。自国語を普及させる政策はその緊張を高める方向に働く恐れがある。西山は、そうした方向に向かうのではなく、言語教育研究者間で対話を積み重ねて信頼を醸成することが必要だと主張し、『参照枠』が追求する複言語主義の思想や取り組みを、北東アジアにおける言語文化の共生に生かすべきであると述べている。

　自国語普及に関しては友沢（2008）が日本と韓国における自国語普及政策の比較を行っているが、その論考の中で今後、自国語普及の新しい位相として、グローバル化時代の留学制度と自国語教育のあり方について日本と韓国の間で問題を共有し、対応策について議論することは十分可能だと述べている。さらにその際にはヨーロッパ共同体（EU）における多くの言語を含む域内の高等教育機関間の短期留学や単位互換制度を充実させる制度を参考にしてそのアジア版を構築することを将来の目標に据えてはどうかと提言している。ここで述べられている内容もアジア共同体から言語教育を構想する視点に立ったものである。

　さらに、近年はアジア共同体の必要性の議論の中で、その創成、構築、発展において言語の学習を抜きにしては語れないこと、根本的なアプローチとして人的交流、近隣諸語の教育、文化交流の重要性が日韓両国で指摘されるようになっている（鄭俊坤 2015a, 2015b；李東哲 2015）。

　しかしながら、アジア共同体あるいは東アジア共同体から言語教育を構想するという視点は、一部の研究者において問題提起がなされている状況であり、十分に議論が深まっているとは言い難い。ヨーロッパと違い、いまだ東アジア共同体が実現されていない現状において、日本では欧州評議会の言語政策は受け入れがたいものかもしれない。しかし、大木（2011）は「世界市民という観点に立てば、相互理解、民主的市民性、社会的結束も同じ地球上に生きているわれわれ日本の人にも無関係ではない」（p.7）と指摘する。その根拠として挙げているのは、日本の総務省が 2006 年 3 月に発表した「多文化共生の推進に関する研究会報告書〜地域における多文化共生の推進に向けて〜」に記載されている「多文化共生」という概念である（総務省 2006）。多文化共生という用語は同報告書において「国籍や民族などの異なる人々が、互いの文化的ちがいを認め合い、対等な関係を築こうとしながら、地域社会の構成員として生きていくこと」と定義される語であり、それは欧州評議会の相互理解、民主的市民性、社会的結束性という概念に重なると大

木は指摘する。さらに、日本は多文化共生の時代となり、その推進のために言語が重要な役割を担っていること、外国にいる外国人だけでなく、日本にいる外国人のことも視野に入れて考える必要があると大木は述べているが、筆者もその考えに賛同する。また、隣国の韓国でも小川・姜（2017：139）が指摘するように、1990 年代から外国人労働者の増加、国際結婚の増加などにより徐々に多人種・多民族国家へと変貌を遂げてきており、多文化社会化が進み、教育現場などでその対応が喫緊の課題となっている [17]。多文化共生社会の実現を目指す方向性は日本と同様である。

　以上のような議論を踏まえ、筆者は日本や韓国において複言語・複文化主義の可能性について議論を深めていくことは重要な研究課題だと認識する。高等教育レベルにおいては、例えば森山（2013）が、日韓大学生国際交流セミナーの実践を複言語・複文化主義の文脈の中で意味づける試みをしているが、このように日本と韓国の人々の隣国の言語学習や教育の意味を複言語・複文化主義の文脈において捉えようとする試みはまだ始まったばかりである。

3.3　言語変種の一つとしての日本語と韓国語の選択

　前述の欧州評議会による『ガイド』は、ヨーロッパにおいて複言語主義へと向かう言語教育政策を実際にどのように導入していくかについて、言語教育政策に関わる全ての人を対象に情報提供しようとする狙いを持って提供されたものである。日本と韓国において言語教育を構想する際にも十分に参照できる内容となろう。

　複言語主義の理念において、「言語の多様性」が重視されていることについては既に述べた。『ガイド』においては「言語」よりも中立的に言及する用語として「言語変種（language variety）」という用語が用いられている（p.88）[18] が、『ガイド』で示されている言語変種は大きく「話者の視点から見た言語変種」、「社会における地位という視点から見た言語変種」、「学校の言語変種」の 3 つに分けられている。例えば、次のような多種多様な言語変種が例示されている（pp.88–108）。

1）話者の視点から見た言語変種：母語、第一言語、ネイティブ言語、手話、第二言語、現代語、外語など

２）社会における地位という視点から見た言語変種：国家語、公用語、支配
　　言語、マイノリティ言語、地域言語、方言、移民共同体の言語、継承語、
　　ロマニ語、外語、古典語など
３）学校の言語変種：書記言語、教授言語、バイリンガル教育の言語

　個人の中に備わったこうした言語変種の総体は「言語レパートリー
(linguistic repertoire)」と呼ばれる。複言語主義において想定されている言
語変種は非常に広い範囲のものであり、必ずしも１つの言語として通常イ
メージされているものや外国語に限るものではない。また、その学習は初等
の学習課程から生涯学習まで続くとされており、学校教育に限られるもので
はない。さらに、複言語能力や複文化能力といった能力は本来万人に備わって
いるものであり、社会との相互作用の中で一人でも育てていける能力である。
本書ではそのような認識を持ちながら、あくまでも個人が生涯にわたって身
につけ、発達させていく「多種多様な言語変種の１つ」として日本語や韓国
語を位置づける。その上で日本語または韓国語を選択した人々の「隣国の言
語を学び、教える」という営みに注目しようとしている。

3.4　なぜ教師に注目するのか

　『参照枠』において、言語教育に関わる人は直接学習に関わる教師と学習
者に加えて多くの専門家（試験・資格検定関係者、行政機関、教科書執筆者、
授業コース立案者など）からなる協力体制をとるものとされる（『参照枠』、6.3
／吉島・大橋ほか訳編 2004：153–155）。その中で教師は、様々な学習の経
過を理解し、学習上の問題を認識、分析、克服する方法を発見するように求
められる立場であり、そうした力量は経験から来る無意識の産物であること
が多いとされる。さらに教師は、「学生が将来その言語を使用する際や、学
生が将来教師となったときの手本を見せている」（『参照枠』、6.4.2.2 ／吉島・
大橋ほか訳編 2004：157）とされ、学生が言語を学習、習得する環境で非常
に重要な部分を占めており、教師自身もそれを自覚すべきであるとしている。
この観点から日韓の言語教師たちを見つめた時、どのような具体的な存在意
義や役割が見出せるのだろうか。西山（2010：viii）は複言語・複文化主義
が開く可能性はマクロレベルの言語教育政策にのみ関わるものではなく、ミ
クロレベルの課題である教員養成にも関わるのではないかと述べ、教師が複

言語・複文化主義をどのように実現することができるだろうかという問題提起を行っている。『参照枠』が提唱する複言語・複文化主義という新たな外国語教育のパラダイムにおいて、本書が取り組む隣国の言語を教える教師の存在をどう捉えるかという課題は未開拓の領域である。

　本書では日韓の言語教師に対する調査を通し、この課題に取り組んでいく。本研究の調査協力者は韓国人日本語教師、日本人韓国語教師、在日コリアン韓国語教師、在日コリアン日本語教師であるが、「日本語」はある人にとっては外国語であり、ある人にとっては母語である。また、「韓国語」はある人にとっては母語であり、ある人にとっては外国語であり、また、ある人にとっては母国語である。それぞれが母語を習得し、学校教育において英語を学んだ経験を持つが、それに加えて隣国の言語（それはある人にとって「外国語」であり、ある人にとっては「母国語」である）を学ぶことを選択し、さらに学校教育の場で生徒たちにとっての隣国の言語を教えることを選択した人々である。教師たちはなぜ「日本語」や「韓国語」を学習の対象に選び、また、なぜ学校教育でそれらの言語を教えるという選択をしたのだろうか。そして、隣国の言語を学び、教える自分自身をどのように位置づけ、価値づけ、教育実践を行っているのだろうか。このような選択、自らの位置づけ、教育実践のありようは、教師一人ひとりのアイデンティティ構築と教育観の形成に深く関わるものと考える。本書ではこれらを明らかにしながら、最後に日韓において隣国の言語教育に教師たちが関わる意義と可能性について考察していきたい。

4.　本書の構成

　本書は序章から終章までの6つの章で構成されている。

　序章では、本書の目的と学術的背景について述べた。英語偏重の外国語教育、複言語・複文化主義の潮流が、研究の背景にあることを述べた。

　第1章では本書が立脚する「人間」を対象とした研究の概念的枠組みと研究手法を述べ、関連テーマにおける先行研究を概観する。また、それらを踏まえ、本書のオリジナリティについて述べる。

　第2章では日韓の言語教師たちがどのような社会的、教育的文脈の中に位置づけられてきたかを明らかにするため、韓国における日本語教育、日本における韓国語教育の背景に関して、主に歴史的な文脈を整理する。さらに、

フィールドワークで得られた現在の教育現場のデータも踏まえ、日韓の言語教師たちが置かれている教育現場の現状についてまとめる。

第3章では、教師たちのどのような経験が隣国の言語を学び、教えることにつながっているのか、また、教師たちはどのような教育観を形成してきたのかについて明らかにするために、調査協力者一人ひとりのライフストーリーを記述し、分析する。具体的には、1970年〜1990年代に韓国語あるいは日本語の学習を始めた、在日コリアン韓国語教師1名、韓国人日本語教師2名、日本人韓国語教師2名の計5名のライフストーリーを扱う。

第4章では教師たちの教育観が教育実践にどのように表出されているかを探るため、在日コリアン日本語教師、韓国人日本語教師、日本人韓国語教師3名の授業事例とインタビューの語りの分析を行う。3名の教師には言語の学習を始める前にそれぞれ隣国に対し、否定的な感情を抱いていたという共通点がある。そのような経緯を持つ3名の教師がそれぞれ隣国の言語の学習を始めた動機、学習の過程、教師になってからの経験をインタビューの語りから分析し、教師たちがいかに教室空間を作り、いかに自身や教材を生徒たちに提示し、学びの場を創出しているか、それがどのように教師たちの変容の過程や形成された教育観と結びついているかについて検討する。

終章では、総合的な考察を行う。ここまで明らかになったことを踏まえ、韓国において日本語を、日本において韓国語を教える教師たちに通底する教育観や経験、教師たちが隣国の教育に関わる上で資本となるものはどのようなものかを論じていく。最後に、教師たちが隣国の言語の教育実践に関わる意義と可能性について述べることとする。

■5.■ 本書で使用する用語

本節では本書で用いる「韓国語」、「韓国人」、「日本人」、「在日コリアン」、「母語」、「ネイティヴ／ノンネイティヴ」、「教師／教員／教諭」、「複言語・複文化経験」という用語について確認しておきたい。

まず、韓国語という言語の名称についてはこれまで様々な議論[19]があり（植田2002；内山2004など）、科目名としても朝鮮語、韓国語、韓国朝鮮語、コリア語、ハングル等様々な名称があり統一はされていない。日本において学術的には通常、朝鮮語が総称とされることが多いが、「韓国語」という名称も一般的に韓国で話される朝鮮語という意味を表す用語として用いられる

ようになってきており、本書においても「韓国語」という名称を用いることとする。韓国における日本語、日本における韓国語、のように、日本と韓国という2つの国とその国の言語を対比的に述べることが多く、なるべく分かりやすく書くためである。しかし文章中、実際に調査協力者が使用した言葉を使用するため、また、学科名などの固有名詞や文献で使用されている名称をそのまま使用するため、文章中に朝鮮語、韓国語、韓国朝鮮語、ハングルといった名称が混在していることについてはご了承いただきたい。「韓国語」以外の名称で表記する部分に関しては原則としてカギ括弧で示すこととする。ただし、「朝鮮語学科」や「高等学校韓国朝鮮語教育ネットワーク」などの固有名詞の中の「朝鮮語」や、「韓国・朝鮮語」のように並列して記載する部分、語りの部分を除いた引用文の中での使用に関してはカギ括弧を付さないこととする。

　「韓国人」、「日本人」という名称は「韓国国籍を持つ人」、「日本国籍を持つ人」という意味で用いる。また、本書では朝鮮半島に民族的なルーツを持ち、日本で生まれ育った在日韓国・朝鮮人の総称として「在日コリアン」という用語を用いる。

　「母語」は「第一言語」とほぼ同義の言葉として使われているものである。『ガイド』によれば、2、3歳までの幼児期初期に習得された言語変種を意味する。「母語」は学術的な用語として使われることの多い「第一言語」に比べ、日常的な用語であり、そこには家族や出自の結びつきといった第一言語という用語にはない情動的な意味あいが含みこまれているという。本書では「母語」という用語を、幼少期に習得し、個人の中にほぼ無自覚に備わった言語で、「もっともうまく使える言語」（田中 2016：25）という意味で用いていく。また、この母語を話す人々は、一般的に「母語話者」や「ネイティヴスピーカー（native speaker）」と呼ばれる。第二言語習得の研究においてネイティヴ／ノンネイティヴの概念については様々な議論がされているが、本研究においては一般的に広く使われている意味で「ネイティヴ（母語話者）」、「ノンネイティヴ（非母語話者）」という言葉を使用する。なお、韓国では一般的に「ネイティヴ」を意味する語として「原語民」という言葉が用いられている。第4章第2節の韓国在住、在日コリアン日本語教師であるナム先生の語りには、たびたび現地で使われている「原語民」という用語が現れたが、それは韓国において「原語民教師」と呼ばれているからである。本

書の中では「原語民((ネイティヴ))」と筆者の注をつけて記載している。なお、「母語」と近い言葉に「母国語」という言葉がある。本書では「母語」と「母国語」を明確に区別して用いる。国籍、ルーツが韓国にある在日コリアンにとって、「母語」は日本語であることが多いが、「母国語」は韓国語と捉えられることがある。このように、個人にとって母語と母国語は必ずしも同じ言語を意味しないため、本書ではこれらの言語を厳密に区別して用いることとする。

次に、「教師」「教員」「教諭」という言葉についての使い分けについて述べる。「教師」という言葉は、辞書[20]によると「①学校などで、学業・技芸を教える人。先生。教員。②宗教上の教化を行う人」という意味とされており、本書では①の意味で用いるが、「教師」は「家庭教師」「ピアノ教師」などの使い方に見られるように、教える立場の人のことを学校に限らず広く指す言葉である。本書では学校教育の場で教える人、学校教育以外の場で教える立場にある人々を包括的に述べる語として「教師」を用い、日本語や韓国語を教える立場にある人々のことを「日本語教師」「韓国語教師」のように表現し、基本的に「教師」という言葉を用いる。次に、「教員」という言葉は「学校で児童・生徒・学生を教育する職務についている人。教育職員。教師」という意味だとされる。本書では「学校教育で」教える教師というニュアンスを強めて表現したい時に「教員」という言葉を用いる。最後に、「教諭」という言葉は「教育職員免許法に基づく普通免許を有する、幼稚園、小・中・高等学校の正教員」という意味だとされる。本書では「教員免許を持つ教員」というニュアンスを強めて述べたい時に「教諭」という言葉を用いる。本研究の事例で扱う8名の教師たちは、全員高校に勤める「教員」であるが、厳密には全員が「教諭」であるというわけではない。日本の公立学校では「公務員に関する当然の法理」の適用があり、日本国籍を有しない者は教諭として任用されることができないとされている[21]。韓国籍など外国籍を持つ教員に関しては、平成3年（1991年）、「日本国に居住する大韓民国国民の法的地位及び待遇に関する日本国と大韓民国との間の協定」（昭和41年1月発効）に基づく、日本国に居住する大韓民国国民の法的地位及び待遇に関する協議（いわゆる日韓三世協議）の決着を受け、文部省が「在日韓国人など日本国籍を有しない者の公立学校の教員への任用について」の通知を発出した（文部省1992）[22]。これにより、平成4年（1992年）の教員採用試験から日本国籍を有しない者にも受験・採用の道が開けたが、この通知では「任用の期

期限を附さない常勤講師として任用するための所要の措置を講ずる」ように求めており、あくまでも「授業を担当する専門の教員」としての任用であり、厳密な意味での「教諭」とは位置づけが若干異なっている[23]。

　最後に、本書で使用する「複言語・複文化経験」という用語は、「複言語・複文化能力」を個人の中に蓄積するプロセスにおける言語的・文化的経験という意味で用いる。『参照枠』で述べられている複言語・複文化とは本来、当然のことながら日本語と韓国語という２つの言語、日本と韓国の文化に限るものではない。しかし、本書においては、隣国の言語の学習や教育に焦点を絞っているため、日本語あるいは韓国語の学習や教育を媒介に経験される言語文化経験に絞って考察する。１つの目標言語の学習や教育に伴う言語文化経験であっても、個人の中では既に備わっている言語、文化の能力がその作用を受け、変化し続けるものと考える。例えば日本語という言語に関する経験であっても、自身の中に既にある韓国語や英語などの能力が日本語の経験により何らかの作用を受け、有機的に結びつき合いながら共存し、個人の中の複言語や複文化の能力を変化させるものとなるだろう。そのような作用を及ぼす言語文化経験という意味で、本書では「日本語経験・日本文化経験」あるいは「韓国語経験・韓国文化経験」とは言わずに、「複言語・複文化経験」と述べることとする。

1　綾部（2009：113–114）は、60年代の日本の教育政策は50年代後半から本格的に行われた教育制度の中央集権化の基盤の上に築かれたものであり、この頃政府や文科省、財界が打ち出した教育理念は、日本が高度経済成長を遂げる中、「産業化」に寄与する人材養成であったとマクロな視点から英語教育文化の変遷を分析している。

2　1963年から1972年の間にも外国語9単位が必履修とされていた時期がある（川又2009：140）。

3　日本の中学校英語教科書の題材を分析した金田（2005）は、「国際理解を進めるためにアジア諸国に一層目を向けていく必要がある」という中教審答申を受け、英語の教科書の中にはアジアが題材として扱われる傾向が高まっていることを明らかにしている。特に距離的に近く、文化的にも密接な関係から中国と韓国の人が登場人物として登場する回数が増えていると報告している（p.140）。

4　2018年度7回目を迎えた日韓中高生の交流プログラムである。韓国語を学ぶ日本の中高

生 20 名と日本語を学ぶ韓国の中高生 20 名が、韓国ソウルで 5 日間一緒に生活しながら、日韓混合チームに分かれ、ダンスの練習をしながら買物に行ったり一緒に料理を作ったり、活動を通じて交流するという内容である（国際文化フォーラム「日韓のことばを学ぶ中高生交流プログラム 2018」ウェブサイトによる。）

5 答申には、「グローバル化が進展する中、日本の子供たちや若者に多様な外国語を学ぶ機会を提供することは、言語やその背景にある文化の多様性を尊重することにつながるため、英語以外の外国語教育の必要性を更に明確にすることが必要である。また、学習指導要領の改訂に向けて、外国語教育における領域別の目標を設定して作成するカリキュラムの研究や研修、教材開発などの取組について支援することが求められる」とある（文部科学省中央教育審議会：199–200）。

6 英語以外の外国語を対象に含めた外国語教育強化地域拠点事業は、過去に 2002 ～ 2003 年度にも外国語教育多様化事業（文部科学省 2002 による）として、韓国朝鮮語、中国語、ロシア語の研究開発が行われ、2006 ～ 2007 年にはロシア語の研究開発が行われている（北海道教育委員会ウェブページによる）。

7 従来教育課程は原則 5 年に一度改訂されていたが、多様化する社会や学習者のニーズに対応させながら必要な時期に必要な部分を改訂できるよう、「第 8 次教育課程」という名称は用いずに、第 7 次教育課程をベースに「改訂」という名をつけて教育課程が改訂されるようになった。

8 学校が教える外国語を設定し、生徒たちはその学校が設置している外国語の中から履修する外国語を選択する。

9 「生活外国語」とし、高校と同様の 7 言語から学校が選択した外国語の中で履修する。

10 1949 年にフランスのストラスブールに設立された組織で、人権、民主主義、法の支配の分野に重点を置き、国際社会の基準策定を主導する国際機関である。

11 言語の多様性とは、「同じ地理的空間の内か、あるいはひとりの話者の言語レパートリー（同一の話者によって様々な熟達度で習得された、様々な使用に供される言語変種の総体。第一言語、地方言語、学校や旅行先で身につけた言語など）のうちに、複数の言語変種が存在すること」とされる（欧州評議会言語政策局／山本訳 2016：221–222）。

12 2018 年、欧州評議会は『参照枠』の補足として「Companion Volume with New Descriptors」を公開したが、この中で複言語・複文化能力について補足がなされた。複言語・複文化能力は「複文化レパートリーの構築（Building on pluricultural repertoire）」、「複言語理解（Plurilingual comprehension）」、「複言語レパートリーの構築（Building on plurilingual repertoire）」の要素から成り立つとし、それぞれの要素について説明を加え、

Pre-A1 から C2 レベルまでの指標文を提示している（Council of Europe 2018：157–162）。

13 『参照枠』は言語学習を学校教育に閉じこめることなく、むしろ生涯学習に位置づけ、社会政策の一環として構想している（西山 2009：63）。

14 A1、A2 が基礎段階の言語使用者、B1、B2 が自立した言語使用者、C1、C2 が熟達した言語使用者レベルとされる。

15 行動中心アプローチ（action-oriented approach）とは「人間の行動を中心とした視点で言語教育を行おうとする考え方」だとされる。複言語主義を背景とする行動中心アプローチでは、言語学習の目的を、その人の目的を持った広い意味の言語活動をやり遂げられるようになることであるとする。そこでは「どれぐらい言語知識を持っているか」ということよりも、言語を使って「何ができるかが重要視される」（奥村・櫻井・鈴木編 2016：36–39）。

16 中国の孔子学院、韓国の世宗学堂、日本の国際交流基金がその例である。

17 韓国政府は 2015 年から「多文化教育支援計画」を発表、実施している（교육부 2017）。

18 『ガイド』には言語変種について次のような記述がある。「言語使用状況の特性を捉えるためには、可能なかぎり客観的な方法で設定され、共有されたカテゴリを描くようにしなければならない。というのも、言語に与えられた名は、それだけですでにイデオロギーに基づいた選択結果であるからだ。「言語」の名づけと対応する定義は、個人にとっても人間集団にとっても、社会的・政治的な関心の焦点になっている。方言と言語、地域言語と土着言語といった用語の区別は決して天然自然のものではないし、母語と国家語という用語も交換可能ではない。曖昧な言い回しを避けるために、とくにこの章では、それがどのような地位にあろうと、言語について中立的に言及する用語として言語変種を使用する」（p.88）。

19 植田（2002）は「朝鮮半島」「南北朝鮮」といった用法に見られるように、日本語の［ちょうせん］が国名の略称ではなく地域・民族・言語の総称であるとし、総称であるところの「朝鮮語」を用いるべきであると主張している。それに対し、内山（2004）は、自らは「朝鮮語」を使用すると主張しつつ、名称の選択は使用する人の自由で、主体的に行われるべきであると主張している。

20 『デジタル大辞泉（第二版）』（小学館）による。

21 韓国でも初等・中等教育段階の公立学校での外国籍の教員の任用はないと考えられる。ただし、大学に関しては教育公務員法第 4 章 10 条 2（外国人教員）で「大学は教育と研究のために外国人を教員として任用できる」と定めており、この限りではない。

22 この通知は「公務員に関する当然の法理」を前提として、1）日本国籍を有しない者にも公立学校教員採用選考試験の受験を認め、2）選考に合格した者については任用の期限を附さ

ない常勤講師として任用するための措置を講ずるよう各教育委員会を指導したものであった（文部省 1992）。

23 外国籍の教員を「教諭（指導専任）」として任用している自治体もある。指導専任とは授業をして生徒を指導する専門の教員のことであり、管理職に就くことはできない。

第 1 章

隣国の言語を学び、教えることの意味づけ
―概論的枠組みと研究方法―

1. 概念的枠組み

1.1 言語教育分野におけるアイデンティティ研究への注目

　近年の言語教育に関する研究においては、個人の言語使用や言語体験を重視した多言語話者に対する研究が盛んになってきている。小泉（2011：140）が「複言語主義という新たな概念が有効に活用され、アイデンティティ[1]と言語は切り離せないものとして扱われている」と述べるように、このような研究は言語の学びと人間形成、アイデンティティ形成というものが不可分な関係にあるという認識から出発したものである。日本において言語教育をアイデンティティ[2]という観点から捉え直すことを提案した細川（2011）は「ことばを学ぶことは、文化を学ぶことであると同時に、一人ひとりの個の世界の再構築であり、変容をともなう更新」（p.4）であるとし、自己の形成・更新にとって言語教育がどのような意味を持ち、どのような役割を果たすかという問題提起を行っている。細川はアイデンティティの形成・更新の問題は言語教育だけでなく、人間形成に関わる教育学全体の大きな目的であるということを前提に、アイデンティティ形成と更新を目指した言語教育とはどのような実践なのかという問いを投げかけた。また、その問いに答えるためには動的で相互構築的な言語教育実践の実態をどう捉えるかという議論が必要であるが、これまで日本語教育の中ではその教育実践の根底にある言語観や教育観についてほとんど検討されてこなかったと指摘している（細川 2012：136–138）。

　筆者はこの教師が持つ言語観や教育観も、言語の学習や教育を通した教師自身のアイデンティティの形成・更新とともに形作られていくものなのではないかと考えている。その意味で、教師を対象としたアイデンティティ研究は重要だと考えている。日本語教育の分野においては、日本語教師を対象としたアイデンティティ研究が少ないながらも進んできている。例えば Hall

［1996=2001］のアイデンティティの概念[3]に依拠して在日コリアン日本語教師のアイデンティティを探求した田中（2016）、Norton & McKinney（2011）のアイデンティティ・アプローチを補助的な理論的枠組みとして使用した嶋津（2016）、日本語教師の成長を後述する Lave & Wenger［1991 = 1993］の正統的周辺参加（legitimate peripheral participation; LPP）の概念を援用した飯野（2017）などがある。これらの研究で理論的枠組みとなったアイデンティティの概念は、アイデンティティを固定化した不変のものと捉える本質主義的な立場における考え方から、ポストモダニズム[4]の流れの中で社会との関係性の中で構築される動的で多元的なものと捉える（社会）構成主義の立場での捉え方へとパラダイムシフトする中で生まれてきたものである。

　本節では言語学習にアイデンティティという概念が登場する契機となった「状況的学習論」について述べる。次にそうした現代思想や学習理論のパラダイムの変化を受けて第二言語習得研究において登場した、ノートンによる理論を述べる。さらに、それに続く言語教師のアイデンティティに関する研究を取り上げ、それらを踏まえて本研究の視点を述べる。

1.2　状況的学習論とアイデンティティ

　言語教育とアイデンティティという課題において大きな影響を与えたのは、レイヴとウェンガー（Lave & Wenger［1991=1993］）による状況的学習論である。状況的学習論は言語教育の分野におけるパラダイムの変化において大きな役割を果たした。そこで提示された新たな学習観は、現代においては言語教育を考える上で欠かせない重要なものになっている。日本語教育の分野でも紹介、注目されるようになり[5]、その学習理論が日本語教育の実践にも援用されるようになっている。

　状況的学習論の特徴は、学習を社会に埋め込まれたものとし、個人の頭の中にではなく、共同体への共同参加の過程の中に位置づけた点にある。レイヴとウェンガーは人類学者であるが、リベリアのヴァイ族やゴラ族の仕立て屋などの手工業徒弟制の研究を通し、徒弟たちが、熟練者の作業の見様見真似を通して技能に習熟していく過程から正統的周辺参加、状況的学習の概念の着想を得たとされる。正統的周辺参加とは、人々が社会的な実践共同体に参与する度合を示す概念である。実践共同体(あるいは「実践コミュニティ」)とは、ウェンガーほか（2002:63）によると「領域」（Domain）、「コミュニティ」

（Community）、「実践」（Practice）の３つ基本要素が組み合わさって作り出されるものとされている。「領域」というのは実践共同体の中で共有されている何らかのテーマのようなものであり、共同体のメンバーに共通の基盤を作るものである。ウェンガーほか（2002：67）は「領域こそがコミュニティの存在理由（レゾンデートル）である」とし、人々を１つにまとめ、学習を導くのは領域であると述べている。また、「共同体（コミュニティ）」は、メンバーが互いに尊重し信頼し合い、相互交流を活発に行いながら豊かな関係を育む学習する社会構造であり、「実践」とは、共同体（コミュニティ）が生み出し、共有、維持する特定の知識だとされている。実践共同体に参加する人は、当初は最も縁の部分に位置する未熟者であるが、この実践共同体に参加しながら徐々に技能や知識を習得し、やがて十全的な参加者となっていく。レイヴとウェンガーは、この実践共同体への参加の過程で生じるアイデンティティ構築の過程を「学習」と捉え、参加の過程で発生する知識や技能の吸収は付随的なものであるとした（窪田 2011：89）。こうした「学習は社会的状況に埋め込まれたものであり、実践共同体への参加である」とする学習観は、学校教育において知識や技術が実際の文脈から切り離されて与えられ、学習者に吸収されるものと捉えられることの多かった従来の学習観に対し重要な問題提起をした[6]。Lave & Wenger［1991=1993］の訳者である佐伯はこの本のあとがきにおいて、学校教育の中の「教室」をこの「実践共同体」という概念から捉えた時、「学びの実践共同体は、社会や文化の中にあり、学校や教室はそこへ子どもがアクセスしていく「橋渡し」の場とみなすべき」だとしている（p.187–188）。さらに、学習とは「何者かになっていく」という、自分づくり、アイデンティティの形成過程であり、それによって共同体自体も「変容」し、再生産されていくものであるとしている（p.188）。

　状況的学習論の構築に影響を与えたもの[7]として、社会学者のブルデューによる一連の著作が挙げられる。ブルデューはこれまで様々な著作家が使用してきた「ハビトゥス（habitus）」という概念を再提示している[8]が、Lave & Wenger［1991=1993］の福島真人の解説（p.149）によるとそれは身体が構成する、認知・判断・行為の全体的なマトリックスであり、暗黙の内に学習した身体がつくりだす全体的態勢である。福島はブルデューによって抽象的にハビトゥスと語られていたものは、状況的学習論においては熟練のアイデンティティと呼ばれるものだと解説し、これが全人格的なアイデンティ

ティと呼ばれるのは、それが社会的身体の全領域を含む体得であるからだとする（p.158）。

　学習をこのようなアイデンティティ形成の過程であると見なした状況的学習論はその後の言語教育の分野に多大な影響を与え、学習を学習する人を取り巻く社会と関連づけて捉えようとする社会文化的アプローチ[9]が注目されるようになった。さらに、第二言語習得の研究分野においても、社会との関係性の中で個人の第二言語習得を捉えようとする研究が盛んに行われるようになった。次に述べるノートンによる研究もその１つである。

1.3　第二言語習得研究におけるノートンの理論

　従来、第二言語習得研究においては、学習者の言語の習得過程を解明することが研究の重要な焦点となることが多く、その場合学習者の特性は固定していることが前提とされ、社会的な活動からは切り離されて考えられる傾向があった（Norton Peirce 1995）。しかし「状況的学習論」の登場などにより、第二言語習得の研究もこうした学習観の変化に影響を受け、第二言語を学習するということは単に音声や語彙、文法などの言語の構造を学ぶだけでなく、特定の社会と相互に関わりながら変容し、自己形成されていくことであると考えられるようになった。こうした研究では学習者を単なる知識や情報を吸収する受動的な受け手ではなく、能動的な学習の主体として位置づけている。学習者による言語学習を考える際に、その人を取り巻く社会的、歴史的、政治的、経済的な文脈や過程をも含めて考察する重要性が主張されるようになったのである。

　第二言語習得研究においてアイデンティティを積極的に取り上げたものに、ノートンによる一連の研究が挙げられる（Norton Peirce 1995；Norton 1997, 2000, 2001, 2013など）。ノートンはアイデンティティを「世界と自分の関係をどのように理解するか、その関係はいかに時間や空間を通じて構築されていくか、そして、未来への可能性をどのように理解するかに言及する」（Norton 2000：5）ものとし、単一で固定的なものとは捉えていない。カナダの移民女性の第二言語としての英語の習得をテーマとした研究では、第二言語習得の過程における学習者のアイデンティティの葛藤と闘争を明らかにしている。ノートンが論じたのは、家庭や職場における不公平な力関係によって規定されてしまう第二言語習得の機会、その状況への学習者の対応で

あり、学習者の努力を第二言語の学習に対する投資とアイデンティティ構築の関係性を探ることで捉える重要性を述べている。その主張の中には、従来の第二言語習得の研究が学習者の動機付けの概念を静的で固定的に捉えがちで、言語間の力関係や言語とアイデンティティの関連づけに関して注目してこなかったことに対する批判が含まれていた。

　ノートンは、第二言語の学習を自分のアイデンティティへの投資だと位置づけ、「投資（investment）」という新しい概念を以下のように提示している。

　I take the position that if learners invest in a second language, they do so with the understanding that they will acquire a wider range of symbolic and material resources, which will in turn increase the value of their cultural capital.
（私は、学習者が第二言語に投資するならば、それは彼らの文化的資本を高めるであろう幅広い象徴的、物質的資源を獲得しようとするからだという立場を取る。）　　　　　　　　　　＊（　　）拙訳。(Norton Peirce 1995：17)

　この「投資」というメタファーは Bourdieu（1977b）や、ブルデューとパスロン［1977=1991］における「文化的資本（cultural capital）」の議論を踏まえて作られたものである。この議論の中では、与えられた社会的文脈の中において、文化的資本を持つ人々が持たない人に比べて高い学歴などの価値を得て、高い階級へと再生産され、教育が象徴的権力となって機能するありようを明らかにしている。このメタファーである「資本」という概念に触発され、ノートンは第二言語学習における「投資」という概念を発表した。第二言語に投資をする人は、投資をすれば幅広い象徴資源[10]と物的資源が得られ、それらを獲得することが社会的世界において自分自身の価値を高めることになるということが分かっていて投資をしているのだと主張したのである。その議論の中で、第二言語の学習（投資）は、その人が「なりたい自分」である理想のアイデンティティを獲得するための投資と同義であるという新たな知見が提示された。こうした第二言語学習に対する投資を考察するにあたっては、言語学習を社会との関わりの中で捉える視点が必要となる。ノートンによる理論の提示は、第二言語学習の研究において学習者を取り巻く大きな社会的、歴史的、文化的、政治的、経済的な文脈を考察の範囲に入れる

必要があるという認識を広めることとなった。

　ノートンは、第二言語学習とアイデンティティという領域において重要な考え方を提示し続けている。例えば「想像の共同体／想像のアイデンティティ（imagined communities／imagined identities）」（Norton 2001；Kanno & Norton 2003）という概念における「想像の共同体」とは、もともと Anderson［1983=1987］によるもので、国民というものはイメージとして心に描く、国家という想像の共同体（想像の政治共同体）であるという論から生まれた概念であるが、ノートンはこの概念を学習者の未来と言語学習との関係を考察する際に用いている。すなわち、学習者は第二言語を学習する際に、その言語が使用される想像の共同体を描き、その共同体に参加することができるように学習に投資しているのであり、第二言語学習という営みを考察する際には、現在や過去だけでなく、将来との関係性の中で考察する必要があるというのである。この論の中では第二言語学習が過去、現在、未来へとつながっていく自己のアイデンティティ構築の軌跡との関係性の中で捉えられる可能性が示されている。

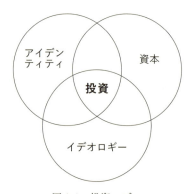

図 1-1　投資モデル

（Darvin & Norton, 2015:42 に基づいて筆者が作成）

　さらに近年、Darvin & Norton（2015）は「投資モデル（model of investment）」という新たな理論的枠組みを発表した。ノートンが提示する「投資」の構造とは、前述したように、第二言語の学習者を複雑なアイデンティティを持ち、時間と空間を超えて変化し、社会的な相互作用の中で再構築される存在であると見なすものである。投資モデル においては「アイデ

ンティティ（identity）」「資本（capital）」「イデオロギー（ideology）」という3つの要素の交差点に「投資（investment）」という概念が配置されている（図1-1）。

　このモデルにおけるアイデンティティは、「単一のものではなく、時間と空間にわたって絶えず変化し続けるもの」（Norton 2013）と定義されるものである。経済的資本（金銭、資産など）、文化的資本（学歴、資格など）、社会関係資本（社会的コネクション、ネットワークなど）といった資本[11]の価値はイデオロギー的構造によって決定されるが、様々な分野や場において絶えず交渉されているものだとされる。そしてもう1つの要素、イデオロギーはその社会において支配的な考え方であり、自分自身や他者をどのように位置づけるかという問題に関連する概念である。「アイデンティティ」、「資本」、「イデオロギー」という3つを主要要素としたこのモデルは、「学習者が自分や他人をどのように位置づけるか、どのように現在の、そして思い描く理想のアイデンティティに投資されるか」、「学習者は第二言語に投資した利益として何を認識し、所有している資本はどのように役立つか」、「学習者の第二言語学習への投資や資本を得ることを困難にするイデオロギーとはどのようなものか」などを検討する枠組みとして活用できるものとして提示されている。

1.4　言語教師のアイデンティティを捉える視点

　これまで述べてきたようなアイデンティティの概念は、言語教師のアイデンティティ（language teacher identity）にも適用できるものだと考えられている。例えば Norton（2017：82）は前述した「アイデンティティ、資本、イデオロギー」を主要な要素とする投資のモデルが、教師と教室、機関、コミュニティとの間における関係性を捉えたり、その関係性が社会的、教育的文脈の中でいかに構築されてきたかを分析したり、教師たちの未来への希望と可能性がどのようなものかを捉えたりする上で重要な示唆を与えるものであると述べている。

　しかしながら言語教師に焦点を当てたアイデンティティに関する研究は、長い間あまり関心を持たれにくい分野であった（Varghese ほか 2005：21）。Varghese らは教師が長い間、単に教授法を受け入れる受動的な存在だと見なされていた問題点を述べ、実際には教師が教育の場で大きな役割を果たし

ており、言語教育の実践の場で教師の全てのアイデンティティが重要な要素になっている点を指摘した。さらに教師を理解するための研究として、教師のアイデンティティの理論化という課題に取り組む必要性を述べ、言語教師のアイデンティティを捉える上での中心的な考え方を整理した。ここで言語教師のアイデンティティを捉える中心的な考え方として、「固定的で不変なものではなく、複数かつ可変的で葛藤の中にあるもの」、「社会的、文化的、政治的文脈と切り離せないもの」、「人々の言語を通して構築され、維持され、交渉されるもの」という3つが示されたが（Varghese ほか 2005：22-23）、この議論はその後の言語教師のアイデンティティ研究につながる重要な道筋を示した。

　近年はアメリカの英語教育や言語教育の学術誌である *TESOL Quarterly* (2016 年) や *Modern Language Journal* (2017 年) で言語教師のアイデンティティに関する特集号が組まれ、2017 年には言語教師のアイデンティティの包括的な概念を整理した Barkhuizen (Ed.) (2017) [12] がアメリカで刊行されるなど、特にこの領域に関する関心が高まっていると言える。言語教師のアイデンティティの研究において議論されてきた領域は、ジェンダー、人種、ネイティヴ性、教師の主体性（agency）など幅広い。言語教師のアイデンティティに関する研究について言及した De Costa & Norton (2017) は、教師が持つ豊かな言語と個人の歴史が学習者の効果的な言語学習を促進する要素となっているという認識が、こうした研究の中心にあると述べている。このように、言語教師のアイデンティティに関する研究が第二言語習得研究や応用言語学の研究において重視されるようになってきたのは、言語教育者の中で教師という個人とその実践が学習者の言語学習に重要な役割を果たすという認識が広がりを見せてきたからだと考えられる。

　本節では言語教育分野において、個人の言語使用や言語体験を重視した研究が注目をされるようになった背景を述べた。ポストモダニズムの流れの中で、社会との関係性の中で構築されるという（社会）構成主義の立場から新たに捉え直しが起きたアイデンティティ概念は、第二言語習得や応用言語学の研究にも影響を与えてきたことを概観した。言語教師のアイデンティティが社会との相互作用の中で葛藤し、構築されていく多層的で動態的なものであるという概念化は研究者の中で広く認識されつつあり、近年の言語教師のアイデンティティ研究につながっている。

本書ではこのようなアイデンティティの概念を枠組みとして援用し、「自身の経験や他者からの影響によって時とともに変容していく多層的で動態的なもの」として言語教師のアイデンティティを定義する。その上で教師が社会との相互作用の中でどのような「なりたい自分」のアイデンティティ、すなわち理想のアイデンティティを思い描き、学ぶ側から教える側になり、いかなる教育観を形成していったかを分析する。さらに複言語・複文化主義の潮流の中で教師たちが隣国の言語の教育に関わる意義と可能性を考察することを試みる。次節において立脚する研究パラダイムについて述べるが、本書では個人や教育実践が社会や教育の文脈の中で構築されていくという認識に立ち、これらについて分析、考察する際には個人を取り巻く社会的・教育的文脈、イデオロギーなどの外力、資本との関係性などを踏まえて行うことを目指していく。

2. 立脚する研究パラダイム

個人の中の「意味」の領域を重視する研究として、人間科学の分野において注目されるようになったのが「質的研究」である。質的アプローチは文化人類学、社会学、心理学、教育学など様々な領域の人間の研究に取り入れられ、現在に至るまで発展してきた。質的研究法は人々の内的側面、意味世界の様相やその変化を捉えるのに向いているとされる（西條 2007）。言語教育の分野においても人間の研究に目が向けられるようになるにつれて、質的研究のアプローチを取り入れたものが増えてきている。特に、学習者や教師のアイデンティティを扱った研究のほとんどは質的研究法が用いられている。

デンジンとリンカン（Denzin & Lincoln [2000=2006]）は「数、量、強度、頻度などによっては実験的に検証や測定はできない、モノの質や過程あるいは意味を重視している」ものを「質的」研究であるとし、社会経験がどのように作られ意味づけられるかに重点を置いた問いに答える研究であるとする（p.9）。これは数、量、強度、頻度などを重視し、仮説検証型で実証主義的な立場に立つ量的研究のアプローチとは対照的な特徴を持つ。

舘岡（2015：5-6）は質的研究に共通する特徴として「日常的で自然な場面の重視」、「実証主義的な認識論への懐疑」、「プロセスおよび関係性の重視」、「帰納的」、「意味やナラティヴへの注目」、「観察者と観察対象の相互作用や社会的相互行為の重視」、「実践や現場の変革を志向」の7点を挙げている。

こうした特徴はほぼ全て量的研究とは対照的なものである。最後の「実践や現場の変革を志向」は量的研究でも最終的な目的は共通していると思われるが、質的研究においては研究のプロセス自体が実践の変革のプロセスと捉えられ、研究者自身の自己変容のプロセスなども研究対象になることがある。

　また舘岡（2015：5）は量的研究と質的研究の違いについて、扱うデータが量か質かということや手順の違い以上に研究パラダイム[13]の違いにあるのではないかとも述べている。研究パラダイムとは、研究者が立脚する学問横断的な潮流のことであり、研究者が世界をどのように見るかというものの見方に関わる「解釈の枠組み」（八木 2015a：34）のことである。八木（2015b）はデンジンとリンカン［2000＝2006］を参考に、現代の代表的なパラダイムとして実証主義的アプローチと（社会）構成主義的アプローチを対比する形で表 1-1 のように示している。分かりやすく整理されているため[14]、そのまま引用する。

表 1-1　2 つのアプローチ（八木 2015b：54 より転記）

	世界の捉え方	研究とリアリティの関係	バイアス	協力者	社会への還元
実証主義的アプローチ	ただ一つのリアリティ	完全に捉えられる	できる限り排除	受動的	知的な還元、普遍的な法則
（社会）構成主義的アプローチ	多様なリアリティ	部分的なリアリティ、不完全	排除しない	相互行為的、多声	社会を変える、事例と理解

　近年、盛んに行われるようになってきた言語教育とアイデンティティに関する研究は管見の限り、ほぼ（社会）構成主義的アプローチの立場に立って行われている。唯一無二の客観的世界なるものがあるという前提には立たず、多様なリアリティが存在し、その中の部分的なリアリティを捉えようとしているのだという立場に立ったものである。その立脚点に立ちながら具体的な研究手法として用いられることの多いのがナラティヴアプローチ、つまり物語、言語による主観的事実を重視した研究手法である。やまだ（2007：54）によると、「ナラティヴ（narrative 語り・物語）」とは、「広義の言語[15]によって語る行為と語られたもの」を指し、ナラティヴ的な考え方には新しい世界観や人間観が含まれているとされる（やまだ 2007：61–63）。具体的には、人間を独立したものではなく、他の人間や環境との相互関係を前提として捉える考え方、心理過程において「内側─外側」、「主観─客観」の二元

分割の枠組みをとりはらい、ナラティヴ行為の行われる文脈や相互行為など
を重視することなどがナラティヴアプローチの特徴である。1990 年〜 1995
年頃に起きた、こうしたナラティヴ的な考え方を重視した質的研究への転
換は「ナラティヴ・ターン（物語的転回）」と呼ばれている（やまだ 2007：
54–55）。(社会)構成主義はナラティヴ・ターンを受けて展開されるようになっ
たものであるとされ（中村 2016：193）、質的研究、(社会) 構成主義、ナラティ
ヴアプローチはそれぞれ密接に結びつき合いながら発展してきた新しい研究
パラダイムであると言える。

　本研究が立脚する研究パラダイムは、質的研究、ナラティヴ的な考え方を
重視する（社会）構成主義的アプローチである。本研究においてフィールド
ワークやインタビュー等の様々な手法で収集されたデータは、あくまでも筆
者である私と対象とする世界との相互作用の結果再構築された現実であり、
世界についての部分的リアリティでしかないと見なす。筆者の属性や歴史か
ら生まれる筆者の「構え（志向性）」をできるだけ開示し、これが本研究のデー
タ解釈のフィルターとなっていることを示す。調査協力者は受動的な存在と
は見なさず、研究者との関係性は相互行為的である。さらに、研究で得られ
た成果は一事例に過ぎないものであったとしても、他に応用できる一面を持
つものと考え、社会への還元を目指す。本研究で言えば、還元が目指される
場は主に日本と韓国における言語教育の現場となる。

　具体的な研究方法については第 4 節において述べるが、その前に次節にお
いて、本研究と同様に質的研究の手法を用いてこれまでに行われた韓国の日
本語教師と日本の韓国語教師に関する研究を概観する。さらに先行研究を踏
まえて隣国の言語を教える教師という人間の研究を行う本研究のオリジナリ
ティを述べる。

3. 質的データを用いた日韓の言語教師に関する先行研究

3.1 韓国の日本語教師に関する質的研究

　ここでは近年の韓国人日本語教師に関する先行研究を取り上げる。世界で
最も日本語学習者数が多い国としての歴史が長かった韓国の日本語教育に関
する論考は数多い。その中において韓国人日本語教師に関する質的研究は
量的に多いとは言えないが、2010 年代に入ってから徐々にその数が増えて
きている。その中でライフヒストリー調査や授業参与観察などの質的手法

を用いている点において本研究に近接する先行研究としては、田中（2011,
2016）、河先（2013b）、中山（2016）、崔鉉弼（2011, 2016）、金義泳（2012b,
2014）、星（佐々木）（2016）、嶋津（2016）が挙げられる。それぞれの研究
で中心的に扱われているテーマ、調査協力者、調査方法を整理すると表1-2
のようになる。

表1-2　韓国の日本語教師に関する質的研究

	研究テーマ	調査協力者のうち データ分析対象	調査方法
田中（2011）	日本語学習の選択と意味 づけ	1960〜1970年代に 日本語学習を開始した 日本語教師6名	ナラティヴ・ インタビュー
河先（2013b）	「日本語に関わる自己」 の変容	1970年代に日本語学習 を開始した大学の日本語 教師12名	ライフストーリー・ インタビュー
中山（2016）	日本語教師の現状理解 と日本語教育の課題	大学の日本語教師7名 （非常勤4名、専任3名）	インタビュー
崔鉉弼 （2011）	教師の教育観と実践	教師歴20年のベテラン 高校日本語教師1名	ライフヒストリー・ インタビュー、授業 観察
崔鉉弼 （2016）	日本語教育実践の改善 とピア・サポートの有効 性	高校日本語教師2名	インタビュー、授業 観察、カンファレンス （相談・協議）
金義泳 （2012b）	教師の実践と教育観を 捉える主題別生涯史	教師歴11年の高校日本 語教師1名	ライフストーリー・ インタビュー
金義泳 （2014）	教師の個人史から捉える 教育観	高校の日本語教師6名	インタビュー
星（佐々木） （2016）	日本語教師の実践と ビリーフ	中等日本語教師12名	インタビュー、 質問紙調査、授業見学
田中（2016）	言語教育と「言語」「国籍」 「血統」の関係性	在日コリアン 日本語教師4名	ライフストーリー・ インタビュー
嶋津（2016）	ノンネイティヴ教師の 専門性とアイデンティティ	大学院で日本語教育を 専攻する大学院生2名	ライフストーリー作文

　まず、韓国の日本語教師を対象とし、日本語学習の意味づけをその歴史
的、社会的文脈との関連で捉えようとした研究としては田中（2011）、河先
（2013b）がある。
　田中（2011）は1960年〜70年代に日本語を学んだ経験を持つ日本語教師
の語りのデータをもとに、日本語学習の意味づけについて考察したものであ
る。1960年〜70年代は日本語に対して冷たい視線が向けられ、かつ日本語
教育自体も整備されていなかった時代である。その時代に日本語を学び始め、
その後日本語教育と研究に従事してきた人々は、日本語学習にどのような意

味を見出してきたのか、そのライフストーリーを明らかにすることが研究目的とされている。調査からは、日本語に対する社会的な評価の低さや教育環境の不整備といったあまり恵まれていない教育環境に置かれながらも、その状況に働きかけるなどして学ぶことへの主体的な意味をそれぞれ見出し、学習を維持することに成功したプロセスがあったことが明らかにされている。田中（2011）は教える側に回った一世代目の彼らの複雑な経験や想いを歴史の資料の1つとして残すことを目的としたものであった。

　河先（2013b）は1970年代に日本語を学び始め、日本留学後、韓国の高等教育機関で日本語教育に携わっている教師に対するライフストーリー・インタビューのデータをもとに、「日本語に関わる自己」の語られ方や認識のされ方について分析をしている。その結果、1970年代、国語世代[16]に浸透していたと考えられる日本語教育必要論と、高校や大学における日本語教育の活発化が外的要因となって、日本語学習が開始されていたことを明らかにしている。日本語学習開始当初は自分の意思とは無関係に開始されたと認識しているケースもあったが、日本語学習を継続する段階になると国語世代の日本語教育必要論が学習者の認識の内部に取り込まれ、日本語を習得し将来活躍する自己像が描かれるようになり、それが日本語学習への自発的な取り組みを促し、主体的に日本語に関わる自己を形成させていたと考察している。また、日本の大衆文化の流入が厳しく規制され、日本との直接接触が難しい状況であった1970年代に焦点を当て、当時日本語を学習した教師たちが日本語学習に対して外部からの否定的な視線を受けながらも日本語に関わる自己を肯定化する克日論を形成していたと分析している。

　さらに、高等教育機関における日本語教師を対象とした研究としては、中山（2016）が挙げられる。中山（2016）は大学で日本語教育に携わる教師にインタビュー調査を実施し、学習者の減少など厳しさを増す現代の韓国の日本語教育の状況の中で現役の日本語教師たちがどのように現状を理解し、課題を感じているかを分析している。考察においては韓国での日本語学習熱が韓国社会の中での日本語の有用性に支えられていたと分析されている。長い間日本語はその使用者に富をもたらす「道具」として存在していたが、そうした経済的実利性が低くなってしまった今、教師たちには「日本語」だけではなく「教育」にも重きを置いた実践が求められていると指摘し、高等教育における外国語教育が言語教育として何を目的／目標とすべきなのかという

問題提起をしている。

　以上挙げた田中（2011）、河先（2013b）、中山（2016）は、田中（2011）が 1960 年〜 1970 年代に日本語学習を開始した教師たちの日本語学習の意味づけ、河先（2013b）が 1970 年代に日本語学習を開始した教師たちの「日本語に関わる自己」の認識、中山（2016）が 1980 年代〜 1990 年代に韓国の大学で日本語教育を専攻し、現在日本語教育に従事している教師たちの現状理解と課題について考察したもので、それぞれ異なる目的を持ったものである。しかし、韓国社会における日本語の位置づけを踏まえながら大学の日本語教師たちがいかに日本語学習や日本語教育の意味づけを行ってきたかという社会的文脈との相互作用に注目している点には共通点があり、それぞれに重要な知見を提示している。

　一方、韓国の日本語教師の実践、教育観、アイデンティティに注目した研究としては、崔鉉弼（2011, 2016）、金義泳（2012b, 2014）、星（佐々木）（2016）、田中（2016）、嶋津（2016）が挙げられる。

　このうち、高校の日本語教師を対象とした質的研究は、崔鉉弼（2011, 2016）、金義泳（2012b, 2014）、星（佐々木）（2016）である。

　崔鉉弼（2011）は崔鉉弼（2016）の中核となっている論文で、高校に勤めるベテラン韓国人日本語教師 1 名に対するライフヒストリー・インタビューと授業観察を通して、教師の教育観の変容と実践への影響の軌跡を考察したものである。特に教師となってからの経験と実践に注目し、調査から現在の中等教育における学習者の意欲の無さ、それによる韓国人日本語教師の苦悩の深刻化、外国語としての日本語の地位の低下など様々な問題を浮き彫りにしている。さらにこうした問題の解決に取り組むためには教育実践を個別で行うのではなく、協働で行うことが必要であると提言している。崔による研究の主眼は困難の多い教育現場において日本語教師の日本語教育実践はどのように改善されるのかを究明することにあったと言える。この課題についてさらに追究した崔鉉弼（2016）は、もう 1 名の高校日本語教師に対する調査事例も加え、授業改善における「ピア・サポート」の有効性を詳述している。

　金義泳（2012b）、金義泳（2014）もまた、高校の日本語教師が置かれている教育現場の問題や、教師たちが持つ教育観に注目した研究である。金義泳（2012b）は教師歴 11 年という中堅からベテランへと移行する段階の高校の日本語教師 1 名を対象に、ライフヒストリー・インタビューを行っている。

特に教師になってからの経験、教育観に関わる語りに注目し、この教師が日本語教育の意義と目的を人間形成のための教育と見る教育観を持っていたこと、そしてこの教育観は政策や論考を参照しているというよりもむしろ学習者とともに作り上げてきた実践の中で生じた学習者についての豊かな認識に根差したものであるということを明らかにしている。金義泳（2014）は金義泳（2012b）に連なる研究であり、高校で教える日本語教師6名に対するインタビュー調査を行い、個人史から教師の教育観がどのように形成されているかを考察したものである。教師たちには中等教育機関の教育者としての教育観（「教師としてのアイデンティティ」）と日本語を教える授業実践者としての教育観（「日本語教育観」）が存在しており、「教師としてのアイデンティティ」が「日本語教育観」に影響を与え、教師としての土台となっている可能性を示唆している。

　星（佐々木）（2016）は教師の実践が韓国中等教育の中での日本語教育という文脈においてどのように作り上げられ、その実践はどのような「ビリーフ（belief：信念）」によって支えられているかを実践とビリーフの変化、その要因を中心に探求したものである。調査の結果、教師たちのビリーフの変化には教育政策が示す新しい知識を実践の中でやってみることがきっかけになっているという要因と、授業実践が主に学習者と学習者によって媒介された社会との相互作用によって常に再構成されているということを明らかにしている。さらに、実践を通して再構成されたビリーフには教師自身が体験し実感した日本語学習の意味や価値があり、それを生徒たちに伝えたいという思いが教育実践の方向性を決める大きな力となっていると述べている。

　従来、高校など中等教育段階の日本語教育に関する研究は「教育課程や教科書に関する研究が主流（金義泳2012b：94）」であり、教師に注目した研究は少なかった。ここに挙げた崔鉉弼（2011, 2016）、金義泳（2012b, 2014）、星（佐々木）（2016）のような質的な研究法を用いた中等教育段階の日本語教師を対象とした研究は、量的な研究では十分にくみ取ることができない、教師個人が持つ教育観やビリーフ、実践のありように迫り、そのデータを丹念に読み解くことで教師たちの豊かな経験と実践との関係性、教育観の可変性などを示した点で貴重である。しかし、これらの研究は主に教師になってからの経験に焦点が当たっており、教師になる前の個人史の部分は研究の目的の違いから十分に扱われていない。

日本語教師一人ひとりの個人史やアイデンティティに注目している研究には田中（2016）と嶋津（2016）がある。田中（2016）は日本語教師となってからの経験だけでなく、一人の人間としてのアイデンティティ形成の軌跡を追いながら個人と言語教育との関わりを捉えようとしている点、嶋津（2016）は日本語教師を志す大学院生を対象に、日本語ノンネイティヴ教師としての専門性やアイデンティティを獲得していく過程を捉えようとしている点がこれまで挙げた研究と異なる点である。この２つの研究は異なる研究目的を持ち調査対象としている調査対象者の背景も異なっているが、複数ある個人のアイデンティティの中でも「ネイティヴ／ノンネイティヴ」という側面に関心が注がれている点は共通点として挙げられる。

　第二言語習得研究の中においては「ネイティヴ」―「ノンネイティヴ」といった二項対立的な議論が構築されてきた（田中 2016：48）。言語教育において、「ネイティヴ」は学習される言語の目指すべきモデルとして位置づけられることが多く、それに対して「ノンネイティヴ」は劣った、不完全な、という負のイメージを持たれがちである。田中（2016）は 1990 年代以降、主にアメリカの言語教育関係者の間で、「ノンネイティヴ」が「ネイティヴ」に従属する位置に置かれているといった発想を問題視する研究（例えば Cook 1999[17]）や、「ノンネイティヴ」教師には「ネイティヴ」教師にはない資質があることを肯定的に評価する研究（例えば Medgyes 1992[18]）が発展してきたことを述べ、これらの研究がしかしながら「ネイティヴ＝標準」、「ノンネイティヴ＝逸脱」[19] という二項対立的な関係性を脱構築する視点の提供には至らなかったと指摘している（田中 2016：51）。また、アメリカの言語教育では人種や民族などのディスコースを踏まえた議論が展開されていることを指摘した上で、日本語教育の従来の研究において、「ネイティヴ＝日本人」、「ノンネイティヴ＝非日本人」という関係性が所与のものとして設定されていることが多いことを問題点に挙げ、日本語教育の研究においても、「ネイティヴ／ノンネイティヴ」という二項対立的な図式に陥ることなく、ある人に言語の話者としての「正統性」を付与してしまうような構造そのものを脱構築していく議論が必要だと問題提起をした（田中 2016：57）。その上で田中（2016）は「日本語を母語としながら非日本人である」、「言語」と「国籍」、「血統」にズレのある在日コリアン日本語教師のライフストーリー研究から、言語教育における「言語」と「国籍」、「血統」の関係性を探ろうとした。

そこで明らかにされたのは言語教育における「単一性志向」であり、「一国民」、「一言語」を前提とする考え方がベースにある「統一体としての言語」の思想の存在である。これまで日本語教育の分野でほとんど注目されることのなかった在日コリアン日本語教師のアイデンティティに注目し、教師たちの教育実践に影響を与える言語教育における「単一性志向」の傾向を指摘した点において田中（2016）は重要な知見を提供している。田中は論文の最後に「統一体としての言語」の思想からの脱却の糸口として、「複言語・複文化主義」の思想の可能性を以下のように指摘している。

> 複数の言語変種がそれらの境界が非常に曖昧な形で個人のなかに位置づけられていき、人々が共有してきた言語の捉え方が変更されていけば、言語の「正統性」や「真正性」という考え方から、言語教育は距離を置くことが可能となるかもしれない。　　　　　　　　　（田中 2016：249）

このように述べ、複言語主義の方向性を取りつつ、言語教育が「近代」という時代から脱却するための議論構築の必要性を指摘した。ここで可能性が指摘されているのは、社会を構成する一人ひとりの意識が「複言語・複文化主義」の思想に向かっていくことで言語教育の「単一性志向」から脱却できる可能性である。しかし、田中（2016）は言語教育と「言語」「国籍」「血統」の関係性を捉えることを目的としているため、複言語・複文化主義の潮流の中で在日コリアン教師たちが教育に関わる意義については言及されていない。本書においても「日本語を母語とする韓国人」という、「母語」と「国籍・血統」にズレがある在日コリアン日本語教師と在日コリアン韓国語教師を調査対象としているが、田中（2016）との違いとして、本書では在日コリアン教師に「韓国語の学習経験を持つ教師」という視点が加わり、その学習経験やそれに伴う個人史も重視し、複言語・複文化主義の潮流の中で、在日コリアン教師の存在を捉えようとしている点が挙げられる。また、田中の指摘する言語教育の「単一性志向」が存在する中で、学校教育の場で隣国の言語を教える在日コリアンの教師を含め、日韓の言語教師たちの存在がどのように意義づけられるかを探求しようとしている点も挙げられる。

次に、嶋津（2016）はノンネイティヴ教師が日本語教師としての専門性とアイデンティティをどのように獲得していったかを韓国人日本語教師候補生

を対象に探ろうとしたパイロット研究である。Norton & McKinney（2011）のアイデンティティ・アプローチを補助的な理論的枠組み[20]として用い、将来日本語教師になることを目指す大学院生[21]たちに対して調査を行っている。そこでは過去の個人的な外国語体験や人生経験が、日本語教師という職業を選択した現在の立ち位置とつながりを持って意味づけされていることが明らかにされている。さらに、「学習者のニーズを掴んだ指導ができるかどうか、日本語の様々な側面を学習者に気づかせることができるかどうかなども、教師としての重要な資質」（p.44）だとし、言語教育上の利点を多く持つノンネイティヴ教師の存在は、「学習者の日本語学習の進行や日本語能力の向上に大きな影響力を持つ」（p.44）とノンネイティヴ教師の存在意義を論じている。しかしながら嶋津（2016）は調査協力者２名のライフストーリー作文をデータとしたパイロット研究であり、今後これらの協力者たちが実践を重ねるなかでどのようなアイデンティティ変容をしていくかの追求は今後の課題とされている。嶋津（2016）は長期的な眼差しで韓国人日本語教師のアイデンティティ構築の軌跡を捉えようとしている点において本書における目的と一部重なりがある。しかし本書は「隣国の言語を学んだ経験を持つ言語教師」を対象とし、ノンネイティヴ教師だけでなくネイティヴ教師も対象に含めている。ノンネイティヴ、ネイティヴという二項対立的な議論からいったん距離を置き、「隣国の言語を学び、教える教師」としてのアイデンティティの構築や自己形成プロセスに注目し、隣国の言語を教える教師たちの存在意義を考察しようとしている点で嶋津（2016）とは異なる目的を持つ。

　以上、韓国における日本語教師に関する質的研究の先行研究を概観してきた。教師たちの個人史、教育実践、教育観、アイデンティティに注目した研究は近年徐々になされてきているが、その蓄積は十分ではない。特に複言語・複文化主義の潮流の中で、隣国の言語を教える教師という観点から教師たちの存在意義を捉えることを試みる研究は管見の限り見当たらないことを確認した。次に、日本の韓国語教師に関する先行研究を概観する。

3.2　日本の韓国語教師に関する質的研究

　ここでは日本の韓国語教育の教師に関する先行研究について述べるが、その数は多くない。韓国語教師に対する教師研修の変遷や課題を述べた小栗

（2011）、韓国語の講座開設に関する意識調査の調査報告（熊谷 2011）の他、近年では他の言語教師の教員養成や教員資格要件と比較しながら韓国語教師に求められる知識や能力について検討した本廣・保坂（2017）、保坂・本廣・大川（2018）があるが、韓国語教師一人ひとりの個人史や教育実践を研究対象としたものは管見の限り見られない。

　本研究で扱う韓国語教育に携わる教師のライフストーリーおよび信念に関する研究に近いものとしては、自身の韓国語との関わりや教育実践を振り返った論考が幾つかある。その中でも例えば塚本（2001）や小倉（2011）からは高等教育段階で教える韓国語教師、金時鐘（2001）、李貞榮ほか（2015）や黒澤（2013）からは中等教育段階（高校）で教える韓国語教師の経験および信念について知ることができる。

　塚本（2001）、小倉（2011）は日本における「朝鮮語」教育の位置づけに関して論じているが、その中ではなぜ自身が「朝鮮語」を学ぶようになったか、どのように学んできたか、どのように教育にあたってきたかということについても述べている。

　『朝鮮語大辞典』の作成者として知られる塚本が「朝鮮語」を学び始めたのは 1950 年代、大学生になって言語学を専攻したことがきっかけだった。日本語と「朝鮮語」がアルタイ語族に属する言語であるという説に基づき比較言語学の研究を始めたのだが、「朝鮮語」の辞書がなかった。50 年前に出た『朝鮮語辞典』（朝鮮総督府）が出版された唯一のもので、他にも在日朝鮮人が書いた参考書が 1，2 冊あるのみだった。こうした状況に塚本は「わたしは腹がたってきた」（p.104）と述懐している。その理由は戦争が終わり朝鮮民族が解放されて 10 年も経ったというのに、日本と朝鮮の間には解決しなければならない問題が山積しているというのに、本格的な朝鮮研究が全く行われていなかったからである。こうした「朝鮮語」研究の空白はしかし、塚本に逆に刺激を与え、大学での講義も辞書も参考書もなく留学も不可能な時代環境の中、朝鮮学校に 7 年間通い、「朝鮮語」の修得を在日朝鮮人との交流の中で学んでいったという。のちに、その朝鮮学校の教師になるが、「朝鮮語」の研究を続けるためには朝鮮人になる決意までが必要だったと述べている（p.161）。その後塚本は 1963 年に大阪外国語大学に新設された朝鮮語学科の専任教員となり、2000 年に停年退官するまで勤め上げている。塚本（2001）では大学の教員になってから取り組んだ『朝鮮語大辞典』編纂の過程、

朝鮮学一般の貧困状態といかに格闘していったかが克明に描かれている。

　塚本が韓国語教育の創成期、第一世代の研究者であるとすれば、小倉は第二世代の研究者と言える。小倉（2011）は自身の「朝鮮語」学習の経験について述べた文章の中で、大学ではドイツ語を学び、大学を卒業して企業で働いている時に「朝鮮語」と出会い、有志による学習会で学んだ他は独学で学んできたと述べている。その当時のことを「在日の苛酷な実存とイデオロギーの対立によって醸し出された朝鮮語の苦しさと暑苦しさが、その絶頂期を越えてようやく相対化される兆しを見せた 80 年代の半ばにこの言語を学びはじめた」（p.29）と振り返っている。8 年間の韓国留学生活を終え、私立大学で「朝鮮語」を教え始めるが、90 年代半ばに至っても「朝鮮語」を取り巻く環境は決してよくなく、他の言語と対等な外国語とは扱われていなかったという。「朝鮮語」教育の第一世代の役割が「朝鮮語をこの日本社会に認知させる」ことだったとすれば、第二世代の役割は「朝鮮語をほかの外国語と対等なものにする」というものだったと述べ、そのために 90 年代、他の外国語と劇しく闘ったと回想している（p.30）。そうした行動は、「朝鮮語が蔑視や憫笑や同情の対象にならないようにすることは、この社会に暮らす在日や、朝鮮半島に対する日本人のまなざしを変えることにつながる、という使命感」（p.31）に発したものであった。

　塚本（2001）、小倉（2011）からは、「朝鮮語」学習が道徳性やイデオロギーと切り離して考えることができなかった時代（1950 年代から 80 年代）に、「朝鮮語」を学んだ日本人がどのような使命感や葛藤を持ちながらこの言語を学び始め、学習に挑み、「朝鮮語」教育を次世代につなげていこうとしていたかをうかがい知ることができる。

　一方、金時鐘（2001）、李貞榮ほか（2015）、黒澤（2013）はそれぞれの著者が高校で韓国語の授業を行うことになった経緯や、自らの教育実践についての論考をまとめたものである。

　全国の公立高校で初めて必修科目となる「朝鮮語」の教師として迎えられたのは、在日コリアンの詩人、作家として著名な金時鐘であった。金時鐘は 1929 年に日本統治下の朝鮮で生まれ、済州島で育った。天皇を崇拝する典型的な皇国少年だったが、1945 年、17 歳の時に「解放」を機に朝鮮人として目覚め、自主独立運動に飛び込み、単独選挙に反対して起こった「済州島四・三事件」に関わった。1948 年に起きたこの事件をきっかけに来日し、詩作

活動を始め、1973 年からは公立高校である湊川高校の教員となり、15 年間「朝鮮語」を教えた。

　これまでに著した数多くの自伝的手記がまとめられた金時鐘 (2001) には、著者の半生と言葉や教育に関する考え方に関する論考が数多く収録されている。高校の韓国語教育に携わった教師のライフストーリーとして読める最初の文献は、金時鐘によるものであると言える。

　金時鐘の言語教育観の背景には、その波乱万丈な半生があった。日本語が「国語」として強制的に教育されていた時代、金時鐘にとっては「意識の存在として居坐った最初の言葉が、私には「日本語」というよその国の言葉であった」(p.28)。この日本語を一生懸命勉強し、「日本人になることに血道をあげるようになって」(p.31) いった皇国少年だった金時鐘は、「十七歳で終戦になって朝鮮語のアイウエオのアも書けなかった」(p.39) と述懐し、自身と「朝鮮語」との関係を振り返っている。「朝鮮人の私が、朝鮮語を朝鮮で失くした」(p.18) のは小学校 2 年生の時で、この年に教科書から「朝鮮語」がなくなり、1940 年には学校内での「朝鮮語」の使用そのものが禁止されていった。この壮絶な体験から「権力に取り仕切られる "教育" のもろさとすごさを思い知らされ」(p.17) た金時鐘は、「まさしく教育は人間をつくる。在り方そのものを変えてしまうほど、教育は魔性の力を兼ね具えているものでもある。」(p.18)、「言葉は人の意識をつかさどるもの」(p.28) と述べるように、「教育」「言葉」が強く人間形成と結びつくものであるという考えを持つようになっていった。同書には、湊川高校で「差別」をなくす目的を持った「解放教育」の一環として「朝鮮語」が必修化されたこと、それに対する生徒たちの抵抗、教師や生徒たちの葛藤についての論考も収められている。長くなるが、金時鐘の「朝鮮語」教育に対する考えが表されている文章の一部を以下に引用する。

「なんで朝鮮語せんならんのや！？」
　このもっともな反問。素朴にして当然な問い返し。思い返すまでもなく、私の湊川での日々の始まりは、まさにこの言葉に始まり、この言葉の連なりの中で、今日に至った。(中略) どうみても、「英語」や「国語」とはくらぶべくもない。権威も実利もとんとない。言い分としては、私なりになくはないが、朝鮮人の言い分であっては君が承服できないだろ

う。また私としても、過重な投げ返しとなることを好むものではない。したがって、私の反応もここが限度だ、私は君と向き合う前に、まず「湊川」の存在理由と出会わねばならない。それから湊川高校の「存在」を形づくっている教師達と、改めて確かめ合わねばならないことがある。君と君達への答えは、それからになるだろう。その答えはあくまでも、朝鮮人教師・金の口を衝いてでないことが望ましいのだ。ただ君達の問い返しを、湊川高校が志向する解放教育の広場で受けとめるのなら、君達に返してもいい私の思いは、私なりの考えとして、ある。

　それは「解放教育」という理念を、私なら私が、どう思っているかということだ。

　単純に過ぎる理解なのかも知れないが、もっとも見過ごされ、打ち捨てられていることに目が注がれる、新たな批判力を創りだすことではないだろうか？

　できあがっている権威と実利優先の思考から、己れ自身が解放されることだ、と言い直してもよい。

　よく言われていることではあるが、高校教育が大学進学への予備校となっている現状が糾されるためにも、このことはいっそう強調される必要があろう。つまり高校過程が占めている歳月は、人生でもっともみずみずしい季節の思春期なのだから、受験マニアの育成ではなく、自らが考え批評ができるよう、人間の尊厳と、世の不条理について、なお多くの時間が割かれて当たり前なのだ。社会と人、人と人との繋がりは、その中から確かめられていくにちがいない。少なくとも、押しのけられ、踏みつけられている人間の痛みを、痛みとして分かち持てる魂が、この時期に創りあげられねばならないのだ。

（金時鐘 2001：303-304）

　金時鐘は同書の中で、「朝鮮語」が日本社会において「まったくと言っていいほど実利にとぼしい言語」（p.340）であると何度も繰り返しながら、しかし、教育というものは「目先の実利からは遠いところの創造行為であると信ずる」（p.341）からこそ、「朝鮮語」の教育の機会が保障されていいのだと訴えている。また、日本の生徒達が「朝鮮語」の授業になかなかなじまないのは、生徒達がいけないというわけではなく、「かつて私が、自分の言葉であるべき自分の国の言葉に対して犯した見返りを、いま私が受けている」

（p.41）とまで述べている。言語教育とは決して実利のためだけにあるわけではなく、「批判する心と目をつちかう」（p.312）重要な意味と目的を持ったものである。金時鐘の自伝からは、こうした金時鐘の信念が、日本統治下で受けてきた教育や「朝鮮語」と「日本語」の狭間で生きてきた自身の半生の中で形成されてきたことを示すものとなっている。

李貞榮ほか（2015）は、定時制高校で韓国語を教える教師たちの論考が集められた論集である。先に述べたように、戦後、日本の高校における韓国語教育は朝鮮学校の民族教育を除いて湊川高校（定時制）からスタートした。この歴史について触れながら、現在は総合高校など柔軟なカリキュラムに対応できる高校において科目設置がなされ、実践が蓄積されてきたという経緯も紹介されている。こうした学校では、韓国語・朝鮮語の授業科目を設置し、生徒たちに学びの機会を与えることによって、生徒たちの韓国・北朝鮮にルーツを持つ人々への偏見を解消し、関心を育てようという意図があった。この論集の著者は、日本人教師も在日コリアン教師も両方存在している。論考の中には韓国語を学ぶ意義について、それぞれの立場から触れられているものもある。例えば今給黎（2015）は、韓国語学習を勧める理由として、「韓国語は日本人にとってとても学びやすい言語である」、「韓国語学習は楽しく面白い（主観的な感想として）」、「学習者に自信をつける可能性が高い」、「日本と朝鮮半島との関係を考えるようになる」、「日本社会の在日問題に目を向けさせることができる」、「英語以外の外国語を学ぶことによって、より多元的価値観で考えるきっかけが得られる」点を挙げ、これらの意義は、自身の韓国語学習の経験から見出したものであると述べている（今給黎 2015：90）。一方、在日コリアンとして韓国語を学び、教えてきた立場からは李智子（2015：88）が、ダサい言葉だと嫌悪してきた韓国語を、父親から「奪われた言葉を取り戻す作業なのだ」と言われて学ぶように勧められたことをきっかけに在日コリアンとしてのアイデンティティが目覚めたこと、教育課程に「韓国・朝鮮語」があることは、「他教科と同様に公に認められた」ことを意味し、差別を受けながら幼少期を過ごしてきた自分にとって感慨深い出来事であったと述べている。このような教師たちの論考からは、それぞれの学習経験を含めた様々な人生における経験への意味づけが教育観の形成や今日の韓国語教育の実践につながってきたことがうかがえる。

黒澤（2013）は東京の関東国際高校（私立）[22]の韓国語コース開設の経緯

とその後 13 年間の実績について報告したものである。黒澤の韓国語教育に対する姿勢、信念は結語のところで述べられている。そこでは、韓国語（朝鮮語）が日本人にとって最も近い国の言語、「近隣語」であること、朝鮮半島を取り巻く政治的情勢の危うさ、日本と韓国の間に横たわる歴史認識や領土に関する問題、それらが市民交流にも影響を及ぼしかねない状況に鑑み、日本の若者がしっかりと「近隣語」を学び、政治に左右されない土俵で自由に議論できるような環境作りが教育関係者に必要だという黒澤の考えが示されている。この論考からも高校における韓国語教育の新たな挑戦、課題を知ることができる。

　以上、述べてきたように日本の韓国語教師に関する論考は、統計的な調査の他、自身の「朝鮮語」観、教育観や教育実践について論ずるものが複数見られ、それぞれに貴重な資料となっている。一方で、研究者が韓国語教師一人ひとりの個人に注目し、研究者との相互作用の中で教師たちのアイデンティティ構築や教育観形成のプロセスを明らかにしようとした研究は管見の限り見当たらない。このことは、これまで韓国語教師が研究対象として十分に注目されてこなかったということを意味する。このことを踏まえ、次に本研究のオリジナリティについて述べることとする。

3.3　本研究のオリジナリティ

　本節においては韓国における日本語教師、日本における韓国語教師に関する先行研究を概観してきた。韓国における日本語教師に関する先行研究は、質的な研究手法を用いたものが 2010 年以降徐々に増えてきており、日本語教育史の観点からのもの、教師の教育実践や教育観、アイデンティティに焦点を当てたものなどが発表されている。しかし教師個人の日本語の学習経験から教師になってからの経験を包括的に考察した研究は十分な蓄積がないことを述べた。また、日本における韓国語教育に携わる教師に関する先行研究は自身の学習経験、教育実践、言語観、教育観について振り返る論考は存在するものの、研究者が研究対象として教師に注目し、彼らのアイデンティティや教育観を探求した研究は行われていないことを確認した。本研究は、従来行われてきた韓国における日本語教育、日本における韓国語教育という個別の言語教育の枠、在日コリアン教師、韓国人教師、日本人教師という属性も超えて、「隣国の言語を学び、教えた経験を持つ教師」を対象としたもので

ある。教師たちが学ぶ側から教える側になり、思い描いていった理想のアイデンティティ、形成していった教育観と教育実践、そこから見える教師たちが持つ可能性を捉えようとしている点で、従来の研究にはない視野と目的を持っていることが先行研究からも確認された。

隣国の言語を教える教師たちは韓国における日本語教育、日本における韓国語教育を捉える上でも、『参照枠』を範として東アジア共同体から言語教育を構想する上でも重要な要素となる。よって本研究は、東アジアにおける複言語・複文化と言語教育を考える上でも参照できる知見を提示するものになると考える。

次節では、本研究が採用する具体的な研究方法について述べる。

4. 研究の方法

4.1 質的研究

本研究では質的研究法である授業参与観察を中心としたフィールドワークと教師たちの語りを分析するインタビュー調査という2つの手法を用いる。ナラティヴ的な考え方を重視した主な研究方法の例として、やまだ（2007：62–63）は「フィールドワーク、参与観察、ナラティヴ・エスノグラフィー」や「インタビュー、ナラティヴ分析、ライフストーリー、オーラルヒストリー」などを挙げている。こうした研究手法に共通するナラティヴ的な考え方として、研究者も研究相手も共に現場（フィールド）の中に参与し、社会的文脈において相互行為していることを自覚しながら参与観察をしたり、インタビューで語られた内容を分析したりする態度のあり方がある。これはありのままの世界（リアリティ）を全て、客観的に純粋に観察することができると仮定して調査を行う態度のあり方（実証主義的アプローチ）とは対照的なものである。本書では質的研究手法を用いることによって、学習者から教師へと立場を変える中での自己形成プロセスと培われてきた教育観、具体的な教育実践との関係性を探ることができると考えている[23]。

4.2 フィールドワークという研究手法

4.2.1 フィールドワークとエスノグラフィー

フィールドワークという研究手法は文化人類学者が民族誌を書くために開発したものであるが、現在、心理学、社会学、教育学などの人間科学の研究

分野においても広く用いられ、重要な研究方法となりつつある。文化人類学者たちは、研究の対象とする共同体に長期間住み込み、その人々の暮らし、文化の全体像をエスノグラフィーにまとめた。エスノグラフィーにおいては他者の生活世界、意味世界のありようが描かれる。人々の日常的な行動の背後にある文化は、質問紙調査や聞き取りなど、その人の意識を頼るような研究方法だけでは取り出せないことも多く、それをその人の生きている文脈ごと抽出しようと試みるのがフィールドワークであるとされる（箕浦1999:2）。

　それではなぜ、本研究においてフィールドワークが必要なのだろうか。本研究では隣国の言語を学び、教える（教えた）教師たちの学習者から教師になるまでの自己形成プロセスと教育観、その表出としての教育実践のありようを分析しようとするものだが、そこで重要なのはリアルな社会的文脈を踏まえて考察をすることである。現場の課題も含め、こうした社会的文脈の中で教師の考え方や教育実践を捉えるために現場のフィールドワークは重要であると考える。なぜなら「現場の課題がその場の状況に応じた人々の多様なリアリティによって重層的に構成されているから」（古賀2004：4）である。

　フィールドワークという手法を用いることにより、教師たちが置かれているローカルな社会的文脈をより具体的に捉えることが可能となるだろう。しかし教育現場におけるフィールドワークには「独自の手法（箕浦1999：3）」が必要とされる。箕浦（1999：3）が述べるように教育学の分野では教室での教師、生徒の行動や相互作用などマイクロな次元で展開する人間の諸活動を読み解くことに関心があることが多い。この点において箕浦は「人類学者が異文化社会で住み込んでそこの社会構造を解きあかそうとする研究とは、研究関心を寄せている人間生活の側面が違い、独自の手法を必要とする」（p.3）とし、一定の社会構造の中で展開する人間行動に注目して、マイクロジェネティック・データをとるフィールドワークとそれに基づくレポートを「マイクロ・エスノグラフィー」と位置づけた。

　こうした教育の領域におけるフィールドワークやエスノグラフィーに関して志水（2005）は、エスノグラフィーには包括的なエスノグラフィーと個別的なエスノグラフィーの2つの種類があると述べ、教育の領域に関してはその両方のタイプや2つの中間に位置する「ミドルレンジのエスノグラフィー[24]」とでも呼ぶべきものが多いということを指摘している（p.142）。包括的なエスノグラフィーというのは文化の全体像を描き出したものであり、教育の研

究であれば例えば「変革期にある日本の小学校文化」のようなもの、個別的なエスノグラフィーというのは文化の特定の側面を描き出したもので、例えば「教師の評価活動」や「総合的な学習」などに焦点を当てたものとされる。現在は様々な教育現場を扱った個別的エスノグラフィーが続々と生産されているといい、こうした個別的な事例研究の蓄積がやがて文化の一般的記述につながる可能性があると述べている（p.143）。筆者が行う主に教育現場を中心とするフィールドワークは、箕浦の述べる「マイクロ・エスノグラフィー」の一種であると言える。また、日本および韓国における複数の学校の個別の授業を研究対象にし、教育現場の実態および教師の具体的な教育実践を描き出そうとしている点においては、包括的なエスノグラフィーと個別的なエスノグラフィーの中間に位置するミドルレンジのエスノグラフィーという位置づけになると思われる。

　さらに、本研究は恒吉（2005）の述べる「国際比較フィールドワーク」の側面も持つ。国際比較フィールドワークとは「国家ないし、国のなか、そして国を越えた、文化や地域などを単位とした、フィールドワークを伴う研究」（p.219）とされる。そのおもしろさは質的方法の応用として、具体的に何が起きているのかを国と文化を越えてその意味世界を含めて包括的に理解していける点にあるという（恒吉2005：232）。しかしながら難しさもある。恒吉は国際比較フィールドワークの難しさについて、一国内でのフィールドワークで求められることを2つ以上の国で行うため、通常フィールドワークを行うために乗り越えなくてはいけないハードル（例：時間がかかる、学校や調査対象者へのアクセスが必要である）を、国を越えて行うことになるという点にあると指摘している。しかしピンポイント的に特定の断面にフォーカスしたり、インタビューを主にしたりした場合にはかなり限られた時間でできるとも述べており（恒吉2005：221）、インタビューと授業参与観察を主な研究手法とする本研究はその点において実施が可能なものと考えた。

4.2.2　フィールドワークが行われた場所

　本研究におけるフィールドは韓国における日本語教育、日本における韓国語教育の現場を中心に、教師たちの研究会や交流会、学習者同士の交流会など、日本と韓国の隣国の言語学習／教育に関わる現場である。

　以下の表1-3に本研究の調査期間における授業参与の時期と場所を記載す

る。韓国の高校へは筆者の長期休暇中に集中的な授業参与を行い、日本の高校へは月に1～4回の授業参与を行った。この授業参与においては教師や学習者へのインフォーマルな聞き取りも行っている。これらに加え、日本語教師と韓国語教師の交流会[25]（2015年8月）、日韓校長・教師交流会（2016年8月）、韓国の中等日本語教師が集まる韓国日本語教育研究会、日本の高校の韓国語教師が集まる高等学校韓国朝鮮語教育ネットワークにおける全国規模の研修会[26]（2016年度～2017年度）にも研修者の一員として参加した。

表1-3　教育現場における授業参与が行われた時期と場所（2012年以降）

時期	授業参与が行われた場所
2012年9月～ 2016年9月	【韓国】京畿道の高校1校 　　　　A高校（私立、男女共学、人文系）2年生　5クラス
2016年4月～ 2017年1月	【日本】東北地方の高校2校 　　　　B高校（私立、女子校、普通科）3年生　1クラス 　　　　C高校（公立、男女共学、単位制）1-3年生　1クラス 【日本】関東地方の高校1校 　　　　D高校（公立、男女共学、総合科）1-3年生　1クラス
2017年6月	【韓国】済州特別自治道の高校1校 　　　　E高校（公立、女子校、人文系）2年生　2クラス 【韓国】京畿道の高校1校 　　　　F高校（公立、男女共学、人文系）2年生　1クラス

4.2.3　フィールドワークにおけるデータの収集と分析

　フィールドにおいて見たもの・聞いたものを記録として残すための方法として最も重要だと考えられていることがフィールドノーツを記述することである。フィールドノーツ（フィールドノート）とは、「フィールドから帰り、メモをもとにフィールドの状況をできるだけ正確に復元した記録」であるとされる（箕浦 1998：38）。箕浦（1998：36）は最低5回くらいは「自分の選んだフィールドで何が起きているのか、眼前で進行していること」を何でもフィールドノートに書き留めてみることをすべきであると述べている。野津（2009）もフィールドワークから書斎に戻った時にはある程度強引にでも「書く」ことが重要な作業であると述べ、書くことによってはじめて調査地を一定の方向からイメージでき、データが整理できるとしている（p.213）。データを整理する過程で何を論述のテーマにするのか、どこまで調査で分かったか、次回の調査では何をすべきかなどの様々な課題を自覚できるメリットも

指摘している。こうした点において、眼前で起こっている物事を詳細にノートに記述し、その記述内容を主たるデータとして分析、考察を行うことは最も基本的で重要な教育現場のフィールドワーク手法となる。

フィールドで起きている事象を記録に残す方法としては、他にも写真、映像、録音などの方法も挙げられる。本研究においても記録を残すことが可能であった場合においてはこれらのデータも収集した。しかし教育現場におけるフィールドワークにおいては、そうした方法を用い、研究の成果として公表することについては慎重でなければならない。教室というのは教師と生徒の学習の場であり、同時に評価の場でもある。教師評価や生徒評価につながる恐れのある授業の記録をとることに対し、教育現場が慎重なのは当然のことであり、研究倫理上十分に配慮しなければならない点である。

フィールドワークにおけるエスノグラフィーのプロセスについては、志水（2005：144–157）を参考にした。志水はエスノグラフィーには（1）テーマ設定→（2）フィールドに入る→（3）人とかかわる、ノートをとる、話をきく→（4）キーワードを見つける、素材を整理する→（5）テキストを書くというプロセスがあるとしている。

まず(1)テーマの設定の過程においては、調査者が「納得できる問い」を持っていることが大事だとし、自分自身のこだわりに気づき、できるだけ広範囲の先行研究にあたることが大切だとしている。本研究では、隣国の言語の教育現場の実態と、教師たちの教育観の表出としての教育実践を探るという大きな問いを掲げてフィールドに入っている。

次に（2）フィールドに入る過程においては、調査の目的、活動、公表の仕方について了解を取っておくことが重要だとされている。本研究においては、調査に入る学校や教師に対し教育実践や調査の目的、活動、公表の仕方について手紙、メール、電話を通してあらかじめ伝え、了解をもらった上でフィールドに入っている。

（3）の人とかかわる、ノートをとる、話を聞くという段階においては、完全なる参加者、観察者としての参加者、参加者としての観察者、完全なる観察者という4つのかかわり方があるとされている（佐藤1992：133）が、一般的に教育現場ではフィールドワーカーにも「参加者」としての役割が期待されがちだという。本研究における授業参与観察においても、筆者は参加者として授業を観察するというかかわり方をすることがあった。

（4）のキーワードを見つける、素材を整理するという過程は、例えば授業観察や聞き取りから「人的交流」というキーワードを抽出するというような例が挙げられる。このキーワードやカテゴリー[27]を見つけるという作業は、その後に行う分析の軸となるものを定める作業につながる。

そして最後のステップである（5）テキストを書くという過程に入る。志水は「エスノの真骨頂は、イーミックな当事者の主観的意味世界を生き生きと描きだすことにある」とし「エスノには記述の豊かさと深さが求められる」（p.157）と述べている。本書においてもフィールドに関して収集した全ての資料を活用しながらフィールドで見聞きした事象をなるべく詳細に記述し、生き生きと描きだすことを目指した。

4.3 教師の「語り」を聞くという研究方法

4.3.1 ライフストーリーという手法

本研究ではフィールドワークに加え、2015 年から 2017 年にかけて隣国の言語を教える（あるいはかつて教えていた）教師を対象にインタビュー調査を実施し、そのライフストーリーをまとめた。本書における「ライフストーリー」は、小林（2010）の述べる次の捉え方に依拠している。

> そもそもライフストーリーとは何なのだろうか。ライフストーリーの「ライフ」は、生活や人生、一生、生涯、生命や生き方と訳されるが、ライフストーリーはそのような訳語で表現される多面的な「ライフ」を描くものである。人びとの生活を記し、人生を語り、生涯を跡づけ、生き様を見せ、要するに、ライフストーリーとは「ライフ」を言葉で表わしたものの総称である。人間の「ライフ」は、人間の生きてきたすべての世界や時代においてなんらかの形で記されてきた。そしていま私たちが生きている現代世界のなかでもあらゆる場で記されつづけている。ライフストーリーは「ライフ」を記述する創造的な営みであり、この営みに焦点をあてることは現代社会に生きる人びとを理解しようとする実践でもある。ライフストーリーは人間の生きられた経験を言葉で表現するものであり、だからこそ自己と他者を理解する絶好の手がかりとなる。
> 　さらに言葉を換えていうなら、ライフストーリーは「具体的な人間」を考える手法であり、そして「ひとがひとに会う」手法でもあることを

> 強調したい。 （小林 2010：viii）

　ここで小林が用いるライフストーリーという用語は、ライフヒストリー研究[28]やオーラル・ヒストリー研究を含めた大きな概念として使われている。川上（2014：11）はこのような大きな意味でライフストーリーを捉え、分析する研究を「ライフストーリー・アプローチ」と呼び、三代（2015：2）はそれを「広義のライフストーリー研究」と呼んでいる。

　近年日本語教育の研究においては三代（2015）に見られるように、このライフストーリーという手法が質的研究の1つとして注目されている。その背景について川上(2014:11–12)は、アカデミズムにおける知のパラダイム転換、すなわち、固定的で本質主義的な捉え方から、多様性や動態性、異種混淆性などの視点から集団や個を見る捉え方への転換があるとしている。このパラダイム転換から、日本語学習者、日本語教師の成長過程も日本語教育の研究対象として浮上し、その領域の人のあり方、ありようを探求する方法としてライフストーリー・アプローチが注目されるようになってきたとされる。

　ライフストーリーやナラティヴを分析する調査は個人を対象としており、その調査結果を一般化することは難しい。しかし、川上（2014）が「日本語教育という実践は人間教育のひとつであるゆえに、関わる学習者や教師という人間の一人ひとりのライフ（人生、生活）は日本語教育に携わる人にとっては魅力的である」(p.21)と述べるように、また、この分野のナラティヴ研究先駆けである李暁博（2004）が「日本語教育というとても人間的な分野を研究対象にしている以上、人間の研究はなくてはならない」(p.89)と述べるように、人間教育としての言語教育という考え方は日本語教育の中で浸透しつつある。量的調査に代表されるマクロな事象の把握ではこぼれ落ちてしまう人間一人ひとりの個の意味世界に接近する方法としてライフストーリーという手法は大きな可能性を持つものと考える。また、「一人ひとりの個人が語る経験への徹底した探求が、集団や社会、コミュニティの文化や全体社会の支配的文化を見通す力をもたらすのではないか」（桜井 2005：14）という思いに共感する言語教育者、研究者は確実に増えていると言えるだろう。筆者もその一人である。隣国の言語を学び、教えるという営みにおける個人の意味づけ、価値づけ、教育観の形成プロセスを探求しようとする本研究において、教師たちの人生、経験についての語りをライフストーリーとし

てまとめ、分析することは最も適切な方法であると考えている。

4.3.2 インタビューの概要

調査の時期と調査協力者

　調査は 2015 年 8 月から 2017 年 8 月にかけて行われた。調査協力者たちは日本あるいは韓国の高校で隣国の言語を教えている（あるいはかつて教えていた）教師 12 名である。インタビュー調査においては調査協力者を誰にするかという「代表性」の問題がよく指摘されるところであるが、この「代表性」の問題は統計的サンプリングを行って調査対象者を抽出するという、量的データを重視した実証的研究を前提とした考え方に基づいたものである。質的研究法における調査の場合、ある特性を持つ母集団全体から偏りなくサンプルを収集するという量的研究の代表性の考え方は当てはまらない。本研究が重視するのは「隣国の言語を学び、教えるという営み」に関し豊かな語りを提供してくれる調査協力者の語りであり、社会の表面にはなかなか登場してこない、個人が持つ個別的で多様な「ライフ」のデータという「質」である。この観点に立ち、本研究では調査協力者の選択を「人間関係のネットワークを利用したサンプリング手法」（桜井・小林（編）2005：31）を用いて行った。調査協力者は教師の研究会などの活動を通して知り合い、筆者とは既知の関係であった。

　収集されたデータのうち、本書では質量ともに豊かな語りが提供され、かつインタビューの文字化資料とライフストーリー分析の結果全てを相互に確認でき、改めて公表の了承が得られた 8 名の事例を扱う。韓国で日本語教育の経験を持つイ先生、キム先生、バン先生、ナム先生（表1-4）と日本で韓国語教育の経験を持つ田村先生、川野先生、パク先生、清水先生（表1-5）である。

　なお、本研究では個人情報保護のため、個人名は仮名を使用し、個人の特定化に結びつきやすい年齢、勤務地、勤務学校、出来事があった正確な年についてはアルファベットで示している。

第1章　隣国の言語を学び、教えることの意味づけ　　55

表 1-4　調査協力者：韓国の日本語教師

協力者	性別	年齢	勤務地域	学校の種類	調査日
イ先生	男	60代	A市	私立実業系高校	2015.9.8/2016.8.10
キム先生	男	50代	A市	私立実業系高校	2015.9.7/2016.8.10/2017.6.19
バン先生	男	30代	B道	私立人文系高校	2015.9.12/2016.9.8/2017.6.20
ナム先生	女	20代	C道	公立人文系高校 公立実業系高校	2017.6.18/2017.6.19/2017.7.25

表 1-5　調査協力者：日本の韓国語教師

協力者	性別	年齢	勤務地域	学校の種類	調査日
田村先生	男	50代	関東	公立総合高校	2015.8.5/2016.9.26/2016.10.17/2016.11.14/2016.12.12
川野先生	男	50代	甲信越	公立普通科高校	2015.8.10
パク先生	女	40代	関西	公立定時制高校	2015.9.26/2016.2.8/2017.8.30
清水先生	女	30代	東北	公立普通科高校	2017.6.10

　なお、質的な研究手法に基づいて調査を行う際には協力者との相互の信頼関係の構築、ラポール[29] の形成が重要である。質的研究においては豊かな語りを提供してくれる協力者の存在が不可欠であるが、協力者が調査を行う相手に対し不信感を抱いていると、豊かな語りを十分に引き出すことができないと考えられるからである。本研究における調査協力者はほとんどが過去に筆者と授業をともに行ったことがある教師や、以前研究会で知り合った教師、あるいは筆者による授業参与観察を引き受けたことのある教師であったため、語りを引き出すことに問題を感じることはなかった。中には初対面に近い協力者もいたが、事前に何度か手紙やメールの交換をし、インタビューの前後にともに食事をしたり、その後もメールを何度も交換したりするなどして、ラポールが形成されていったと考えている。

インタビューの方法

　インタビューの時間は1回につき2時間～4時間で、インタビューは調査協力者の勤務先あるいは勤務先近くの喫茶店、自宅で行った。インタビューに使用した言語は基本的に日本語であったが、一部韓国語が使用される場面もあり、その場合は文字化する際に筆者が日本語に訳し、その後調査協力者

に確認してもらった。一人につき IC レコーダーに録音してのインタビューの回数は 1 回ないしは 3 回であったが、インフォーマルなインタビューを含む面談あるいは電話による聞き取りや補足的な調査は協力者によってはその後も 1 〜 4 回行われた。

　インタビューの具体的な手続きとしては、まず、研究の目的を示してインタビュー依頼をした。インタビュー当日は、改めて研究の目的を説明し、録音の許可を得て、研究の目的以外に使用しないことを伝え同意書にサインをもらった。自然な会話の形に近い半構造化面接法（鈴木 2005：24-25）の手法[30]で「なぜ日本語／韓国語を学び始めたのか」、「どのように学んだのか」、「なぜ教師になったのか」、「教師になってからの経験はどのようなものか」など前もって考えていた質問を中心に自由に話してもらう形式で行った。

　インタビューの後は、速やかにテープ起こしの作業にあたった。本書における文字化における記号一覧を表 1-6 に示す

表 1-6　文字化資料における記号

hh	笑い
:::	長音
・・・	沈黙（・が一秒）
//	発話者の発話の重なり
-	不完全なままの発話の終わり
=	発話と発話の間に間隔がなく、重複もしていない隣接している発話
?	上昇音調での疑問文
斜体	韓国語の発話を筆者が日本語に翻訳した部分
（（　　））	筆者による補足説明箇所
*	発話者が筆者であることを示す

　なお、インタビューデータはインタビュー過程の全体を仔細に見ることができる逐次起こしを行った上で、その文字化資料を調査協力者に送付し、内容を確認してもらった。その過程で匿名にすべき箇所や調査協力者が公表を控えたい箇所、誤字や言い回しの修正点、筆者が誤解して捉えていた点などを確認し、補足的な語りも提供してもらいながら最終的な文字化資料を完成させていった。

インタビューデータの分析

　完成したインタビューの文字化資料やその他の資料をもとに、調査協力者

である個人のライフストーリーを、まとまりのあるストーリーごとに分節化した上で小見出しをつけてまとめる作業を行った。収集したデータは語りの文字化資料の他にフィールドノーツ、調査協力者が発表、執筆した資料や教材などがある。ライフストーリー作成、データの分析にあたってはこれらも補足的に使用した。

　ライフストーリーという手法においては、得られたインタビューデータの標準的な分析や解釈の方法があるとはされていない。筆者がライフストーリーを記述することで行おうとしたのは調査協力者である教師一人ひとりのストーリーから見出される「隣国の言語を学び、教えるという営み」に関する個人的な、主観的な意味の世界である。本書では読者が教師一人ひとりのライフストーリーを読み、教師たちの語りが生成された場をありありと感じながら、語りが提供してくれる意味世界を理解し解釈しやすくなるように、ライフストーリーの記述においては次の2つのことを心掛けた。

　1つはインタビューにおける語り手である調査協力者と聞き手である筆者の相互作用のやりとり、生の声の引用をなるべく多くし、語り手の発話がどのような相互作用の文脈の中でなされたか、どのように語られたかの具体的な姿を可能な限りそのまま示すようにした点である。また、その分析においては提供された語りが語り手である調査協力者とインタビュアーである筆者との両方の関心から構築された「共同製作」的なもの（桜井・小林（編）2005）であるという認識[31]に立ち、語られた内容だけでなくその内容がいかに語られたかという面にも意識的であるように心掛けた。語られ方に注目すべき点があった場合は、その箇所がどのような部分であるか、また、筆者との関係性が語りに影響を与えた部分があるとすればどのような部分についても意識的になり、記述するようにした。

　もう1つ心掛けたことは、語り手の意味世界と学問における意味世界の両方に関わり、その間を結びつけていくような記述をすることである。佐藤（2008）はこの点について「研究対象となる人びとにとっての個別具体的な意味の世界と、学問の世界を形成する研究者コミュニティのメンバーに共有されている、より一般的で抽象的な意味世界とのあいだに何度となく往復運動が繰り返された時にこそ、はじめて「分厚い記述」を提供できる」（p.27）としている。「分厚い記述」という用語はGeertz［1973 = 1987］によるものであるが、佐藤（2008：28）はこの分厚い記述において研究者個人の意味

世界が対象者たちの意味世界と研究者コミュニティの意味世界という2つの意味世界をつなぐ架け橋になると述べている。「研究者コミュニティの意味世界」というのは限定的であるが、本書では研究者を含めた読者が持つ意味世界と捉える。その間を結びつけていく筆者とはどのような存在なのか。質的研究法においては研究者である筆者が持つ暗黙の仮定や前提、すなわち筆者個人の意味世界に自覚的になることが重要であるとされる。なぜなら調査協力者たちのデータを解釈し、読者にその意味を伝える過程において、筆者個人の意味世界というフィルターを通さないことは不可能だからである。

　次節ではこの点に関連し、本研究を実施する筆者の構え（志向性）についてなるべく詳しく記述し、筆者のデータ解釈の際のバイアスとなるものを開示していく。

4.4　本研究を実施するにあたっての筆者の構え

　ここでは筆者がどのような構えで本研究に取り組むことにしたかについて明らかにするために、筆者個人の日本語教育と韓国語教育に関する個人史を記述する。

　筆者は日本の日本語学校と中学校で日本語教育と英語教育に従事した後、2002年から国際交流基金の派遣で韓国に渡り、約5年間韓国で日本語教育に携わった経験がある。その主な教育現場は高校と中学校であった。国際交流基金の日本語教育機関調査の結果[32] によると、この当時、韓国の初等・中等教育機関で学ぶ日本語学習者数は約78万人で、世界一多かった。韓国の高校では第二外国語の必修選択科目として日本語が教えられ、2001年には中学校での日本語教育が選択科目として開始され、中高生の学習者数が非常に多かったのである。当然、韓国人の日本語教師の数も多い。しかしながら、ネイティヴ教師が学校教育の現場で教えるということは一部の自治体を除き制度としてなかったため、ネイティヴを導入した日本語の授業というものはほとんどの現場で行われていなかった。あるとしても1年に1回程度の単発の授業であり、学期中に定期的に、継続的にネイティヴが教室に来て授業を行うということは外国語高校など[33] 一部の学校を除いてなかった（相澤2004；澤邉・金2005）。このような状況の中で、外国語高校以外の一般の高校や中学校においてネイティヴ教師が継続的に、韓国人教師とともに授業を行うことの意義や課題はどのような点にあるかを探るために、筆者は2002

年から 2005 年の 3 年間にわたり韓国内の高校と中学校に通い、韓国人教師とともにティーム・ティーチング授業を行うことになった。その 3 年間は振り返ってみれば韓国の高校、中学校の日本語教育現場のフィールドワークそのものであった。生徒たちの中には日本に対して複雑な感情を持つ生徒も多いが、日本語を学ぶことにより日本や日本人に対する理解が促され、マスコミや教育、大人から与えられる否定的な日本や日本人イメージを学習経験によって変容させていく姿も多く見てきた（澤邉・金 2005）。それは中等教育段階において英語以外の外国語、特に隣国の言語と文化を教えることの意味を、実感を持って捉えた経験であった。韓国での日本語教育に関わりながら人文系、実業系の高校、中学校などいろいろな現場でたくさんの生徒たちと日本語の教師たちと出会った。当時、日本語の教師が 1 校に 3 〜 4 人いる学校も珍しくなかった。学びやすい日本語というイメージや日本の大衆文化の人気もあって日本語の選択者が多く、当時フランス語、ドイツ語の選択者が激減したことから [34]、フランス語やドイツ語の教師が日本語の教師になるための研修 [35] を受けて日本語教師として教壇デビューするケースも数多く出始めていた。一緒にティーム・ティーチングを行った韓国人の先生の中には元ドイツ語教師だった方もいる。筆者は当時、そうした「複数専攻」（副専攻）の日本語教師の日本語講座も担当していたので、話す機会が多かった。時代の趨勢を受けて外国語を学び直し、もともとの専門とは違う外国語である日本語を教えなければならない教師がいるということに筆者は少なからず衝撃を受けていた。しかし、副専攻の日本語教師対象の日本語講座で出会った先生たちは、みな日本語学習に前向きで熱心に日本語を学んでいた。もともと外国語の教師であった人が多かったので、外国語学習について前向きな気持ちを持つ人が多いのかもしれないと思うようになった。

　副専攻の先生たちからは「日本文化について知りたい」という声を多く聞いた。当時、韓国では第 7 次教育課程の時期で、日本語科目においては「文化理解」が重要なキーワードとなっていたこともその理由の 1 つであろう。副専攻の日本語教師たちは、日本語や日本語教育を大学時代から専攻し、教職についている教師と比較すれば日本語の学習歴が短いため、日本語の運用能力や日本の文化理解に関してハンディがあった。副専攻の教師たちが筆者の日本語講座に参加する目的は、そのハンディを少しでも埋めることなのだろうと筆者は考え、ノンネイティヴかつ「複数専攻教師」のための日本語講

座とはどのようなものなのか、日々試行錯誤を繰り返していた。

　こうした現場に身を置きながら、筆者は日本語を教える主体である教師という存在自体に興味を抱くようになった。多くの韓国人日本語教師との出会いから、日本語教師と言っても皆が若い時から日本や日本語に関心を持って日本語教師になっているわけではないことを知った。韓国の日本語教育現場にいる教師たちがなぜ日本語を学び、子どもたちに日本語を教えるという道を歩むことになったのか、日々どのような困難を感じ、やりがいを感じながら日本語教育という実践を営んでいるのか、教師一人ひとりの歴史や日本語学習、日本語教育への意味づけ、価値づけを知ることは、韓国の日本語教育を捉える上で重要な要素になるのではないかと考えるようになっていった。

　韓国で日本語を教える一方で、徐々に筆者は日本国内の学校教育における外国語教育のあり方について疑問を感じるようになっていった。韓国の様々な学校の教室を何十クラスも訪問し、何百という生徒たちが日本語を学んでいる風景を見てきたため、自然と日本の外国語教育の現状と韓国の教育を比較するようになったのである。

　筆者が韓国にいた時期は日本語ブームの時期であり、学習者の数も増加の一方で、書店にも日本語の本が溢れていた。日本でも韓流ブームが湧き上がるちょうどその時期にあったが、2000年代前半まで、まだまだ韓国語はマイナーな外国語であった。韓国の高校では第二外国語が必修選択であり、そのために韓国では日本語学習者が多かったのだが、外国語として英語だけでなく他の外国語も学ぶことが重視されている韓国との違いを強く感じるようになっていた。そして、筆者ができる範囲で日本の学校で韓国語を学んでいる高校生を支援できないか、韓国で日本語を学んでいる中高生の存在を日本の高校生に知ってもらい、互いに学び合うような教育実践ができないかと考え始めた。以来、日本で韓国語を学ぶ高校生と韓国で日本語を学ぶ高校生間での交流学習を実践し、筆者自身も韓国語教育について学ぶようになった。2007年に日本に帰国してからは日本語教員養成の仕事に携わりながら、高校生向けに日韓交流学習の講座を開講し、韓国語を学ぶ場を作っている。筆者は韓国語の教員免許を持っているわけではないが、勤務している大学には同じ敷地内にある高校との間に高大連携プログラムという制度があり、教員が高校生を対象とした授業を提供することができる。連携している高校には英語以外の外国語の授業がなかったため、筆者は身近にいる高校生たちに韓

国で日本語を学んでいる高校生たちとの接点を作り、韓国の高校生との交流
活動の中に韓国語の学習が自然に入るような授業をしたいと考えた。その実
践は2008年から行っている。それと同時に高等学校韓国朝鮮語教育ネット
ワークに入会し、韓国語教員研修にも参加して多くの韓国語教師と知り合い、
学校を訪れて高校生間の日韓交流の現場を参与観察したり、授業について語
り合ったりするようになった。このような経験から、韓国で韓国人日本語教
師と出会う中で考えたことと同じように、韓国語を教えている教師の実践の
核となっているものに関心を持つようになった。日本における韓国語教育の
歴史や現状を知るにつれ、専任の教諭、非常勤講師、日本人教師、韓国人教
師、在日コリアンの教師、様々な背景を持つ教師たちが教育現場に立ち、奮
闘していることを知った。韓国の日本語教師たちという存在に興味を持った
ように、日本で韓国語を学び、教えるという営みをしている教師という存在
に関心を持つようになった。

　先行研究を概観してきて明らかなように、従来の研究を見てきても「隣国
の言語」の教育というテーマで日韓の言語を生涯にわたって学び、教える教
師たちの言語学習や言語教育の意味づけ、アイデンティティと教育観を含め
た自己形成プロセス、教師たちの教育実践とその存在意義について考察した
研究は管見の限り見当たらない。本研究はそのような問題意識から生まれた
ものであり、ここに述べた筆者の個人史や認識のあり方が本研究を行うにあ
たっての筆者の構えとなっている。

　以上、本章においては本研究で重要な概念となるアイデンティティの捉え
方、立脚する研究パラダイム、質的研究の手法を用いた近年の韓国における
日本語教師や日本における韓国語教師に関する先行研究を概観し、本研究の
オリジナリティを述べた。さらに本研究が用いる研究手法について述べた。

　前述したように、本研究では日韓の言語教師たちが様々な社会的、教育的
文脈の中にいかに位置づけられているかを知ることが重要なことだと考えて
いる。よって教師たちのライフストーリーを記述する前に、次章において日
本と韓国の社会的、教育的な歴史的文脈と教育現場の現状を整理することと
したい。

1 アイデンティティという概念が日本に浸透するきっかけは、精神分析学者、エリック・エ
 リクソンによる研究である。エリクソンは『アイデンティティとライフサイクル』(Erikson
 [1959=2011])という書物の中で、「社会的リアリティの中で明確な位置づけを持った
 自我に発達しつつあるという確信」、この感覚のことを「自我アイデンティティ ego
 identity」と名付けた (p.7)。アイデンティティはラテン語の identitas(同じであること)
 に由来するものである。特に青年期の発達課題として見られるが、「私とは何者か」を巡
 る私自身の観念が、社会(他者)が持つ「私」についての観念との間で一致した時、統合
 された安定的なアイデンティティが出来上がっていくとエリクソンは考えた。

2 細川は「アイデンティティ」という語について「行為者一人ひとりの自らの居場所(「自
 分とは何か」、「自分とはだれか」という問題を考えつづける過程で形成される行為者の自
 分自身に対する答え)」を表す意味の語として使っている。それは常に「ここにいてよかっ
 た」「ここにいていいのだ」という「私」自身の感覚をともなう「私が私であることを保
 障される場所」と換言できるとしている(細川 2012：135–136)。

3 ホールは従来、共通の歴史と祖先を持つ人々が共有していると考えられる不変の「ひとつ
 のもの」、他のすべての表面的な差異の下にある文化的な帰属を安定させ、固定し、保証
 する自己として捉えられたアイデンティティの概念を批判し、アイデンティティを決して
 統一されたものではなく、「次第に断片化され、分割されている」もの、「決して単数では
 なく、様々で、しばしば交差していて、対立する言説・実践・位置を横断して多様に構成
 される」もの、「根元的な歴史化に従うものであり、たえず変化・変形のプロセスのなか
 にある」ものと位置づけた。ホールが示したこのようなアイデンティティ概念は、エリク
 ソンが想定した、統合を目指す安定的なアイデンティティとは大きな距離があると分析さ
 れている(上野 2005：32)。

4 ポストモダニズムにおいて文化は「多様性」と「動態性」を持つものと捉えられる。客観
 的に存在するものではなく、歴史や政治的立場など社会的文脈の中でその捉え方が変化し
 ていくものだという考え方である。

5 例えば西口(1999、2001、2002)、ソーヤー(2006)などがある。

6 この部分についてレイヴとウェンガーは次のように述べている。「学習を正統的周辺参加
 と見ることは、学習がたんに成員性の条件であるだけでなく、それ自体、成員性の発展的
 形態であることを意味する。私たちはアイデンティティというものを、人間と、実践共同
 体における場所およびそれへの参加との、長期にわたる生きた関係であると考える。かく
 して、アイデンティティ、知るということ、および社会的成員性は、互いに他を規定する

ものになる。」(Lave & Wenger 1991 ／佐伯訳 1993：30)

7 状況的学習論の起源は発達心理学者のヴィゴツキー［1980=2001］が発表した「発達の最
近接領域」(the zone of proximal development)の概念にも遡ることができる。ヴィゴツキー
の「発達の最近接領域」における「最近接領域」というものは、誰かが何かを学習、習得
しようとしている時に、自分が一人でこなすことのできる発達の水準と、自分よりも能力
の高い者の助けを借りながら協同することによって問題を解決できる水準の間の隔たりの
ことで、未熟な者の発達の潜在領域を意味している。学習活動においては、この水準の隔
たりの部分である「最近接領域」にアプローチしていくことが重要であるということにな
る。

8 ブルデューによるハビトゥスの概念は「構造化された構造であると同時に構造化する構造
（福島真人による訳)」(Bourdieu 1977a:72)とされ、さらにブルデュー（1990)を踏まえ
て福島は「ハビトゥスの概念を更に拡大すれば、例えば喋り方や挨拶に見られる立ち居ふ
るまい一般、食べ物の好き嫌いや芸術的趣味、そうしてより広い範囲では、いわゆる価値
観の全体にも応用する事が出来」るとしている（Lave & Wenger［1991=1993］の福島真
人の解説 p.149 による)。

9 学習活動における社会文化アプローチについては石黒（編)(2004)が詳しい。

10 ブルデューの「象徴資本」「文化的資本」の表す内容とほぼ同義であり、「物的」なものと
の違いを強調するために「象徴」という語が用いられていると考える。ブルデューの「象
徴資本」という語は「文化的資本」とほぼ同義であり、態度、物腰、話し方、ものの見方
など目に見えにくい人々の性向（ハビトゥス）に関連して使われるとされる（濱嶋・竹内・
石川（編)1997：302)。

11 Bourdieu（1986)によると、「経済的資本（economic capital)」は直ちに直接金銭に換え
られるもの、「文化的資本（cultural capital)」は学歴や資格のようなもので、ある条件下
では経済的資本に換えられるもの、「社会関係資本（social capital)」は社会的なコネクショ
ンであり、これもある条件下では経済的資本に換えられる資本とされている。

12 Barkhuizen（Ed.)(2017)は応用言語学と TESOL（第二言語としての英語教育）の研究
者たち 41 名がそれぞれの研究領域において言語教師のアイデンティティについて論じた
ものをまとめた論集である。Barkhuizen はその序文において、言語教師のアイデンティティ
は教師教育、教師の成長、多言語教育、教師の主体性など様々な研究に関わる概念であり、
定義を 1 つにまとめることは難しいとしながらも、この 41 名の研究者たちが言及してい
る言語教師のアイデンティティの包括的な概念を整理することを試みている。

13 パラダイムは複数あり、時代や思想によって変わるものである。例として、実証主義、ポ

スト実証主義、（社会）構成主義、フェミニズム、ポストモダニズムなどが挙げられる（八木 2015b：53）。

14 この表の作者である八木も述べているが、パラダイムの違いは単純に二分できるものではない。あくまでも分かりやすく示すための試みである。

15 「広義の言語」には、映像、身体、建築、芸術、パフォーマンス、都市など、記号化されたものすべてが含まれるとされる（やまだ 2007：54）。

16 植民地支配下で国語としての日本語教育を受けた人々（河先 2013b：43）。

17 Cook(1999) は第二言語学習者は、１つの言語しか使えないネイティヴとは異なる能力を持つ「successful multicompetent speakers（複数の言語に有能な話者）(p.204) という存在であると論じ、「ネイティヴ」から逸脱した存在と見なされがちであった「ノンネイティヴ」の概念の捉え直しを主張した。

18 Medgyes（1992）は「ノンネイティヴが言語能力においてネイティヴには持ち得ない強みがある」(p.346) とし、ノンネイティヴ教師の強みとして「成功した外国語学習者としてのモデルになれる」、「言語学習ストラテジーを効果的に教えられる」、「言語に関する情報をより多く与えられる」、「言語学習の困難な点を予測して防ぐことができる」、「学生に対し、より敏感に対応できる」、「学生の母語が使える」の６つを挙げている。

19 「ネイティヴ」という概念を再検討し、研究者による定義の違いを時間説、能力説、理想説の３つに大別した研究に大平（2001）がある。大平は、これらの定義を無条件に受け入れた研究の結果、「ネイティヴ＝標準」、「ノンネイティヴ＝逸脱」という考え方が所与の事実として当然視され、前提として強化されることの問題点を指摘し、人はネイティヴ、ノンネイティヴ「である」だけでなく、ネイティヴ、ノンネイティヴ「になる」のだと述べた。

20 このアプローチは前述のノートンの理論で提示した「アイデンティティ」「投資」「想像のコミュニティと想像のアイデンティティ」といった概念から成り立っている。

21 そのうち８人が日本語教師経験者、あるいは現職の日本語非常勤講師、他２人は次年度に日本語教師の職に就く予定がある者であった（嶋津 2016：37）。

22 外国語科の中に英語、中国語、ロシア語、韓国語、タイ語、インドネシア語、ベトナム語のコースが設けられている。

23 本研究は宮城学院女子大学の研究倫理委員会の審査を経て実施している。

24 特定の学校や特定の教師を対象としたエスノグラフィーとされる（志水 2005：142）。

25 「韓国で日本語を教える、日本で韓国語を教える〜日韓教師交流会」(2015 年 7 月 28 日、国際交流基金日本語国際センターにおいて実施)。韓国教育省から推薦のあった韓国の中高校の日本語教師を日本に招へいして行われる「大韓民国中等教育日本語教師研修」の開

催中に実施された交流会で、国際交流基金日本語国際センターと国際文化フォーラムの共催事業である。

26 日韓校長・教師交流会は「隣語教育に取り組む高等学校の校長交流プログラム－2016年度日韓校長交流プログラム－」(2016年8月6日～9日)の中のプログラムとして8月8日に韓国ソウル市にある国際交流基金ソウル日本文化センターにおいて開催された。国際交流基金ソウル日本文化センターと国際文化フォーラムの共催事業である。

27 カテゴリーとは、「分析者が、考察の対象となる現象を概念レベルで把握するために、現象もしくはその一部に名前をつけたもの(志水2005：153)」である。

28 小林(2010：ix)はライフストーリーとライフヒストリーの違いについて、「ライフストーリーは物語としてのライフの観点を重視し、ライフヒストリーは個人の歴史性を重視したもの」と捉えられるとしている。一方、広義のライフストーリー研究に対して「狭義のライフストーリー研究(三代2015：2)」と位置づけられる桜井厚のライフストーリー研究の立場においては、ライフストーリー研究は「ライフヒストリー研究を批判的に継承し、発展させた」研究であるとされる(桜井2004；石川・西倉2015)。

29 ラポールとはフランス語で「親和関係」を意味する語である。

30 半構造化面接法とは、主な質問項目を決めたうえで面接を進行させ、必要に応じてフォローアップの質問をしたり、調査協力者の発話の意味を確認したり、面接中に湧いた新たな興味や疑問によって質問を加えたりすることのできるものであるとされている。本研究で行った半構造化面接法はさらに自由度の高い「非構造化面接法」にきわめて近いものである。非構造化面接法ではインタビューの前にリサーチ・クエスチョンと大雑把な質問の流れは決めておくが、厳密なシナリオは作成せず、質問は調査協力者に応じて自由に変化させ、順序や内容を変えることが可能である。質的データを求めるために行われる典型的な面接方法であるとされ、得られるデータは主観的であっても内容が豊富で深く、調査協力者の意識的な面、無意識の面の両方を見ることができるとされる(鈴木2005：26)。

31 ライフストーリーが語り手とインタビュアーの両方の関心から構築された対話的な構築物であるという考え方、「対話的構築主義」という認識枠組みは桜井(2002)が提示したものである。

32 国際交流基金(2005)による。

33 韓国の高校は大きく一般系高校(日本の普通科高校に相当)と専門系(実業系)高校に分かれるが、さらに特殊目的高校や自律高校など多種多様な高校がある。特殊目的高校には科学高校、外国語高校、国際高校、体育高校、芸術高校、マイスター高校があり、한국교육개발원(2016)によると、2016年現在、外国語高校は全国に31校ある。

66

34 第7次教育課程においては、「教師中心から学習者中心へ」という教育政策の方向転換により、生徒の希望に合わせて外国語科目が選択されるようになった結果、履修者の割合としてドイツ語、フランス語から日本語、中国語へ大きくシフトしたとされる（長谷川 2016：108）。

35 2001年から2002年の2か年間にわたり特別に設置された高等学校日本語教師特別養成課程の研修。

第 2 章

隣国の言語を教える教師たちの背後にある
社会的、教育的文脈
―第二外国語教育の制度がある韓国とない日本―

1. 近年における日韓の社会的な文脈

　日本と韓国は同じ東アジアに属し、長い歴史の中で密接な関わり合いをしてきた隣国同士である。「善隣友好」という言葉があるように、隣国と友好的な関係を築いていくことは両国にとって重要な課題となっている。そうした中、日本と韓国の教育面において取り上げられることが多いのは、歴史教育に関してである。日本と韓国の研究者が協働し、歴史の共通副教材の作成や正式な教科書の作成が試みられているが、その理由は日本と韓国において相互理解を推進し、良好な関係を構築していくにあたって大きな壁となっているのが、歴史認識の問題であるからだろう。

　日本の特定非営利活動法人「言論NPO」と韓国のシンクタンク「東アジア研究院」が発表した日韓の互いの印象に関する日韓共同世論調査[1]の結果（2018年）によると、日本に「良くない印象」を持つ韓国人は、調査を開始した2013年の76.65%から、2017年には56.1%、2018年には50.6%と大きく減少し、韓国人の日本に対する印象は改善される傾向が著しい。「良い／どちらかと言えば良い」と回答した人も2017年の26.8%から2018年には28.3%となり、増加傾向にある。一方で、日本人の韓国の印象は「良くない／どちらかと言えば良くない」が2017年の48.6%から2018年に46.3%とわずかに減少しているが、増えたのは「どちらとも言えない」の回答であり、改善されているとは言えないと報告されている。また、「良い／どちらかと言えば良い」が2016年には29.1%だったのが、2017年には26.9%に、2018年には22.9%に減少しており、好感度の改善は見られていない。報告において「良くない」の回答の背景には「歴史」と「領土対立」の問題があること、それに対し良い印象の背景としては日本側で韓国のドラマや音楽な

どの現代文化への関心、韓国側では日本人の「親切で真面目」など国民性に対する評価があると分析されている。この結果から、日韓の歴史問題、領土問題が相互理解の大きな障壁となっている一方で、文化交流や人的交流が相互理解を推進する重要な要素となっている現状がうかがえる。

図 2-1 は近年における日韓の往来者数推移のデータである。2016 年の相互往来者数は 739 万人となり、過去最高を記録したとされる。日本からの訪韓人数は 2012 年に 350 万人を超えて過去最高となった。しかし、2012 年には当時の李明博大統領が歴代大統領として初めて竹島（韓国名：独島）に上陸し、日韓関係が急速に悪化する契機となった。訪韓者数はその影響を受け、2015 年には約半減するなど減少傾向が続いたが、2016 年には約 3 年ぶりに増加に転じている。2017 年は、北朝鮮のミサイル問題など朝鮮半島情勢が不安定である面も影響してか、訪韓者数が再び減少傾向にあるという。その一方で、韓国からの訪日者数は日韓関係の悪化にあまり影響を受けず、円安ウォン高という背景もあり、増加傾向が続いている。

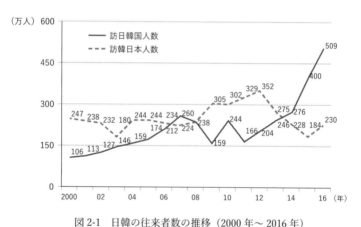

図 2-1　日韓の往来者数の推移（2000 年～2016 年）

出典：日本政府観光局、韓国観光公社

日韓の人々の往来の背景には、少なからず当時の政治、経済、文化交流などの影響があるものと考えられる。そこで、1998 年以降の日韓関係や日韓の人々の往来に関する主な出来事を表 2-1 にまとめる[2]。この表は、李錬（2016）、外務省（2016）、外務省北東アジア課（2016）などをもとに作成したものである。

表 2-1 1998 年以降の日韓関係の主な出来事

韓国大統領		主な出来事	日本総理
金大中 （2 月～）	1998	10 月「日韓共同宣言–21 世紀に向けた新たな 日韓パートナーシップ」署名 第 1 次日本文化開放（世界四大映画祭受賞作）	橋本／小渕 （7 月～）
金大中	1999	3 月「日韓経済アジェンダ 21–21 世紀に向けた日韓 経済関係緊密化のために」発表 9 月 第 2 次日本文化開放（映画、公演、出版物）	小渕
金大中	2000	6 月 第 3 次日本文化開放（映画、アニメ、ゲーム、 放送など）	小渕／森 （4 月～）
金大中	2001	3 月 仁川国際空港開港	森／小泉 （4 月～）
金大中	2002	「日韓国民交流年」 2 月 日韓共同制作ドラマ『フレンズ』放送(TBS・MBC) 5 月 サッカーワールドカップ日韓共同開催 6 月「日韓首脳の未来に向けた共同メッセージ— 2002 年サッカー・ワールドカップ共同開催成 功を超えて」発表	小泉
金大中／ 盧武鉉 （2 月～）	2003	4 月 NHKBS2 で韓国ドラマ『冬のソナタ』放送開始 第 1 次韓流ブーム（2003～2004 年頃） 6 月「日韓首脳共同声明—平和と繁栄の北東アジア 時代に向けた日韓協力基盤の構築」発表 11 月 金浦—羽田間航空便（1 日 4 便）運航開始	小泉
盧武鉉	2004	1 月 第 4 次日本文化開放（映画の全面解禁、CD）	小泉
盧武鉉	2005	「日韓友情年 2005」 2 月 島根県議会が「竹島の日」条例制定 8 月 金浦–羽田間航空便の増便（1 日 4 便→8 便）	小泉
盧武鉉	2006	3 月 韓国人の短期滞在に対する無期限査証免除措置 の実施を決定 8 月 小泉総理が初めて終戦の日に靖国神社参拝	小泉／安倍 （9 月～）
盧武鉉	2007	円安ウォン高が進み、訪日韓国人が増加	安倍／福田 （9 月～）
盧武鉉／李明博 （2 月～）	2008	4 月 日韓共同プレス発表（日韓間の交流や経済協力 の強化、「日韓新時代」に両政府が一致）	福田／麻生 （9 月～）
李明博	2009	日韓両国で「日韓交流おまつり」開催（日韓国交 正常化 40 周年を記念し、2005 年から毎年ソウルで 開催されていたもの。2009 年から東京でも開催）	麻生／鳩山 （9 月～）
李明博	2010	8 月 菅総理談話発出 11 月 日韓図書協定に署名 第 2 次韓流ブーム（2010 ～ 2011 年頃）	菅 （6 月～）
李明博	2011	3 月 日本で東日本大震災・福島第一原子力発電所 事故発生 12 月 韓国挺身隊問題対策協議会がソウルの日本大 使館前に「従軍慰安婦少女像」設置	菅／野田 （9 月～）
李明博	2012	8 月 李大統領の独島（竹島）上陸 日本で韓流の急速な冷却化、「嫌韓」の潮流	野田／安倍 （12 月～）
李明博／朴槿恵 （2 月～）	2013	日本各地で嫌韓デモ（ヘイトスピーチ）が起きる 12 月 安倍総理が就任後初の靖国神社参拝	安倍
朴槿恵	2014	3 月 日米韓首脳会談開催（日米韓の首脳会談は 5 年 4 か月ぶり。日韓の首脳が会談するのは 1 年 10 か月ぶり）	安倍

朴槿恵	2015	日韓国交正常化50周年 対日理解促進交流プログラム（JENESYS2015）実施 7月　安倍総理「戦後70年団談話」発表 11月　日韓首脳会議（3年6か月ぶり） 12月　両政府が「慰安婦問題日韓合意」発表	安倍
朴槿恵	2015	8月　日韓合意に基づき、日本側が韓国の慰安婦財団に対し10億円拠出	安倍
朴槿恵／ 文在寅 （5月〜）	2017	12月　政権交代をした韓国の文在寅大統領が、慰安婦問題を巡る日韓合意に関して、「日韓合意では解決できない」との声明を発表	安倍

　近年の日韓関係の主な出来事を整理してみると、政治的には良い関係の時期、良くない関係の時期と波があることが分かる。一方、一般の人々の文化交流、人的交流という面からみると、1998年の「日韓共同宣言」以降、韓国政府による日本文化の段階的な開放、サッカー・ワールドカップの日韓共同開催、日本における韓国大衆文化のブーム（韓流）など、日韓の人々の交流を推進するような出来事が多くあったことも分かる。しかし、金泳徳（2016）が「2012年8月以後、韓流が外交・政治レベルによる日韓関係に対していかに脆弱かが明らかにされた」（p.60）と述べるように、日本における韓流は多数の受け手が確実に存在する一方で、日韓関係の動向にも影響を受けるものである。また、文・白（2016）は韓国における日本の大衆文化の受容についてインターネットというメディアの存在の重要さを指摘しているが、「オンラインにおける日本大衆文化の受容が、あくまでも個人の趣味や嗜好の領域に納められ、オフラインにおける日韓の現実問題、例えば日韓の歴史問題や日韓関係などとは一線を画して、日韓相互の深い理解やコミュニケーションなどへとつながっていない」（pp.112–113）と述べ、インターネットを通した日本の大衆文化の受容がドラマやゲーム、漫画、アニメなどの情報共有レベルにとどまっている状況を指摘している。
　こうした日韓の社会的な文脈の中で隣国の言語の教育はどのような意味を持つだろうか。本来、文化交流や人的交流は言語教育と非常に親和性が高いものであると考える。
　この点については金賢信（2008）も「相手の国の様々な人々との交流と相互理解のためには、その国の文化と強く結びついているその国の言語を学ぶ必要がある」(p.2)と述べ、韓国人に対する日本語教育と日本人に対する韓国・朝鮮語教育の持つ意味は大きいと指摘している。また、李錬（2016）も、「韓日関係が難しい時期だからこそ互いに相手を知るために互いの言語教育が必

要である」（p.192）と述べ、近年冷え込んでいる日韓関係の改善策の１つとして相互の言語の教育が大切だと主張している。

　では、韓国において日本語、日本において韓国語は、これまでどのように位置づけられ、その言語教育に関わる教師たちもどのように位置づけられてきたのだろうか。本章では日本と韓国における隣国の言語はどのように位置づけられ、教育されてきたのか、教師たちはどのような文脈に置かれてきたのかを整理していく。

2. 日韓における隣国の言語の位置づけ

　1910年に始まった日本による朝鮮半島の植民地化から100年が経った2010年、日本の朝日新聞は「百年の明日　ニッポンとコリア」という特集記事を連載した。2010年4月1日の朝刊記事では「言葉」をテーマに「日本語　警戒と好奇心　漫画・アニメ　若者に浸透」という記事が掲載されている[3]。この記事では、日本が植民地支配下において朝鮮半島の人々に日本語を強制したこと、独立後、「イッパイ、コンジョウ、ショウブ、タマネギ」など日本語由来の数多くの言葉が「日帝の残滓」として排除の対象となり、韓国語の固有の言葉に置き換える「国語純化」の運動が今日まで続いてきたことを伝えている。1998年からの金大中政権下で日本の大衆文化開放が段階的に進められながらも、日本による「文化侵略」を警戒する声は絶えなかったという。国民にとって象徴的な存在であるソウル大学では現在も日本関連学科の設置がされていない。

　一方で「草の根」レベルでは日本語の広がりが見られ、漫画本の店には日本語の本も置かれている。日本のアニメや漫画に興味を持ち、原語（日本語）で読みたいため中学3年生の時から日本語を勉強してきたという25歳の会社員である男性の声も伝えている。

　また、この記事の中では日本からビジネスを学ぶ目的で日本語を学んだ世代の人々を取り上げている。例えば厳しい対日姿勢をとった初代大統領の李承晩大統領の政権下で小学校時代を送り、徹底的な反日教育を受けた世代と自認する63歳の男性は、「国を発展させるという使命感があった」ために日本語を学ぶことに抵抗はなかったと語っている。70年代、80年代においては強い反日教育の一方でビジネスの世界では日本が成功のモデルと映り、日本語が必須とされていたことがうかがえる。しかし、この記事の中で「語学

の需要は貿易量と比例する」という求職情報サイトの関係者の声が取り上げられているように、ビジネスに必要な外国語は時代の変化によって移り変わるものである。韓国にとって最大の貿易国となった中国[4]を相手にしていくために、中国語を売りに就職戦線を勝ち抜こうとする若者が韓国では急増しており、日本語を学ぶ学生の就職活動での苦戦が目立っているとも書かれている。この記事からは戦後の韓国における日本語の位置づけが「排除と警戒の対象」でありつつも、経済的な結びつきの高まりを受けて「学習が必要な言語」と位置づけられてきたこと、しかし近年はその需要が中国語にシフトしてきているということが読み取れる。同時にビジネスが目的という学習者以外にも、日本の大衆文化への興味関心、好奇心から日本語を学び始める若者層が多くいること、日本語は草の根レベルに広がりを見せていることもうかがえる。

　これに対して戦後の日本における韓国語の位置づけはどうだったのだろうか。これは「朝鮮語」教育者として知られる塚本（2001）と小倉（2001）、小倉（2011）の論考に詳しい。

　塚本（2001）は自身がどのように「朝鮮語」と出会い、どのように学び、教えてきたのかというライフヒストリーを記述したものである。その中で戦中、日本が朝鮮半島を植民地支配し、「朝鮮語」を「抹殺」したが、日本が戦争に敗れて朝鮮が独立した後も日本の中の「朝鮮語」は「抹殺」されたままであったと述べている（p.16）。大学での韓国語教育は天理大学が唯一のもので、警察庁で「朝鮮語」集中教育も行われていたが、その目的は犯罪取り締まりなど、朝鮮人を支配・管理するためであった。塚本（2001）は戦後約20年間、日本において朝鮮研究がほぼ空白であったことに触れ、「ひとつの民族がひとつの民族を侵略し、支配し、言葉を「抹殺」すると、五十年たっても、その後遺症はなおらない。」（p.42）、「アフリカの言葉のような位置にある朝鮮語」（p.65）、「朝鮮学一般のひどい貧困」（p.107）、など当時の「朝鮮語」研究の貧困状況を述べ、その理由として「明らかなことだが、朝鮮を重視しなかったからであり、日本人として朝鮮に強い興味がもてなかったからである」（p.108）と述べている。さらに「韓国の朝鮮人が今も、彼らの支配者としての日本人観をもっている。それを裏返したものが日本人の朝鮮観」（p.108）ではないだろうかと指摘した。

　小倉（2001, 2011）も日本における「朝鮮語」の位置づけを論じているが、

「不遇性」（小倉 2011：25）という言葉で「朝鮮語」が持たざるを得なかったイメージを表している。この「不遇性」という言葉の背景には、「朝鮮語」が戦後日本に残った（残らざるを得なかった）在日朝鮮人・韓国人の言語として、差別されるマイノリティのアイデンティティと何らかの関連がある文化として聖別されていたこと、さらに分断と戦争、独裁という「悲劇」に彩られた朝鮮半島の言葉であることから日本人が直接相対したくない暗い影のようなイメージを担わされ続けたことなどがある。小倉はこの不遇なイメージを持つ言語をわざわざ学ぶ大学生の姿は「特別にくそ曲がり」か「特別に道徳志向的な若者」か民族性＝言語という思想にがんじがらめにされる在日の学生だったと「多分にデフォルメ」した表現であると断りつつ述べている（小倉 2011：26–27）。しかしそうした「朝鮮語」のイメージを大きく変えたのは 2000 年代に入ってからの韓国ドラマ、音楽などの大衆文化の人気、いわゆる「韓流」ブームであった[5]。小倉（2011：35）は韓国の文化や社会に関して強い関心を持つ人々が急増し、「朝鮮語」が以前のイデオロギッシュな姿から一転して「普通の人が使用する言語」の仲間入りをしたと述べている。

　朴正義（2014）は大久保コリアンタウンのニューカマーに対するインタビューを掲載しているが、インタビューを受けた韓国語学院の経営者である李承珉氏の声が次のように引用されている。

　「昔は韓国語を習おうという人は、あまりいませんでしたね。まして、金を払ってまで習おうという人はいませんでした。しかし、今は、韓国語を勉強しようという人が随分増えましたよ。韓国文化に強い興味を持ち、韓国に旅行に行きたいとか、韓国に住んでみたいとか、趣味で習う人がほとんどで、仕事のためという人はまだ少数ですね。また、教養として英語にプラス韓国語という人が多いです。これは、過去に比べ日本における韓国に対する認識がよくなったせいでしょう。やはり、韓流ブームの影響も大きいと言えます。」

(朴正義 2014：84)

　この声は過去と現在の日本人の韓国語に対する態度を端的に表していると思われる。

　韓国が日本語に持ち続けていたのはかつての支配者の言語文化に対する「警戒」と文化への「好奇心」であった。また、近年は陰りを見せているが

経済的な目的から仕事に役立つ日本語を学ぶという学習動機も多く見られた。それに対し日本が韓国語に長い間持ち続けていたのは、かつて支配していた植民地の言語を無視する姿勢であり、韓国語は一部の意識ある層が「運動」として、南北朝鮮の政治状況と連動する形で学ぶ言語であった。韓国における日本語とは違い、日本では経済的な実利的理由から韓国語を学ぶ学習者が過去も現在も少ない。しかし、時代が1990年代、2000年代に入り、韓国で日本の大衆文化が人気となって日本語学習者が増加したように、日本で韓国の大衆文化が幅広い年代の人々に関心を持たれるようになり、現在は新たな韓国語学習者の層が拡大している。日本語、韓国語を学び、教える人々のライフストーリーを分析していく上で、このような両言語の歴史的位置づけ、社会的状況の変化を捉えておくことは重要であると思われる。

　次節においては韓国の日本語教育、日本の韓国語教育の略歴を改めて振り返り、さらにその制度面における特徴について中等教育を中心に概観する。

■3.■　韓国における日本語教育

3.1　朝鮮半島における日本語教育の概観

3.1.1　日本語教育の歴史

　韓国を含む朝鮮半島における正式な日本語教育[6]は1891年に岡倉由三郎を招いてソウルに設立された官立京城日語学堂が嚆矢とされる（稲葉1986：137）。日清戦争の起こった1894年、朝鮮政府は清の年号をやめて朝鮮建国の1392年を開国元年とし、政治・社会・文化の諸制度の改革を行い、司訳院を廃した[7]。その年に英語、フランス語、ドイツ語、ロシア語、中国語の官立外国語学校とともに官立日語学校が設立された。また、この時期には私立の日語学校が各地に設立されるようになった。しかし、日露戦争で日本が勝利した後、1906年には官公立の初等学校では日本語が必須科目となり、私立の日語学校は閉鎖され、その生徒は官公立の学校に吸収された（森田1985, 1991）。

　1910年から1945年までは日本の統治下となり、日本語教育は外国語教育としてではなく、「国語」教育としてすべての国民に強制的に実施された。戦局が厳しくなるに伴い「国語」教育としての日本語教育はより強制的となり、韓国語は学校教育の科目からも外されるようになった[8]。宮脇（1998：157）は戦時体制下での学校教育について、「皇国臣民化」教育が徹底され、

「朝鮮人は学校教育を通して言語的にも心的にも日本人と一体になるように仕組まれた」と述べ、日本語普及政策が「朝鮮人の民族的属性・民族意識・民族的誇りを剥ぎ取ること」と表裏一体となっていたと指摘している。このように、韓国には皇民化教育の一環としての国語教育（日本語教育）に多くの国民が苦しめられたという歴史がある。そのため日本からの解放後は、学校教育機関で日本語教育を行うということに対しては大きな抵抗感が持たれ続け、それは 1961 年に韓国外国語大学に日本語学科が設置されるまで続いた[9]。

　植民地解放後の韓国における日本語教育の歴史を、韓国の人々の日本語教育に対する認識の変遷を通して明らかにした河先（2013a）は、戦後の韓国における日本語教育の再開と発展において「民族の主体性の確立」と「日韓関係に対する認識」が重大な鍵であったと結論づけている（河先 2013a：295）。独立主権国家確立のため、韓国人としての精神に悪影響を及ぼすものとして日本語は排除されたが、その後「民族の主体性」が確立していくのに伴い、日本語教育も展開されてきた。日本語教育発展の背景には、1980 ～ 90 年代に入り日韓関係において対等で友好的な関係が築ける相手だと認識されるようになったことがあると述べられている。

　表 2-2 に本研究に関わりの深い高等教育、民間（放送局）、中等教育段階の韓国の日本語教育の歴史とデータを李徳奉（1998）、磐村（2007）、河先（2013a）、金榮敏（2015）、国際交流基金日本語教育国別情報（2017）、星（佐々木）（2016）、および国際交流基金が 2017 年 3 月に発表した 2015 年度日本語教育機関調査を参考にまとめる。なお、中等教育の各教育課程の告示年度は金義泳（2016：26–27）による。

表 2-2　韓国における日本語教育の略歴およびデータ

年代	高等教育・民間	中等教育
1950 ～ 60 年代	1961 韓国外国語大学に日本語科開設 1962 国際大学（現在の西京大学）に日本語科開設	【第 1 次教育課程期】（1954–1963）英語、ドイツ語、フランス語、中国語の中から 1 つまたは 2 つを選択 【第 2 次教育課程期】（1963–1974）高校で第二外国語（ドイツ語・フランス語・中国語・スペイン語）履修開始

1970 年代	日本語関連専攻学科の開設進む 1973 国立慶尚大学師範大学に日本語 　　　教育科開設 1976「大学入学予備考査（1968–1980）」 　　　に日本語が追加 1979 国立慶尚大学教育大学院に日本 　　　語専攻開設	1973 第2次教育課程の部分改定 　　　高校の第二外国語科目が必修化 　　　日本の教育課程への正式編入 【第3次教育課程期】（1974–1981） 日本語に関しては、話し言葉、実用性、 経済性、自国文化重視の傾向（他の外 国語科目との相違）
1980 年代	1981 テレビ日本語講座（KBS3） 　　　放送開始 1983 全国高校日本語教師を対象とす 　　　る「一級正教師」資格研修開始 1986 大学入試において第一外国語 　　　（英語）と第二外国語が分離	【第4次教育課程期】（1981–1987） 日本語と他の外国語科目との差異解 消、文化理解の重視。「教養的目的」 を持ち学ぶ言語としての位置づけ 1986 第二外国語科目の中で日本語学 　　　習者数が1位になる 1987 高校において第二外国語か実業 　　　科目のいずれかを選択する方式 　　　に変更（教育改革） 【第5次教育課程期】（1987–1992） コミュニケーション能力重視の外国語 教育へ」の移行 1988 高校において第二外国語科目が 　　　実業科目と異なる選択群に戻る 　　　（教育改革の修正）
1990 年代	1992 ソウル大学等が入試本考査の第 　　　二外国語から日本語のみ除外 1994 大学修学能力試験（大学入学学 　　　力考査から変更）で第二外国語 　　　科目を除外 1997 ラジオ日本語講座（EBS）放送 　　　開始 1998「2001年度大学修学能力試験」 　　　より第二外国語科目（日本語を 　　　含む）を選択科目として採用す 　　　る旨発表	【第6次教育課程期】（1992–1997） 第二外国語科目にロシア語が追加。 「外国語I」と「外国語II」に分離。 各外国語の教育課程に「性格」という 項目が追加 「交流・相互理解型日本語教育必要論」 の出現（河先 2013a：222） コミュニカティヴアプローチの影響を 受け、コミュニケーション能力重 視の傾向強まる
2000 年代	2001 サイバー大学（インターネット 　　　を利用した遠隔教育により学士 　　　や専門学士が取得可能）9校が 　　　開校。4年制大学に日本語学科 　　　が2つ設置 2000年代半ばまで日本関連学科が増加 　　　2000年　　85校 　　　→2010年　105校	2000 高等学校日本語教師特別養成課 　　　程の設置（2001年～2002年の 　　　2か年） 【第7次教育課程期】（1997–2007） コミュニケーション能力、文化理解、 インターネットの情報検索能力の育成 重視。第二外国語科目にアラビア語が 追加 2002 中学校の選択科目に第二外国語 　　　が編入（日本語を含む） 2003 韓国日本語教育研究会（中等日 　　　本語教師会の全国連合）の設立 【2007改訂教育課程】（2007–2009） 【2009改訂教育課程】（2009–2015） グローバル人材の育成と「創意力」の 育成重視

| 2010年代 | 4年生大学の日本関連学科への入学者数は2010年の105大学3039人をピークに減少に転じる

大学修学能力試験の日本語受験者数[10]
2011年度　19,931人
2012年度　14,720人
2013年度　11,661人
2014年度　7,884人
2015年度　7,174人
2016年度　6,378人
2017年度　5,987人
2018年度　5,874人 | 2011 2009 改訂教育課程の施行により、第二外国語は選択科目に変化

【2015改訂教育課程】（2015–）
中等教育での学習者が減少傾向に[11]
2009年　870,200人
2012年　694,036人
2015年　451,893人 |

3.1.2　中等教育における日本語教育の歴史

　韓国では国の大統領が変わるたびに国の組織、教育政策などが大きな影響を受ける。これは中等教育における日本語教育も例外ではない。

　高校の第二外国語教育科目の中に日本語が設けられたのは朴正熙政権時代のことである。第2次教育課程の第2次部分改訂時の1973年に外国語科に編入され、第3次教育課程期に日本語科の教育課程が開発された。日本の植民地として占領されていた時代に日本語が国語として教育され、学校教育の中で「朝鮮語」が消された負の記憶から、韓国において戦後長い間日本語は排除される対象であったが、当時の朴政権の判断で日本語が学ばれるべき外国語として位置づけられたのである。朴大統領は「日本語を学ぶとしても、精神を正しくし、主体性のある闊達な度量を持つべきである」と「国籍ある教育」の名の下に主体的民族史観を強調して高校に日本語を導入した。森田（1985：530）は「解放後1世代を経たこの時期、韓国国民として主体性をもち、日本語を完全な外国語として学ぶ民族的な構えが成立していた」と述べる。すなわち、日本から解放された後の子どもたちが、主体性を持って日本語を外国語として学ぶという構えができたと判断された時期に高校での日本語教育が開始されたのである。また、生越（1991：52）が指摘するように朴大統領による日本語科目の追加の指示は、日本から技術協力・援助に備える意味合いがあったと推測されている。

　1970年代半ばには大学入学試験科目に日本語を取り入れる学校が増え、日本語を教える高校の数は1975年には全国350校に達した。しかし、1975年に第二外国語の選択を各大学の裁量に任せる方針が出され、ソウル大学が外国語選択科目から日本語を除外するという動き[12]を見せると、他の大学

もこれに倣い、第二外国語から日本語を除外する大学が急増した。この時期は日本語教育の低迷期だと言われている。

1980 年代に入ると [13]、1981 年には大学別の入学試験がなくなり、「大学入学学力考査 [14]」に統一された。日本語の選択者はその翌年から実業系高校を中心に急増し、英語が必須科目、第二外国語が選択科目として分離された 1986 年度の入試では全受験者の約 4 割が日本語を選択している（生越 1991：52）。受験生が日本語を選択するのは、日本語が韓国語と文法がよく似ており、他の外国語に比べて易しく、点が取りやすいと考えられているためだと言われている（生越 1991；稲葉 1986）。1986 年には高校の第二外国語教科目のクラス数および生徒数において日本語が第 1 位を占めるようになった（朴煕泰 1994：22）。しかしこの翌年にはまた、日本語の選択者が減少することになる。その理由は教育改革により第二外国語が外国語以外の実業科目の選択科目と統一されたことであった。1988 年にはこの教育改革が修正され、第二外国語科目が実業科目とは異なる選択群に戻されている。

1993 年には金泳三大統領が就任した。大統領は日本との関係において「物質的補償は求めない」として未来志向の日韓関係を目指したが、それは日本語教育の活発化にはつながらず、日本語の学習者は減少した（磐村 2007：25）。94 年度に「大学入学学力考査」が「大学修学能力試験（修能試験）」と「大学別本考査」と高校 3 年間の成績によって決定されるように改変された。大学別の本考査が復活し、第二外国語全体が入試科目から外され、これらが高校における日本語教育を委縮させる要因として働いたとされる（金淑子 1995：3）。

1998 年に就任した金大中大統領は、その前年の韓国における経済危機（IMF 通貨危機）を背景に IT 産業を中心とした情報化、産業化経済政策を打ち出し、日本との関係をより重視していった。そのことが、就職において英語に加えて日本語が必要条件として認識されるようになっていったことにつながっている（磐村 2007：26）。1998 年、金大中大統領による日本の大衆文化の段階的開放が始まったが、この影響により日本の大衆文化に関心を持つ日本語学習者数も増加した。2000 年 11 月には大学の修能試験に第二外国語が復活し、日本語は選択科目の 1 つとなった。

第 7 次教育課程においては生徒による科目選択権が付与され、日本語の学習者の増加を後押しした。この影響を受け、2001 年から 2003 年の 2 年間

には、学習者が減少したドイツ語とフランス語の教師に対して日本語の複数専攻教師（日本語二級正教師）の資格を与えるための「日本語教師特別養成課程」がソウル大学と教員大学で実施されている。

中学校においても、2001年に第7次教育課程の適用により第二外国語としての日本語教育が開始された。学校裁量（選択）科目として、漢文、コンピューター、環境、生活外国語（ドイツ語、フランス語、スペイン語、中国語、日本語、ロシア語、アラビア語の7言語の中から選択）の4科目が導入され、生活外国語の1つとして日本語を学ぶことができるようになったのである。

しかしながら2009年に改訂され2011年から施行された2009改訂教育課程において英語以外の外国語は受難の時を迎える。高校では第二外国語がこれまで「外国語領域」の科目とされていて必修選択であったものが、「生活・教養領域」に位置づけられ、選択科目の1つとなった。そのため日本語の単位数が減少したのだが、さらに第二外国語の中では中国語の人気が高まり、相対的に日本語の選択者が減少傾向にあるとされる[15]。

また、2009改訂教育課程の問題点としては、国語、数学、英語以外の教科が短期間で集中履修が可能となる「集中履修制」が導入された点も指摘されている（최은혁 2011；송만익・이수철 2013）。集中履修制とはこれまで前期3単位、後期3単位に分けて履修することになっていた科目が1学期間で6単位履修することが可能となった制度であり、生徒にとって学習負担が大きく、第二外国語科目の選択を避ける生徒が増えた要因にもなっているという。

国際交流基金が実施している海外日本語教育機関調査においても、韓国の日本語学習者は長年世界第1位であったのが、2012年度の調査結果で世界第3位と発表され、最新の2015年度の結果でも減少傾向が続いていることが明らかとなった。この結果は日本語学習者数の多数を占める中等教育機関の学習者減少の影響（表2-3）であると言える。同年の調査で高校生の学習者数は348,414人となっている。

表2-3　韓国の中等教育段階における日本語学習者数の変化[16]

調査年	平成21年 (2009)	平成24年 (2012)	平成27年 (2015)
中等教育の日本語学習者数	871,200人	694,036人	451,893人
全教育機関の学習者数[17]	964,014人	840,187人	556,237人

3.1.3 中等教育における教育課程の変遷

　韓国の高校や中学校で日本語教師として任用され、教える教師は国が定める国家的シラバスである教育課程に沿った教育を行うことが求められており、教師たちの教育実践や課題を理解するためには教育課程の変遷を捉えることも必要である。韓国の日本語教育の教育課程の歴史に関する近年の体系的な先行研究としては、金賢信（2008）、金義泳（2012a）、河先（2013a）が挙げられる。金賢信（2008）は韓国の高校日本語教科書を異文化コミュニケーションの視点から分析したもの、金義泳（2012a）は韓国の高校日本語教科書の内容の変遷と日本観との関連について考察したもの、河先（2013a）は教科書分析や新聞の言説分析、教師のオーラルヒストリーの分析などを通して日本語教育必要論の史的展開を考察したものである。ここでは高校の教育課程の中で日本語がどのような狙いをもって位置づけられてきたかについて第3次教育課程から第7次教育課程まで金賢信（2008）、金義泳（2012a）、河先（2013a）による分析結果に基づいてその特徴をまとめ、それ以降の教育課程の特徴についても触れる。

　まず、日本語が選択科目の1つに導入された第3次教育課程においては、日本語は他の外国語の目標とは異なり、日本語を通して自国文化（韓国文化）を理解することが明示された。この時期はまだ植民地時代の日本語、日本文化の残滓が残っていた時期であり、民族的自尊心の回復と民族の主体性の確立が達成されていない時期であった。そのため日本語を通して浸透してくる日本文化から韓国文化を守ろうとする保護主義的な立場を取らざるを得なかったと指摘されている[18]。また、この時期の日本語選択者の多くは日本語の実用性、経済的価値の高さから日本語を選択していたとされる（金賢信2008：94–95）。

　第4次教育課程は、これまでの「教科中心教育課程」（第1次教育課程）、「経験中心教育課程」（第2次教育課程）、「学問中心教育課程」（第3次教育課程）に、人間中心の教育理念が加わって統合された複合的教育課程による外国語教育の時期であった（金賢信2008：135）。この複合的教育課程による外国語教育においては言語の四技能をバランスよく学習させること、日常生活での実用性が重んじられていた。さらに、言語能力を媒介として外国文化を理解し、韓国文化の発展に寄与させることなどが目標に掲げられている。こうした文化理解を重視した教養的目的は、他の外国語の目標と同様のもの

であった。この第4次教育課程における日本語教科書には、第3次教育課程のそれよりも日本人との交流や日本文化を理解しようとする内容が増えていることも指摘されている。

第5次教育課程では「外国語による意思疎通能力を育て、外国の文化を理解することによって、我々の文化の発展に資するようにする」という外国語科全体の目標が掲げられた。初めて意思疎通能力という言葉が用いられ、外国語によるコミュニケーション能力が重視されるようになったのが特徴であった。文法中心の言語知識を教える外国語教育から脱皮し、コミュニケーション能力重視の外国語教育へ移行することを目指していたと分析されている（河先 2013a：183）。それと同時に、日本文化理解に対しても力が入れられるようになってきた時期で、日韓両国人の交流という側面が以前よりも重視されるようになってきたとされている[19]（金賢信 2008：344）。

第6次教育課程は、これまでの教育課程とは大きく異なり、「性格」という項目が新たに加えられ、各外国語独自の教育の位置づけ、狙いが示されるようになった。第6次教育課程の「日本語Ⅰ[20]」科目の「性格」では、日本の国際的な地位が向上し、日本語を学ぶことは相互協力交流の維持に役立つとされている。さらに、全ての外国語科目において国際社会で活躍するのに必要な資質、人格の形成までが目指され、そのために意思疎通能力の育成や目標言語文化の理解が重視されるようになった（河先 2013a：219）。河先は第6次教育課程で使用されている「交流」という言葉に注目し、これを「交流・相互理解型必要論」と名づけている。その理由は従来の教育課程では経済的な交流、研究者間の学術的な交流が意味されていたのに対し、第6次で初めて一般の市民の間の日常的な交流が意味されたからである。このような交流・相互理解型必要論が生まれた背景には、1990年代以降の日韓の市民間の相互交流が背景にあるとされている。

第7次教育課程においては、コミュニケーション能力や異文化理解、コンピューターによる情報処理能力が重視され、機能シラバスを中心とした教材開発、インターネットやメディアを活用した授業デザイン、異文化交流を取り入れた授業に関する研究実践が活発に行われるようになった。第7次教育課程の日本語の「性格」においては「韓日間の各種交流活動の一翼を担うことのできる人材を養成する」ことが目的であると示されている。河先は第7次教育課程における「交流」とは、日本人と韓国人がお互いにお互いの文

化を認め合い、理解しあった上に成り立つものだという認識に立ったものだと分析している（河先 2013a:224）。このことと関連するが、金義泳（2012a）は第7次教育課程の教科書から、第6次教育課程期以前の教科書に見られた「否定的な日本観」を表す記述がなくなっていることを明らかにしている。

このコミュニケーション能力重視、文化理解重視という方向性はその後の教育課程の改訂においても継続されている。2007 年に告示された 2007 改訂教育課程の日本語Ｉの「性格」においては「韓日両国は、政治・経済・社会・文化などあらゆる領域にわたり、相互の理解不足による解決すべき問題が少なくない」として、「文化の異質性から来る諸々の誤解を解消し、東アジア地域の平和と繁栄に貢献するためには、文化間の相互理解と円滑なコミュニケーション能力が求められる」と記述され、文化理解とコミュニケーション能力の必要性が強く主張された。また、「東アジア地域」という言葉が登場し、韓日の相互理解が東アジア地域の平和に重要な意味を持つと、日本語学習の意義が示されている。

さらに、2009 改訂教育課程における外国語科目の大きな変革は、前述のように英語以外の外国語が従来の外国語領域から外され、技術・家庭、第二外国語、漢文、教養という「生活・教養領域」に含まれることになったことが挙げられる。これによって日本語は選択科目となり、履修単位も大幅に減ることになった[21]。一方、高校の「日本語Ｉ」の目標における記述内容は、2007 改訂教育課程のそれとほぼ同様であり、東アジア地域の平和と繁栄に寄与するために文化の相互理解と円滑なコミュニケーション能力の育成の必要性が述べられている。

2015 年9月には新たに 2015 改訂教育課程が告示された。この新しい教育課程においても高校における第二外国語の位置づけは「生活・教養領域」の1つである。しかし、第二外国語の1つ1つの外国語科目に対し、「性格」や「目標」、シラバスおよびカリキュラムが定められているのは従来の通りである。ここに新しい教育課程における高校の「日本語Ｉ」の説明として書かれている「性格」の部分の内容の一部を引用し、どのような理念、必要性や目標の下に日本語科目が設置されているのかを紹介する。

韓国と日本は地理的に近く位置し、古代から相互間の言語及び文化において影響を与えながら発展してきた。一方、東北アジア地域の一員と

して長い間互いに知識と情報の交流をしてきたが、その関係が断絶され
てきた時期もある。現代のグローバル社会において、韓国と日本はグロー
バル地域共同体形成を背景に両国間の共同体的文化の創出と共有が必要
であり、互いの言語と文化の尊重の土台の上に友好と文化交流が今後さ
らに活発に進められていかなければならない。このために日本語教育の
必要性は切実である。第二外国語教科の力量は、コミュニケーション能
力、文化の理解を通した世界市民意識、情報検索、活用を通した情報交
流能力であると言える。日本語コミュニケーション能力を通して、日本
語を使用する人々とオンライン・オフラインの交流をし、日常生活の意
思疎通だけでなく日本の文化的価値や情報を共有できるようになる。こ
のような形式で学生たちは世界に対する見聞を広げ、多様な世界観を受
け入れることによって、創造的な思考力と人格を備えた世界市民に成長
することができるはずである。

(교육부 (2015) pp.293、拙訳)

　この記述の中で「世界」、「世界市民」、「グローバル」、「共同体」、「交流」、
「文化」という言葉が数回用いられていることからも、現代の韓国の高校で
目指す日本語教育がグローバルな視点を持った世界市民の育成の上で重要だ
と考えられていることが分かる。韓国と日本が特に東アジア地域における
「グローバル地域共同体」の形成のために交流を深めることが必要だと書か
れているが、この「東アジア」という言葉を用いて「東アジア共同体という
コミュニティ（李徳奉 2007：14）が想定されるようになったのは 2007 改訂
教育課程以降であり、その後の 2009 改訂教育課程、2015 改訂教育課程にお
いても引き続き用いられている。日本語や日本文化を理解し、適切にその知
識を使用できる人材の育成は韓国と日本の二国間の未来に資するだけでな
く、東アジア、世界といったより広いグローバルな地域における人的・物的・
社会的な交流において重要であるという考え方が反映されたものと言える。
こうした理念や目標が第二外国語科目の教育課程において述べられているこ
とは、日本の英語一辺倒の「外国語」に関する学習指導要領と比較した時に
際立った差として受け止められるだろう。

3.2 韓国の中等教育で教える日本語教師の任用と研修機会

　韓国の中等教育で教える教師の資格としては、「二級正教師資格証」を有していることが前提であり、私立高校であれば各学校が実施する採用試験に合格する、国公立高校であれば毎年12月に国が実施する国家試験である任用試験に合格する必要がある。中学校の教師と高校教師は「中等日本語教師」という1つの採用枠で採用され、試験合格後にどちらかの学校に配属になる。その後の人事異動で中学校から高校への異動、高校から中学校からの異動も行われる。なお、韓国の中学校、高校では済州特別自治道、全羅南道、大邱広域市、江原道春川市が独自に自治体で複数の日本語ネイティヴ教師を雇用したり、外国語高校や私立の学校において日本語ネイティヴ教師を雇用したりする例が見られる[22]が、このようなネイティヴ教師の資格としては「二級正教師資格証」のような教員免許は特に求められていない。

　大学の日本語科で教員免許が取れるのは日本語教育学科が設置してある建国大学、慶尚大学などである。その他の大学では日本語学を主専攻、教育学を副専攻または教育学を主専攻、日本語学を副専攻で修めた場合や日本語学主専攻で大学に副専攻制度がない場合は教育大学院（2年半）を修了して教員資格を得ることができる（国際交流基金　日本語教育国・地域別情報2017年度）。

　二級正教師が一級正教師になるための研修は「日本語教師一級正教師研修」と呼ばれ、教授歴3年以上の教師が180時間（30日以上）の研修を受け、昇進、昇格することができる。この研修は各市道教育庁が実施している。この他にも現職者のための研修機会は複数[23]あり、その研修に参加し「学点」と呼ばれる単位を取得して昇進などの人事考査に利用されるシステムがある。

　こうした韓国の中等教育における日本語教育、日本語教師を支える研修機関として機能しているものの1つに、日本の国際交流基金がある。国際交流基金は、海外の日本語教師の研修を一事業として行っており、韓国の中等教育で教える日本語教師のための大韓民国中等教育日本語教師研修（7月から8月までの一か月間）を毎年行ってきている。韓国の日本語教育が成熟期を迎えた2001年には、国際交流基金の19か所目の海外事務所である、国際交流基金ソウル日本文化センターが開所した。それ以前は日本大使館の広報文化院に国際交流基金の日本語教育派遣専門家が派遣され、日本語教師の研修などを行っていたが、それらの事業は国際交流基金ソウル日本文化センター

に引き継がれている。この国際交流基金からの支援などもあり、2003年には韓国の中等教育に関わる日本語教師の全国ネットワークである「韓国日本語教育研究会」が発足しており、毎年夏に「全国日本語授業研究発表大会および自律研修[24]」という全国の教師たちが集まる自主的な研修会が実施されている。

　第二外国語教育の1つの科目として確かな位置づけを持っていた2000年代までは日本語教師の任用も安定的に行われていた。しかし、前述したとおり韓国での日本語学習者の数は近年著しい減少傾向にある。その主な理由は教育課程の改編による中等教育段階の日本語選択者の大幅な減少[25]であり、その背景には様々な要因があると言われている。例えば2011年からの教育課程の改編により第二外国語が必修科目から外されたことや少子化の影響、第二外国語においては実利的な将来性を考えて中国語を選択する生徒が増えたこと、東日本大震災・原発事故や日本の経済状況、日韓の政治外交関係の悪化など、日本に対する複数のイメージの悪化によって日本語を選択しないという機関が出てきていることなどである（国際交流基金　日本語教育国・地域別情報2017年度）。

　こうした現状は中等日本語教師の採用人数の数にも影響を及ぼしている。2016年度『教育統計年報』（한국교육개발원）によると、一般高校、特殊目的高校[26]、特性化高校[27]、自律高校[28]の日本語教員数は1,907人であるが、その数は減少傾向にある（2012年『教育統計年報』では2,693人）。また、公立の中等日本語教員の新規採用人数も減少傾向にあり、採用ゼロという年もある[29]。これは、中国語担当の教員採用が2012年以降増加傾向にあるのとは対照的な状況である。日本語教師が担当する授業数の減少を受け、1人の教師が2校以上の授業を担当する「巡回教師」の数も増加傾向にあるとされる。また、近年は日本語教員から他の教科を教える資格を得て転向する教員も出始めている。송만익・이수철（2013）は、高校日本語教師対象の調査（259人回答）において、2009改訂教育課程の施行後、他の科目に移ったり、今後専攻科目を変える考えを持つ教師が88人（34%）にのぼっていることを挙げ、高校の日本語教育が危機的状況にあると述べている。

　こうした日本語学習者・教師の減少は日本語教員の養成機関にも大きな影響を及ぼしている。日本語担当教員の採用がない状況は、教師というキャリア形成を目指しにくくする。近年、ソウル市内の大学では日本語教育学科が

減少する現象も起きており、韓国の日本語教育が現在直面している厳しい状況を如実に表すものとなっている。

　本節においては韓国における日本語教育を概観し、中等教育段階の日本語教育の歴史や日本語教師の養成、任用や研修のシステムなど現代の韓国の中等日本語教師が置かれている社会的文脈を整理した。次節においては、日本における韓国語教育を概観し、同様に中等教育段階における韓国語教育の変遷を整理する。

4.　日本における韓国語教育

4.1　日本における韓国語教育の概観

4.1.1　韓国語教育の歴史

　日本における韓国語教育の歴史も古く、古くは『続日本紀』や『日本後記』に新羅語を学習した記録が残っているとされるが、特に江戸時代における対馬藩と朝鮮との窓口となる通詞の養成のため、韓国語教育が行われてきたことはよく知られている。雨森芳洲の訴えにより1727年、対馬藩に通詞養成所が設立されたことが日本の韓国語教育機関の嚆矢であるとされる。1872年には外務省の管轄で対馬に「韓語学所」が設立、それが1年後に釜山に移転して「草梁館語学所」となり、対馬から選抜された学生10人が派遣され、韓国語教育が行われた（野間・中島2007：71–72）。

　この草梁館語学所は1880年に東京外国語学校朝鮮語学科として移転し、韓国語教育が本科と別科で行われた。1909年には東洋協会専門学校でも正科として韓国語が教えられるが、これらの教育機関は日本による朝鮮の植民地支配という歴史的な事情によって次々と廃止されていくことになる。そうした中、天理外国語学校（現在の天理大学）は1925年に朝鮮語部を設立し、現在に至っているが、その設立目的は天理教の布教であり、他の教育機関とは異なる面を持っていた。当時、韓国語の学習が奨励されたのは警察官や日本人教員や官吏、総督府財務局との関係が密であった金融組合理事に対してであり（山田2004）、野間・中島（2007）はこの時代の韓国語教育を「日本の植民地支配と不可分な関わりの中にあったと言わざるを得ない」、「日本の植民地支配により、その概念まで変質してしまった」と総括している（p.74）。

　1945年以後、韓国・朝鮮語教育は在日コリアンに対する民族語教育として、韓国民団[30]系、朝鮮総連[31]系の学校において実施されるようになった[32]。

民族語としての韓国語教育は戦後すぐ開始された[33]が、外国語としての韓国語教育の再出発にはしばらくの時間を要した。戦後の韓国語教育を牽引したのは 1925 年から韓国語教育を行っていた天理大学で、1950 年に朝鮮文学朝鮮語学科が設立された。以後、日韓国交が正常化される前の 1963 年には国立大学である大阪外国語大学に朝鮮語学科が設置され、国交正常化後の 1977 年には東京外国語大学に朝鮮語学科が約 50 年ぶりに復活した。しかし 1960 ～ 1970 年代に大学で韓国語が学べる大学というのはごくわずかであった。

　1980 年代には多くの大学で韓国語の授業が開設されるようになり、NHK においても「アンニョンハシムニカ～ハングル講座」が 1984 年に開始されている[34]。1988 年にソウルオリンピックが開催されたことをきっかけに、80 年代後半から 1990 年代は韓国語教育を実施する大学が急激に増加したことが報告されている。さらに 2000 年代に入り、サッカー・ワールドカップの日韓共同開催や韓流ブームの到来によって日本における韓国語教育は隆盛を極めるようになる。これは 2001 年に 8 万部だった NHK 講座のテキスト発行部数が 2005 年にはテレビ用のテキスト 22 万部、ラジオ用のテキスト 10 万部、合計 32 万部と爆発的に増えていることからもうかがえる（日本経済新聞 2009 年 4 月 25 日記事）。2002 年には大学入試センター試験の「外国語」科目として「韓国語」が導入された[35]。

　野間・中島（2007）、小栗（2011）、李貞榮ほか（2015）を参考にし、さらに近年の状況を加えて戦後の韓国語教育の略歴およびデータを表 2-4 にまとめる。

表 2-4　日本における韓国語教育の略歴およびデータ

年代	高等教育・民間	中等教育
1945 年～	在日コリアンに対する民族語教育の実施開始（朝鮮総連系、韓国民団系、民族学校以外での教育）	
1950 年代	1950 天理大学に朝鮮文学朝鮮語学科開設	
1960 年代	1963 大阪外国語大学に朝鮮語学科開設	
1970 年代	1977 東京外国語大学に朝鮮語学科復活　1978 富山大学に朝鮮言語文化コース開設	1973 兵庫県立湊川高校（定時制）で「朝鮮語」授業の開始

1980年代	1984 NHK ハングル講座の放送開始 （テレビ・ラジオ） 80年代後半から韓国語教育を実施する大学の急激な増加 1988年 68校→1998年 215校	東京都立南葛飾高校（定時制）など6つの高校で韓国語教育を実施
1990年代	1992 ハングル能力検定試験開始 1997 国際文化フォーラムによる韓語教育調査	韓国語教育の量的拡大 20の高校で実施 1998 第1回高校韓国語教師研修会開催 1999 第2回高校韓国語教師研修会開催 1999 高等学校韓国朝鮮語教育ネットワーク（全国連合）の設立
2000年代	2002 放送大学における韓国語講座の開設 大学入試センター試験の外国語科目への韓国語導入 国際文化フォーラム（2005:4）調査韓国語学習者推定 1995年 16,988人→ 2003年 85,000人（約5倍の増加） 2005 NHK ハングル講座のテキストの発行部数がテレビ用テキスト22万部、ラジオ用テキスト10万部に達する	2000 関東国際高校に高校初・唯一の韓国語コース開設 2001～2003 天理大学朝鮮語科教員免許取得講座、神田外語大学韓国語特別講座開講（第1期） 第1回高等学校韓国朝鮮語教育ネットワーク全国研修会開催（3日、大阪） 2003 韓国文化院の主催「話してみよう! 韓国語」（初級学習者対象スピーチ大会）の開催開始 2003『好きやねんハングル』試用版発行 2006～2008 天理大学朝鮮語科教員免許取得講座、神田外語大学韓国語特別講座開講（第2期）
2010年代	大学入学センター試験の韓国語受験者数[36] 2011年度 163人 2012年度 151人 2013年度 180人 2014年度 161人 2015年度 143人 2016年度 174人 2017年度 185人 2018年度 146人	2012 国際文化フォーラムによる『外国語学習のめやす—高等学校の中国語教育と韓国語教育からの提言—』の発表 2014 日本言語政策学会の中の JALP 多言語教育推進研究会が文科省に対し、高等学校における複数外国語必修化に向けた提言書と提言具体化のための学習指導要領案を提出

4.1.2 中等教育における韓国語教育の歴史

　中学校における韓国語教育は私立の中高一貫校や一部の公立校において実施されているが、数が少なく公式的な統計データは発表されていない。そのためここでは高校における韓国語教育の歴史についてまとめる。高校における韓国語の学習者数は、文部科学省初等中等教育局国際教育課が2017年に発表した「平成27年度高等学校等における国際交流等の状況について（2016年5月1日現在）」によると、11,137人（韓国・朝鮮語の開設校328校）となっている。この数は前回調査（平成25年度）の11,210人（開設校333校）より微減となっているが、ほぼ横ばいの数字であると言える（表2-5）。現在、

英語以外の外国語を開設している高校等の数は 647 校であり、最も履修者が多い言語は中国語（17,219 人）で、韓国・朝鮮語の履修者はその次に多い。とは言え、この数は隣国の韓国で数十万人という高校生が日本語を学んでいる状況とは比較にもならないほど小さいものである。この違いは端的に言って、高校の外国語教育の中に第二外国語教育が制度として位置づけられているかどうかの違いから生まれていると言える。

表 2-5　日本の高校における韓国語学習者数の変化 [37]

調査年	平成 23 年 (2011)	平成 25 年 (2013)	平成 27 年 (2015)
韓国・朝鮮語の履修者数	11,441 人	11,210 人	11,137 人
英語以外の外国語履修者数	49,328 人	48,129 人	44,539 人

　韓国と違い、日本の高校では国の学習指導要領で英語以外の外国語のシラバスは明確に提示されていない。高校の学習指導要領において英語以外の外国語は第 2 章の第 8 節　外国語、第 2 款　各科目の中の「第 8　その他の外国語に関する科目」に相当し、第一外国語として英語以外の外国語を選択する場合の基準が定められている。日本の高校では第一外国語として英語以外の外国語を設定することは可能だが [38]、英語以外の具体的な言語の名称は学習指導要領には挙げられておらず、その言語の目標および内容についても、英語の各科目の目標および内容などに準じて行うものとされているだけで、英語以外の外国語の実質的な学習指導要領はない。つまり、日本の高校の学習指導要領において第二外国語は存在しない科目であり、そのため学習指導要領も存在していない。しかし、このような中でも前述したように高校において韓国語の授業は実施されており、ある一定の学習者数がいる。また、外国語科目の枠内だけでなく、他の教科の一部に導入したり、学校行事と関連づけた授業が行われたりする例もある（国際文化フォーラム 2003）。
　第二外国語教育が制度化されていない日本の高校において、現行の学習指導要領の枠組みの中で韓国語を実施する方法として、山下（2016：205）は次の 2 つを挙げている。1 つは「総合的な学習の時間」（3 年間で 3 単位以上）内で一定の時間数を割り当てる方法であり、もう 1 つは英語に準じるとされる「その他の外国語」を教科「外国語」内の学校設定科目とし、学校ごとに教育委員会に届けて実施する方法である。学校設定科目とは、学校の裁量で

独自に設置できる科目のことである。この学校設定科目を利用して、外国語という教科において、英語か韓国語が選択できるようにして韓国語を第一外国語扱いにし、必履修科目として位置づけるというケースもあれば[39]、外国語の必履修科目を英語とし、さらに韓国語を選択履修科目として設定するケースもある。この場合、第一外国語が「英語」、第二外国語が「韓国語」という扱いになる。

　水口・長谷川（2016：174）は韓国語も含め、英語以外の外国語が高校の授業に導入される経緯についてまとめているが、大きく分けて3つの経緯が挙げられている。1つ目として「学校が所在する地域の特徴（多文化共生や国際化政策）との連動」、2つ目として「選択科目が多数用意されている総合学科や単位制の学校の誕生」、3つ目として「学校の設置者の意思、多言語教育を推進したいという、個々の教師の熱い思い」である。1つ目の「学校が所在する地域の特徴（多文化共生や国際化政策）との連動」としては、後述する第3章第2節のパク先生、第3章第4節第2項の清水先生の勤務する学校の事例が当てはまる。パク先生は在日コリアンが多く居住する関西地区の高校で韓国語を教えている。この地域は人権教育としての韓国語教育が生まれ、発展してきた地域である。清水先生は東北地方A県に新設された国際関係の学科で韓国語を教えているが、この新設学科は国際的な学科の特色を打ち出すために、中国語、韓国語、ロシア語を選択必修科目に設定している。また、2つ目の「選択科目が多数用意されている総合学科や単位制の学校の誕生」の事例としては第4章第4節の田村先生が勤務する学校の事例が当てはまる。3つ目の「学校の設置者の意思など。多言語教育を推進したいという、個々の教師の熱い思い」を経緯とする事例としては、第3章第4節第1項の川野先生の事例が当てはまる。川野先生は周囲の教員を説得し、所属していた県内の公立高校の普通科のカリキュラムに韓国語の授業を開設した。詳しくはそれぞれのライフストーリーを参照されたい。

　民族学校を除き、戦後1970年代に「朝鮮語」授業を開設した学校は兵庫県立湊川高校（定時制）、広島電機大学附属高校（現広島国際学院高校）で、1982年には関東でも東京都立南葛飾高校（定時制）で開始された。これらの地域でこの時期に開設された背景としては、在日コリアン差別に対する教育、人権教育としての韓国語教育という目的があった[40]。

　韓国語の学習指導要領もなく、高校生用の教材もない状況の中で、各教育

現場で孤軍奮闘していた教師たちがつながりを持ち始めたのは1990年代の後半のことである。高校で韓国語を教える教師たちのネットワーク、「高等学校韓国朝鮮語教育ネットワーク」が1999年に発足した。韓国文化院と国際文化フォーラムの共催による「第二回韓国語教師研修会(1998.8)」の会期中にネットワークが立ちあがり、以降関東以北を中心とした東ブロック、関西を中心とした西ブロック、九州を中心とした南ブロックの3つの地域に分かれ、活動が開始されている[41]。韓国語教育を定着、発展させるためには「魅力ある授業づくり」が必要であるという考えから、共同のプロジェクトとして「教科書作り」、「学習のめやす」プロジェクトなどが立ちあがり、会員が中心となってプロジェクトが行われてきた。2004年に出版された『好きやねんハングルⅠ』(白帝社)、2009年に改訂版として出版された『新 好きやねんハングルⅠ』、2012年に出版された『好きやねんハングルⅡ』はこうした会員たちの手によって開発、執筆された初めての高校生向け韓国語教科書である(図2-2)。

図2-2 高校生のために作成された韓国朝鮮語教科書『好きやねんハングル』(白帝社)

　高校の韓国語教育に携わる教師たちの活動を支援している存在の1つとして、国際文化フォーラムが挙げられる。「隣語―Ringo―」という言葉をキーワードに、事業の1つとして日本における韓国語教育、中国語教育の普及と推進のための事業を展開している。韓国語教育の実態を明らかにするための全国的な調査も行っており、1997年から1998年にかけての全国調査の結果を1999年に、また、2005年には高校、大学も含めた韓国語教育の現状の報

告を発表している。

　国際文化フォーラムにおける近年の注目すべき事業として挙げられるの
が、『外国語学習のめやす―高等学校の中国語と韓国語教育からの提言―』(以
下、『外国語学習のめやす』とする)の発表である。これは実質的に公的な
学習指導要領がない高校の韓国語や中国語の教育現場で活用できる授業設計
の目安を策定するべく作られたものだが、『外国語学習のめやす』の試行版[42]
の作成段階から、高校の現場教師が開発チームに加わり、大学教員とともに
共同で作業が行われた。「隣語」教育を推進する立場から、この『外国語学
習のめやす』には「隣人・隣国のことばを学ぶ意義」について書かれた部分
がある。その部分を引用する。

> 　中国語・韓国語は日本人にとって隣人・隣国のことば「隣語（りんご）」
> です。隣語を学ぶことは、自己を再発見し、隣人との対話を深め、東ア
> ジア地域の協調・協働関係の実現につながります。
>
> (国際文化フォーラム 2013：13)

　さらにこのページでは中国語や韓国語といった隣語が「日本と密接な関係
にある隣国のことば」、「東アジア地域の協調関係を築くことば」、「日本国内
の多文化共生を築くことば」、「日本語、日本、日本人を映しだすことば」で
あると説明され、そうした言語を学ぶことの必要性について言及されている。
　学校教育における英語以外の外国語教育が制度化されていない中、韓国語
教育においては、その意義や理念をまず教育に従事する韓国語教師たちが認
識し、広く発信していくということも重要だと考えられている。例えば近
年、李貞榮ほか（2015）のように、日本における韓国語教育の先駆け的な存
在である定時制高校の教師、生徒たちの取り組みや教師たちの教育にかける
思いなどがまとめられた論集が刊行されている。また、2016年11月に開催
された高等学校韓国朝鮮語教育ネットワークの全国研修では、開催地の広島
の高校で韓国語を学んでいる3名の現役高校生を招き、韓国語の学びが自身
にとってどのような意味をもたらしているかについて発表を聞く機会が設け
られたり、高校で韓国語を学び、大学でも学び続けて教員免許を取得後、高
校生に韓国語を教えた経験を持つ教師への聞き取り内容を聞く機会が設けら
れたりしている。「なぜ高校生たちに韓国語を教えるのか」という問いを常

に胸にしていなければならない日本の高校の韓国語教育の現状がこうした取り組みからもうかがえる。

4.2　日本の中等教育で教える韓国語教師の任用と研修機会

　国際文化フォーラム（2013：16）によると、韓国語教育に携わる教師の数は約 300 人と推定されるという。長谷川（2013）は高校における英語以外の外国語教育の実情について全国調査を行いその結果について報告しているが、韓国語開設校からの回答は 29 件あり、担当者の母語は半数以上が韓国語あるいは日本語と韓国語のバイリンガルであったという[43]。また、英語以外の外国語全てにおける結果であるが、教諭以外のいわゆる時間講師が担当する割合が全体の半数以上を占めていること、また、教諭の場合も英語以外の教員免許状のみ所持しているケースは稀で、ほとんどが英語、国語、社会の免許状を合わせて所持しているという結果を報告している。このことについて長谷川（2013：118）は、「英語以外の免許状だけを所持しても教諭として採用されることはほとんどなく、現職教諭のほとんどが他の科目で採用されていることの表れ」、「当該言語の免許のみの所持者はそもそも非常勤職に甘んじざるを得なかった」と分析している。この分析は英語以外の外国語教育の実情調査全体の結果について述べたものであるが、韓国語の科目においても同様の傾向があるものと推測される。この調査の結果からも韓国語担当の教師の身分としては時間講師などの非常勤講師が多いことが推測される。

　韓国語の場合、教職課程のある大学の数が極端に少ないということも指摘されている（水口・長谷川 2016:184）。文部科学省のウェブサイト[44]によると、2017 年現在、韓国語の一種免許状（大学卒業程度）が取得できる学校は 6 校、専修免許状（大学院修士課程修了程度）が取得できる学校が 7 校となっている。高校で英語以外の外国語を実施している学校の中で、韓国語を実施している学校は中国語に次いで 2 番目に多い状況であるが、中国語の一種免許状が取得できる大学が 49、専修免許状を取得できる大学が 43、さらに通信課程で一種免許状や専修免許状を取得できる大学があることと比べると、この数が非常に少ないということが分かる[45]。こうした状況もあり、実際には教員免許を持たずに韓国語を教えているケースも多い[46]。こうした教員免許問題を解決するための方策として、2000 年代には韓国語教師のネットワーク、それを支援する国際文化フォーラムが働きかけて天理大学、神田外語大学に

おいて韓国語の教員免許取得のための研修[47]が行われ、通算112名の受講生が参加した（小栗2011：179）。このような状況下、高校における韓国語の教育の活性化のためには、通信制の教職課程の設置や認定講習、科目等履修生特別講座の開講を通じて他教科の免許を持つ現職教員で韓国語の素養のある人が、広く免許を取得できるようにすることが現実的だと指摘されている（水口・長谷川2016：185）。こうした韓国語の教員不足の問題は、現場の教師によってもその窮状と対策の必要性がメディアを通して訴えられている。2017年10月28日の朝日新聞朝刊には都立高校の時間講師である武井一氏による論考が掲載されており、韓国語が学べる都立高校は現在約20あるが、その担当のほとんどが時間講師に任せられ、4名の教師が掛け持ちで教えている状況を報告している。韓国語の教員免許を持つ教師が定年退職や転職をしたのに補充が進まないのが理由であるという。この危機的な状況を踏まえ、生徒の学びの機会を失わせないためにも、臨時免許状や特別免許状制度などを積極的に活用し、正式な教員免許がなくとも教えられる制度を構築することが喫緊の課題だと主張している。

　高校で当該外国語の免許を持ち教壇に立っている教諭は前述の通りほぼ他の科目で採用されており、他の科目との兼任で韓国語を教えている。その理由は、韓国語は学校設定科目で担当時間数が少なく、原則として韓国語だけを教える教諭を採用することは難しいからである[48]。

　高校で教える韓国語教師を対象とした教師研修は、高等学校韓国朝鮮語教育ネットワークが主催する年1回の研修の他、国際文化フォーラム主催の高等学校韓国語中国語教師研修[49]、ソウル大学言語教育院の教師研修プログラム[50]、駐日韓国文化院世宗学堂主催で開催される韓国語教師研修[51]、各地域にある韓国教育院が主催する韓国語教師研修[52]などがある。地域によっても異なるが韓国語教師の数が多くないことから教師研修の機会は非常に少なく[53]、地方で教えている教師たちがそのような研修機会に参加することは経済的な負担を伴い、決して易しくはない。韓国語を教える教師同士が交流を持つことも自ら主体的に動かない限りは、教師同士の交流も難しい。韓国語に限らないが、英語以外の外国語を教える教師たちは現場で孤軍奮闘している場合が多いことがうかがえる（水口・長谷川2016：185）。

　本節では日本における韓国語教育を概観し、中等教育段階における韓国語教育の歴史や教員養成、任用、研修の機会などについて整理した。韓国の中

等日本語教育の現場も厳しい状況に置かれているということは前節において既に述べたが、日本の大学ではそもそも韓国語の教員免許を取得することが難しく、実際に当該外国語の教諭として任用されるチャンスも非常に少ない。多くは非常勤講師という立場で教えている。隣国の言語を教える上での制度面での厳しさは韓国以上であると言える。

4.3　非常勤講師が多く教える韓国語の教育現場

　学校設定科目として設置され、実質的な学習指導要領もなく、高校生向けの教科書などの教材もほとんどない教育環境において、その教育の内容はほぼ、教師たちの裁量に任せられている。しかしながら前述した通り、日本の高校の英語以外の外国語は正規に採用された教諭が教えているケースは少なく、教員免許を持っていても時間講師として教えていたり、教員免許を持っていない社会人講師（ネイティヴを含む）がティーム・ティーチングなどの形で教えていたりするケースが多い。本書では第3章、第4章において韓国語の教員免許を持つ教諭として韓国語を教えた経験を持つ教師たちのライフストーリーを考察しているが、時間講師などの非常勤講師が担当する学校が現実的には多いことに鑑み、ここではそうした学校の1つの事例を紹介したい。

【事例　宮城県立S高校「ハングル」クラス】
　宮城県立S高校は創立から10年近く経つ新しい単位制の高校である（2018年現在）。初代の校長先生への聞き取りによると、「ハングル」の授業設置の経緯や当初の問題点は以下のようなことであった。

①「どんな科目を高校でやったら受講したいですか」というアンケートを地域住民に実施した。「ハングル」が5位以内に入った。
②地域の人と一緒にいろいろなことを学ぼうという学校のコンセプトとニーズが一致し、特に反対なく「ハングル」と中国語を開設した。
③問題は担当教員を探すことだった。地域に住む韓国人主婦にお願いし、大人気となったが家庭の問題からかある日突然来なくなってしまった。その後は教育委員会に相談して、近隣の大学の韓国人留学生に講師として来てもらうようになった。

筆者は 2016 年 10 月から 2017 年 1 月にかけて S 高校の「ハングル」クラスを参与観察した。S 高校は少子化、高齢化の進む東北の一地域において新たな高校として根差していくためには社会人との学びあいが大切であるとして、社会人の科目履修生を多く受け入れている。「ハングル」クラスの学生は高校生 5 人、社会人の科目等履修生が 2 人である。教員免許を持たず特別非常勤講師の資格で教えるネイティヴ講師、カン先生（仮名、50 代）が担当するクラスでは、ティーム・ティーチングとして他科目の教諭が 1 人教室に入り、学生とともに韓国語の授業に参加する形態がとられていた。

　教室の前列にはいつも社会人科目等履修生の 2 人が座っている。社会人科目等履修生は韓国に友人がいたり、地域に住む韓国人主婦との交流があったり、韓国のアーティストが好きだったりと、それぞれ韓国に関心を持つ人々で熱心に授業に参加しており、授業中の質問も活発である。

　カン先生は S 高校で「ハングル」を担当するようになって 5 年になる。調査時において、大学院生をしながら複数の大学で韓国語を教えていた。高校での教育は S 高校だけである。来日して 16 年、当初は日本語をビジネスの目的で学び始めたが、大学に進学し、大学院の博士課程にまで進んだ。その研究経歴とともに、韓国語の教育歴も積み重ねてきた。大学生の頃から専門学校で韓国語を教え始め、S 高校での教育は大学院の先輩のつながりで引き継ぎ、教えることになったという。

　カン先生の授業では一般の書店でも販売されている初級学習者用韓国語教科書を使用している。カン先生への聞き取りによると、1 年勉強しても教科書の 3 課まで行くか行かないかだという。生徒の理解度や学習スタイルに合わせて何度も同じ内容を繰り返しながらゆっくり進めるようにしているとのことだった。授業で使用している主な言語は日本語で、韓国語は教科書に出てくる単語や例文を発音したり板書したりする際に使う程度である。韓国文化と日本文化の違いを生徒たちに伝えたいという思いから、授業の随所でカン先生が感じる日韓の文化の違いを生徒たちに伝えている。

　カン先生に授業についてどんなことで悩むかと尋ねると、「文化の授業を求められているのか、韓国語の授業を求められているのか、悩みます」という答えがあった（2016 年 12 月 21 日フィールドノーツ）。学校からは子どもたちに興味を持ってもらえる授業をしてほしいという要望をもらっている。それは韓国の文化についてということだと理解している。言語というのはも

ちろん文化なので、韓国語を教えることで韓国文化も見えてくると思うが、そのようなことで悩むこともあるとのことだった。しかしながらそういった授業での悩みを語り、共有するような韓国語教育の仲間は特にいないと語った。普段教えているのは大学であり、高校での韓国語教育について情報交換するような機会はほとんどない。カン先生の授業の背後にはカン先生自身の教育観とともに、こうした非常勤講師という立場ゆえの孤立や授業運営の難しさがあるように思われた。

　大学院を修了した後は、日本で大学教員として働きたいと語ったカン先生だが、それが叶わなければ国へ帰らなければならない状況である。カン先生は非常勤講師という不安定な職ではなく、安定した立場で教えたいと切実な思いを抱いていた。また、東日本大震災以降、特に東北地方では韓国人留学生の数が減っているため、複数の学校で教えているカン先生がもし国へ帰ることになった場合、引き継いでくれる後輩がいないという深刻な状況にもあるという（2017年6月14日フィールドノーツ）。

　こうした事例からは、韓国語のクラスが地域に開かれた多様な学びの機会の提供の1つとして位置づけられ、韓国語を学びたいという学生が教室に集まりながらも、特に地方においては正規の教諭として担当できる教師が非常に少なく、教師自身も不安定で困難な状況に置かれながら孤軍奮闘せざるを得ない状況にあるという課題が浮かび上がってくる。こうした状況を変えるのは非常勤講師という立場では難しく、また、教師個人の力でできることには限界があると考えられる。次節では、日韓の教師たちが置かれている教育現場の背景を整理した上で、韓国の日本語教師、日本の韓国語教師たちのネットワークがマクロなレベルにおいて現在の状況を変えようと働きかける政策提言の動きを見ていきたい。

5.　日韓の教育制度と教師ネットワークの協働

5.1　日韓の教師が置かれている教育現場の背景比較

　ここまで述べてきた韓国の日本語教育、日本の韓国語教育の中等教育段階における制度やそれに付随する教育現場の背景を比較する形で簡略にまとめると表2-6のようになる。

表2-6　日韓の言語教師の教育現場の背景比較

比較の観点	韓国：高校の日本語教育	日本：高校の韓国語教育
第二外国語教育の制度	ある。 （教育課程において「日本語」のシラバスがある。第二外国語の選択科目として位置づけられている。）	ない。 （学習指導要領において「韓国語」のシラバスがない。「学校設定科目」として英語以外の外国語科目の設置は可能。）
高校での教育開始	1973年に高校の第二外国語科目が必修化、日本語の教育課程への正式編入。	1973年に兵庫県立湊川高校で初めて「朝鮮語」授業が開設される。
学習者数	348,414人（2015年調査） 2010年以降、日本語の学習者数は大幅な減少傾向にある。	11,137人（2015年調査）
学習指導要領／教育課程	教育課程において日本語のシラバスが提示されている。中学校の「生活日本語」、高校の「日本語Ⅰ」、「日本語Ⅱ」、「日本語会話」などのシラバスがある。	外国語の学習指導要領は実質的に英語だけのものであり、他の外国語は英語に準じるとされている。韓国語独自の学習指導要領はない。
教科書	教育課程に基づいて、検定教科書が作成される。大学の教授だけでなく中学校や高校の日本語教師も執筆メンバーに加わることが多い。	学習指導要領がないため、検定教科書も存在しない。高校生を対象とした唯一の教科書としては現場の教師たちが作成し、出版した教科書『好きやねんハングル』シリーズがある。
大学受験との関係	大学受験の科目として必要性が高いかどうかは日本語の選択者数や生徒の学習意欲に大きく関わる要素となっている。現在の修学能力試験において、第二外国語は重要な科目との認識があまりされていない。 大学修学能力試験日本語受験者数5,874人（2018年度）	センター試験の外国語の科目の1つとして韓国語を選択することは可能であるが、受験層は非常に限られている。高校で初めて韓国語を学んだ学習者に向けた試験の内容とはなっていないとの指摘も長年されてきた。ゆえに、韓国語＝大学受験と直結する科目という認識はほとんどされていない。 センター試験韓国語受験者数146人（2018年度）
職業としての安定性	「日本語」の正規の教員としての採用がある。しかし近年は少子化の影響などを受け日本語教師の採用が減り、巡回講師や、複数専攻資格の教師も増えている。	大阪府を除き、韓国語の教員採用試験は実施されていない。正式な教員免許を持って教える教員も兼任や時間講師、市民講師などの非常勤講師の形で教えているケースが多い。
教員養成	2018年現在、日本語教育学科を持つ大学が全国に6校[54]ある。これらの教員養成大学の他、日語日文学科など日本語に関連する学科を持つ大学において、日本語学、教育学を主専攻とする者が教育学、日本語学を副専攻とすることにより日本語教員資格を得ることができる。	2017年現在、韓国語の一種免許状（大学卒業程度）が取得できる学校は6校[55]である。教育現場では教員免許を持たず、臨時教員免許により教壇に立つケースや市民講師として、教諭とのティーム・ティーチングの形で韓国語を教えているケースも多い。
ネイティヴ教師の雇用	済州特別自治道、全羅南道、大邱広域市、江原道春川市が独自に自治体で複数の日本語ネイティヴ教師を雇用したり、外国語高校や私立の学校において日本語ネイティヴ教師を雇用したりする例が見られる。	時間講師、社会人講師として韓国語ネイティヴの教師が教壇に立つケースは多い。その他、JETプログラムにより、全国の学校で韓国語を教えている韓国出身者がいる（2017年7月現在、2名）。

教師ネットワーク	全国レベルの中等日本語教師の研究会として、韓国日本語教育研究会がある。（2003年〜）	全国レベルの研究会として高等学校韓国朝鮮語教育ネットワークがある。（1999年〜）
教師研修	日本語教師一級正教師研修の他、国際交流基金による日本語教師研修、訪日研修などの機会がある。韓国日本語教育研究会では年に1回（8月）の全国研修が実施されている。	高等学校韓国朝鮮語教育ネットワークによる全国研修（11月）がある。韓国文化院や国際文化フォーラムによる教師研修が行われることもあるが、高校の教師に対象を絞るものは少ない。

　韓国の日本語教育と日本の韓国語教育の現場の背景を比較してみると、第二外国語教育の制度がある韓国とない日本の差が改めて明確になる。1973年、韓国の高校の第二外国語科目に日本語が編入され、日本でもこの年に兵庫県立湊川高校で初めて「朝鮮語」の授業が開設されている。しかし、スタートは同じであっても第二外国語としての日本語／韓国語の位置づけは全く異なるものであった。韓国では人材育成と人格の涵養のために第二外国語教育を重視し、必修選択科目として長く位置づけてきたのに対し、日本では第二外国語教育の制度がなく、英語以外の外国語の科目設置はその地域や個々の学校の判断だけに委ねられてきた。こうした状況において「日本は韓国に大きく水を開けられている」（長谷川2016：116）と言える。しかしながら、韓国の第二外国語教育、日本語教育も困難な状況にあるということは既に述べたとおりである。韓国の第二外国語教育の問題点について長谷川（2016）は「教育現場は大学入試と直結したシステムに呑み込まれ、本来、国家の意図する教育の目的が歪められてしまっている。生徒たちも自分が何を学びたいかを考える前に、大学入試に少しでも有利な道を選択してしまう傾向にあるため、せっかく中学生や高校生が多様な外国語を学べる仕組みがあるにも関わらず、有効に機能せず、過小評価されてしまっている」（p.116）と述べ、韓国の厳しい大学入試が第二外国語教育に及ぼすマイナス面の影響についても指摘している。

5.2　教師たちのネットワークによる政策提言

5.2.1　韓国における「第二外国語教育正常化」のための提言

　5.1で述べたような韓国の第二外国語教育の困難な状況を背景に、「英語以外の外国語教育がなぜ必要か」という教育の目的を教師たちが問い直し、第二外国語教育の意義を訴える動きが生まれている。その母体となっているの

が「第二外国語正常化推進連合」である。

　2003年の発足当初は、第7次教育課程で生じた教員構成と言語履修者数のミスマッチの解消を訴えていた組織であるが（長谷川 2016：115）、2009改訂教育課程の導入以降、第二外国語教育の位置づけが低まり、その訴えの内容は、第二外国語教育を「外国語」の領域に戻し、その意義を訴えることにシフトしてきた。2012年には大統領選挙の時期に「大統領候補者様へ」というタイトルで、第二外国語教育正常化に関する訴えを新聞広告のメディアを通して発信した（図2-3）。記事の冒頭には「グローバル時代において海外依存度が非常に高い韓国は国家間の競争を勝ち抜くために多様な外国語を教えなければなりません。また、学生の素質と権益を保護し、多文化時代に平和的共存と社会統合を達成するためにも様々な国の文化を教育する必要があります。」（拙訳）と書かれている。グローバル時代、多文化時代において英語だけでなく多様な外国語の教育が必要であると訴え、具体的に「第二外国語を生活・教養領域に位置づけた2009改訂教育課程を修正すること」、「第二外国語の性格を大学入試に積極的に反映させる制度への改善[56]」、「集中履修制を廃止すること」、「英語が苦手、英語に興味を持てない学生たちの権益を守り、本人が勉強したい外国語を選択できるようにする」ことを要求として掲げた。

図2-3　第二外国語教育正常化のための教師たちの訴え
ハンギョレ新聞広告（2012年10月11日）

　現在のところ第二外国語教育正常化の訴えが教育課程の改訂としてそのまま取り入れられる動きはないが、英語と第二外国語の格差を埋めるための教師たちの協働的な訴えは継続して行われている。

5.2.2 日本における「高等学校における複数外国語必修化」提言

　日本における英語以外の外国語教育に関する教師ネットワークの新たな動きとしては、2014年2月に日本言語政策学会（JALP）の中のJALP多言語教育推進研究会[57]が文部科学省に向けて「グローバル人材育成のための外国語教育政策に関する提言―高等学校における複数外国語必修化に向けて―」という提言書と提言具体化のための「学習指導要領案」を提出したことが挙げられる。この提言の骨子は、高校において英語だけでなく、第二外国語も必修選択科目とすること、全ての高校生が「英語＋その他一つの外国語」を学べる環境を保障しようというものである[58]。選択科目の中で取り上げる言語はアラビア語、韓国・朝鮮語、スペイン語、中国語、ドイツ語、フランス語、ロシア語（五十音順）の7言語が提案されている。国連公用語の5言語に加えて韓国語とドイツ語が取り上げられているが、その理由として韓国語は古来、日本と深い関係にある地域の言語であるからとされている。

　地域レベルでも英語以外の外国語の教師たちが協働するネットワークの構築が生まれている。2016年には神奈川県多言語教育ネットワークが発足している。神奈川県においてこのようなネットワークが発足した背景には、「英語以外の外国語開設校数が全国平均より高いこと」、「文科省の『外国語教育多様化推進地域事業』に中国語で指定を受け（平成14～19年）、多言語教育に関して全国的に見て先進的な地域であること」、しかしながら「平成27年度からの県立高校改革によって多言語教育を生む土台ともなっていた総合科を大幅になくす動きがあり、これによって諸外国語科目設置校が今後大幅に減少する見通しにあり危機的な状況にあること」があると報告されている山下 2017：159–160）。これまで神奈川県で積み上げてきた多言語教育の成果の継承と発展が喫緊の課題であるとされ、ネットワークが発足されたという。具体的には県立総合教育センターに多言語教育関連の開講の提案をしたり、外国語教育多様化推進事業に参与したりと「外国語＝英語」となっている現状に一石を投じる役割を果たすことが期待されている。

　以上、本章では日韓の教師たちを取り巻くマクロなレベルの社会的、教育的文脈を概観した。次の第3章、第4章においてはこうした文脈の中で隣国の言語を学び、教えてきた教師たち個人のライフストーリーや具体的な教育実践を分析する。

1　この世論調査は 2013 年から毎年実施され、18 歳以上の約 1000 人から回答を得ている。
　　2018 年の調査は 5 月〜6 月にかけて行われた。

2　日韓首脳会談や外相会談も重要な出来事であるが、紙幅の関係上割愛する。詳しくは李錬
　　（2016）と外務省（2016）を参照されたい。

3　2010 年に朝日新聞に連載されたこの「百年の明日　ニッポンとコリア」の記事は、その
　　後 2012 年に彩流社から出版されている（朝日新聞社「百年の明日　ニッポンとコリア」
　　取材班 2012）。「日本語、警戒と好奇心」の記事は同書 151 ページから 155 ページに掲載
　　されている。

4　この記事掲載時点での比較であるが、2009 年の中国への輸出額は 867 億ドルであり、対
　　日輸出額 218 億ドルを大きく上回っていた。外務省アジア大洋州局日韓経済室（2017）
　　によると、韓国にとっての主要貿易相手国は 2017 年現在、第 1 位が中国、第 2 位が米国、
　　第 3 位が日本である。2016 年の中国の貿易総額は約 2114 億ドルで貿易額の約 4 分の 1 を
　　占めている。同年の日韓の貿易総額は 7.74 兆円で 2015 年に比べて 9.7% 減とされている。
　　2017 年現在、日本にとっても韓国は中国、米国に次ぐ第 3 位の貿易相手国である。

5　「韓流」に関しては数多くの本が出版されているが、韓国における日本大衆文化ブーム「日
　　流」と日本における韓国大衆文化ブーム「韓流」の 2 つの相互作用や波及効果を考察した
　　論考にクォン（2010）がある。クォンは日本の「韓流」が韓国の「日流」をさらに加速さ
　　せる要因になったと考察している。

6　これ以前にも 1414 年以来、対日外交の翻訳・通訳業務に携わる司訳院の官職の人々が日
　　本語学習を行っていたが、この時期のものは本格的な日本語教育とは見なされていない（稲
　　葉 1986：137）。

7　この時の改革は「甲午」の年にあたったことから「甲午更張」と呼ばれている。

8　1910 年に朝鮮を植民地化した日本は、翌年「朝鮮教育令（第 1 次）」を発布し、国民性の
　　涵養と国語の普及を目標に掲げた。1922 年にはその朝鮮教育令を改正し、言語別（朝鮮
　　語または日本語）の 2 系統教育を行った。この時点において国語を常用せざる者（普通学
　　校、高等普通学校／女子高等普通学校に通う朝鮮児童学生）に対しては、「朝鮮語」は独
　　立した必修科目であった。1938 年に第 3 次朝鮮教育令が発布され、従来朝鮮人児童にとっ
　　て必修科目（日本人児童にとって随意科目）であった「朝鮮語」は共通して随意科目に統
　　一され、事実上「朝鮮語」は廃止された（宮脇 1998：157）。

9　金賢信（2008：27）によれば、韓国外国語大学に日本語科が設置された背景には、1960
　　年の日韓経済協力を中心とした両国の政策変化や、日本が 4 年後に夏季東京オリンピック

の開催国として決定されたことを契機に両国間の交流が促進されると期待されたことがあるという。韓国初の日本語科を設けた韓国外国語大学で日本語を教えた日本人教師の中には、1967 年から 2 年間韓国に留学した、韓国語学者の梅田博之氏がいる。朝日新聞社「百年の明日　ニッポンとコリア」取材班（2012）には韓国外国語大学在学中、梅田氏の下で日本語を学び、その後日本に留学、1981 年に帰国して韓国外国語大学日本語科の教員となった韓美卿氏との交流と人材育成の歴史が「留学、先駆者の歩み」（pp.313–315）にまとめられている。

10 韓国教育課程評価院の 2011 年度〜 2018 年度修学能力試験採点結果報道資料による。

11 国際交流基金（2016）による。

12 日本の大学には韓国語が外国語選択科目に入っていないということが日本語除外の主な理由だと考えられている。

13 1983 年に日本の第二次中曽根内閣が「留学生受け入れ 10 万人計画」を発表した時期にはいわゆる「日本語ブーム」が起こり、高校や大学以外にも民間の教育機関や企業内の日本語講座、テレビやラジオでの教育放送なども日本語講座を行うようになった（磐村 2007：24）。

14 韓国の大学では大学ごとの筆記試験がなく、私立大学の志願者もこの大学入学学力考査を受ける。この考査の科目の中に外国語があり、当初、外国語は英語、ドイツ語、日本語など 6 科目の中から 1 科目選択で、日本語は英語に次いで選択者が多かった（生越 1991：52）。

15 한국교육개발원（2014：83）によると、2011 年から 2013 年の統計において外国語科の科目別選択学校の比率は「日本語Ⅰ」が 78.6％、「日本語Ⅱ」が 24.7％、次いで「中国語Ⅰ」が 50.2％、「中国語Ⅱ」が 17.5％ となっている。他の外国語科目と比較し日本語と中国語の「Ⅱ」の履修者数比率が高いが、2011 年以降は毎年選択者が減少傾向にあると報告されている。

16 国際交流基金日本語教育機関調査 2009、2012、2015 年度の結果に基づき筆者が表を作成した。

17 独学者は含まれていない。

18 金義泳（2012a）は韓国の高校日本語教科書の日本観について分析しているが、第 5 次教育課程期までの教科書には日本関連記述が少なく、韓国関連記述が多いことを明らかにしている。さらに、日本関連記述の多くは韓国から文化を伝授された国、韓国を侵略した国としての日本に関するもので、否定的な記述が多かったとしている。

19 しかしそこで重視されているのは韓国に来る日本人や外国人に対して韓国文化を紹介する

という一方的な理解であったと指摘されている（金賢信 2008：345）。

20 第6次教育課程より、各外国語は「外国語Ⅰ」と「外国語Ⅱ」に分けられた。よって日本語科目も「日本語Ⅰ」と「日本語Ⅱ」に分けられている。

21 各領域の必修単位は次のようになっている。国語、数学、英語の基礎領域は一般高校の場合は各10単位で30単位。社会と理科の探究領域も各10単位で20単位。体育・芸術領域も各10単位で20単位。第二外国語が含まれる生活・教養領域は全体で16単位であり、それを技術・家庭、第二外国語、漢文、教養の中から選択する。

22 国際交流基金　日本語教育国・地域別情報（韓国）2017年版による。なお、ソウル市教育庁では第二外国語教育支援として、ネイティヴ補助教師の派遣事業を行っているが、2016年現在、派遣されているネイティヴ教師は中国語、ドイツ語、フランス語のみである。特に中国語のネイティヴ補助教師の派遣は2012年以降10名から行われ、2016年現在60名と、その規模が拡大している。その一方でソウル市内の中学校、高校を対象とした日本語のネイティヴ補助教師の派遣は行われていない（ソウル特別市教育庁中等教育課「2016ソウル第2外国語教育充実化推進計画」による）。

23 主な現職者研修としては、副専攻科目研修、ソウル日本語教育研究会主催研修、教育庁主催研修、国際交流基金ソウル日本文化センター研修、国際交流基金日本語国際センター大韓民国中等教育日本語教師研修などがある。

24 教育庁等の認定を受けずに行われ、学点が与えられない研修は「自律研修」と呼ばれる。

25 2009改訂教育課程施行後の高校の日本語教育の実態調査を行った송만익・이수철（2013）は、調査に回答した258校の学校のうち、2009改訂教育課程の施行後に日本語科目の学級が増加したのは26校（11%）、変動なしが120校（50%）、減少が92校（39%）で、減少が増加の約4倍にのぼり、日本語教育の衰退が見られると分析している。

26 職業系の高校や英才教育の科学高校や外国語高校など。

27 商業高校や工業高校。

28 日本の教育長に相当する教育監が指定する高校。

29 国際交流基金　日本語教育国・地域別情報（韓国）2017年度版によると、2016年には数年ぶりに9名の新規日本語教員が採用され、久しぶりの明るいニュースとなった。

30 在日本大韓民国民団の略称。

31 在日本朝鮮人総聯合会の略称。

32 民族学校における韓国語教育に関する報告としては、韓国系民族学校の事例を報告した前田真彦（2005）や朝鮮学校の事例を報告した申昌洙（2005）などがある。

33 1945年9月に国語教習所として出発し、1948年のGHQと日本政府の民族学校弾圧に対

第2章　隣国の言語を教える教師たちの背後にある社会的、教育的文脈　　105

する「阪神教育闘争」を経て、1953 年以降次々と認可されるようになったとされる（野
間・中島 2007：75）。

34　1984 年から NHK 教育テレビジョンとラジオ第二放送で 24 年間放送された。2008 年より、
　　テレビ講座は「テレビでハングル講座」、ラジオは「まいにちハングル講座」にタイトル
　　が変更されている。1984 年の講座開設当時、講座の呼称をめぐっては議論があったとさ
　　れる。もともと「朝鮮語」という名称は朝鮮半島という地域で話される言葉という意味で
　　北朝鮮と韓国の言葉を意味しているが、韓国の人々は自分たちの言葉を「韓国語」と呼ん
　　でいる。他の語学講座のような「○○語講座」ではなく、「ハングル」という文字の名称
　　を用いて「ハングル講座」と名づけられたのは、朝鮮半島が 2 つの国に分断され、対立し
　　ているという背景があるとされる（朝日新聞社「百年の明日　ニッポンとコリア」取材班
　　2012：164）。

35　韓国語の受験者は帰国子女や韓国語ネイティヴなどかなり高い韓国語能力を有する者が想
　　定されており、問題が非常に難しいという批判が長年されており、その対策が課題となっ
　　ている（大学入試センター試験問題評価委員会報告書平成 24 年度（本試験）による）。

36　大学入試センター 2011 年度〜 2018 年度試験問題評価委員会報告書による。

37　文部科学省初等中等教育局国際教育課「高等学校等における国際交流等の状況について」
　　（平成 23 年度、平成 25 年度、平成 27 年度）に基づき表を作成した。

38　例えば、大阪府立今宮工科高校（定時制）では、1978 年の「朝鮮語」の導入以来、外国
　　語科目は英語か「朝鮮語」のいずれかを必履修としており、「朝鮮語」は第一外国語の位
　　置づけである。韓国語の他にも、私立のカリタス女子中学高校や暁星高校のように、第一
　　外国語として英語かフランス語を選択することが可能となっている学校がある。第一外
　　国語として英語以外の外国語を設置する場合、「学校設定科目」としての科目設置となる。
　　なお、学習指導要領（平成 30 年度告示）においては、「英語以外の外国語を履修する場合は、
　　学校設定科目として設ける 1 科目とし、その標準単位数は 3 単位とする」とされている。

39　2017 年現在、韓国語を第一外国語として設置している学校は、大阪府立今宮工科高校（定
　　時制）など、人権教育としての韓国語教育の歴史が長い大阪に複数ある他、韓国との接点
　　が多い長崎県対馬の長崎県立対馬高校の国際文化交流コースや私立関東国際高校の外国語
　　学科の近隣語各語コースの韓国語コースのように、英語と韓国語をほぼ同じ時間数履修す
　　ることができる学校がある。

40　定時制高校における韓国語教育の歩みや現在の教育実践については、李貞榮ほか（2015）
　　が詳しい。また、高等学校韓国朝鮮語教育ネットワークの WEB ページ（http://home.
　　a08.itscom.net/jakehs/）内の「会員の論文・著作」のコーナーにも現場教員が執筆した

106

高校における韓国語教育の歴史や意義について触れた論考が複数紹介されている。

41 結成当初は、東日本ブロック、西日本ブロック、南日本ブロックという名称であった。

42 『高等学校の中国語と韓国朝鮮語：学習のめやす（試行版）』は、文部科学省の「学力向上拠点形成事業」の一環である「わかる授業実現のための教員の教科指導力向上プログラム」（2005～2006 年度）の委嘱事業として進められた「高等学校における中国語と韓国朝鮮語の目標・内容・方法に関する研究」の成果物として公表されたものである。

43 JET プログラム（語学指導等を行う外国青年招致事業）により、全国の学校で韓国語を教えている韓国出身者の ALT は 2017 年 7 月 1 日現在、2 名となっている（JET プログラム参加国情報による）。

44 文部科学省初等中等教育局教職員課「中学校・高等学校教員（その他の言語）の免許資格を取得することのできる大学（平成 29 年 4 月 1 日現在）」による。

45 佛教大学（京都府・私立）は通信課程で中国語の教員免許を取得することができる。一方、韓国語の場合は通信課程を持つ大学がなく、在職しながら新たな科目の教員免許を取得することが困難になっている。

46 臨時の教員免許（助教諭免許）が発給されて教壇に立つ場合もあるが、発効要件は各自治体の教育委員会によって異なる。市民講師の形で教壇に立つ場合には、専任の教諭とのティーム・ティーチングの形をとり、その場合の講師はあくまでも「補助をする」講師としての位置づけとなる。

47 高校における中国語の教師の需要も増えていた時期であり、中国語の教員免許取得の研修も同時に行われた。中国語の教員免許取得のための研修は、大阪外国語大学（現大阪大学）と神田外語大学で実施された（水口・長谷川 2016：185）。

48 2018 年現在、全国の公立学校の教員採用試験で韓国・朝鮮語担当教員を採用しているのは大阪府のみとなっているが毎年募集があるわけではない。

49 開催時期は定期的ではない。

50 2002 年〜 2005 年に開催（小栗 2011：180）。

51 研修対象は高校の教員に限らず、民間の講座、大学の講師なども含まれている。

52 例えば兵庫県では 2018 年現在、26 の高校で韓国語の授業を選択することができるが、そのような学校で教える韓国語教師を対象に毎年 8 月に研修会を行っている（神戸韓国教育院 WEB ページによる）。

53 教師研修には、教科（韓国語）の研修以外にも、教員としての研修があるが、後者の研修は正規の教諭でなければ受けることができないため、時間講師などの立場で教える教員はそうしたブラッシュアップの機会を持つことも困難である。

54 建国大学、仁川大学、慶南大学、慶尚大学、新羅大学、円光大学の6校。

55 目白大学、大阪大学、熊本学園大学、福岡大学（以上、中高の教員免許）、神田外語大学、天理大学（以上、高校の教員免許）の6校。

56 この後、2017年に大統領に就任した文在寅大統領の政権下では、修学能力試験において第二外国語を試験科目から外すことが検討されたが、外国語教育関係者が結束してこれに反対し、数回にわたる討論会、公聴会の後、「第二外国語は存続、絶対評価に変更」で決着がついたという（国際交流基金　日本語教育国・地域別情報（韓国）2017年度版）。

57 このJALP多言語教育推進研究会のメンバーの中には大学の教師だけでなく高校教員も含まれている。

58 提言書では現行の学習指導要領の枠組みを変更して、複数外国語教育を強化することを提言している。その方法として、次の2つが挙げられている。(1) 学習指導要領に「その他の外国語」を教科「外国語」のなかの新しい科目群として挿入し、学校設定科目としての手続きを経ることなく、選択科目としての複数外国語の学習を可能とする。(2)(1) と同様に「その他の外国語」を教科「外国語」の科目として設定したうえで、それを教科「外国語」の必履修科目とし、全ての高校生に複数外国語の学習の機会を保障する（山下2016：205）。

第3章

隣国の言語を教える教師たちのライフストーリー

1. 調査協力者と筆者との関係性

　本章では、日本と韓国の高校において隣国の言語を教えた経験のある言語教師5名のライフストーリーから、日本語または韓国語を学び、教える意味づけや価値づけ、教育観の形成プロセスを探る。

　第2章において韓国における日本語教育と日本における韓国語教育の歴史を概観したが、この5名の教師たちは1998年10月に日本と韓国の政府間で発表された「日韓共同宣言―21世紀に向けた新たなパートナーシップ」[1]以前に韓国語あるいは日本語を学習し始めた。韓国における日本の大衆文化開放後の日本の大衆文化ブーム、いわゆる「日流」と日本における韓国の大衆文化ブーム、「韓流」が起きる以前に学習を開始している。そうした時代を背景としながら、それぞれの教師たちがなぜ隣国の言語を学習することを選択し、その言語を教えることになったか、また、そのプロセスの中においてどのような教育観が形成されるようになったかをインタビューの語りのデータから探っていく。本節においてはまず、調査協力者である教師5名についての簡単な紹介と筆者との関係性について述べる。

1.　パク先生（40代、女性）―1980年代後半に韓国語学習を開始

　パク先生は関西地方の高校で韓国語を教えている。筆者とは高等学校韓国朝鮮語教育ネットワークを通じて知り合い、共に教師研修に参加したり筆者が担当するクラスと交流授業を行ったりするなど交流をしてきた。インタビューは2015年9月と2016年2月、2017年8月に行っている。1回目のインタビューはビデオ通話機能を使ってのオンラインで行われ、2回目のインタビューはパク先生の自宅で、3回目のインタビューはパク先生の自宅近くの飲食店で行われた。1回目のインタビューでパク先生の教師になるまで、教師になってからのストーリーを聞き、2、3回目はその文字化資料を見な

がらその詳細を聞くという形で行った。

2. イ先生（60代、男性）―1970年代に日本語学習を開始

イ先生は船の通信長という職業から日本語教師へと転職したという稀有な経歴を持つ。インタビューは2015年9月に韓国ソウルの喫茶店で行われた。201X年に定年退職をしたイ先生であったが、現役時代と変わらぬ流暢な日本語を話し、インタビューはほぼ全て日本語で行われた。筆者は200X年から2年間、イ先生の勤める高校でティーム・ティーチングの日本語の授業を行ったことがある。イ先生はその時既に教師歴20年を超えるベテラン日本語教師であった。高校の日本語教科書を始め数冊の日本語教科書を執筆、出版し、テレビの日本語講座の講師を務めるなど活躍した。韓国の中等日本語教育に関わる日本語教師の全国ネットワークである韓国日本語教育研究会の会長も務めている。イ先生とは長年にわたって交流を続けてきたが、フォーマルなインタビューは今回が初めてであった。

3. キム先生（50代、男性）―1980年代に日本語学習を開始

キム先生は現在、A市内の私立高校に勤務している。筆者とは200X年の約1年間にわたり日本語のティーム・ティーチング授業を行っていた。その当時からキム先生は高校の日本語教科書を執筆したり、A市の日本語教育研究会の総務を担当したりと高校の日本語教育を牽引する人物であった。韓国日本語教育研究会という中等日本語教師ネットワークの柱となる研究会を発足させるための中心ともなっている。また、日本と韓国を中心としたアジアの青少年交流を促進するNPO法人を発足させ、様々な事業を企画、運営している。キム先生への初めてのインタビューは、2015年9月に韓国ソウル市内の喫茶店で行われた。学期中であり、忙しい学校の仕事が終わってからのインタビューであった。数年ぶりの再会でもあったため、近況を話し合ってからのインタビューとなった。「相変わらず忙しくしています」と語るキム先生の姿は、筆者が初めて出会った頃の精力的に様々な活動をこなす姿と変わらなかった。

4. 川野先生（50代、男性）―1980年代に韓国語学習を開始

　川野先生は現在、甲信越地方の公立高校で英語を教えている。筆者とは高

等学校韓国朝鮮語教育ネットワークを通じて知り合った。インタビュー当時教えていた教科は「英語」であった。川野先生が韓国語を教えていたのは数年前に遡り、高等学校韓国朝鮮語教育ネットワークの創成期に初代のブロック代表を務めるなど高校の韓国語教育を牽引する存在であった。知り合った当時、川野先生は韓国語教育からは離れていたが、研究会で川野先生が韓国語を教えていた当時の話をする機会があった。筆者がその体験談を聞いたことがインタビュー依頼のきっかけとなった。インタビューは2015年8月に川野先生の勤務校で行われた。

5. 清水先生（30代、女性）―1990年代後半に韓国語学習を開始

清水先生は現在、東北地方のA県にある高校で英語と韓国語を教えている。清水先生へのインタビューは2017年6月、A県N市にある喫茶店で実施された。土曜日の午後、午前中の学校の勤務を終えてからのインタビューだった。清水先生とは高等学校韓国朝鮮語教育ネットワークを通じて知り合ったが、インタビューの日が初対面であった。校務に多忙な毎日を送っており、日曜日も学校に行くことがあると話す清水先生は若手から中堅へと移行するまさに働き盛りの教師であった。筆者と同じ女性の外国語教師という立場、東北出身、年齢が比較的近いということもあり、そうした共通点もあってか、インタビューはスムーズに進んだ。

■ 2. ■　在日コリアン韓国語教師のライフストーリー

2.1　パク先生のライフストーリー

2.1.1　韓国語の学習動機

パク先生の韓国語の学習動機は、「韓国人＝韓国語」という「民族＝言語」言説に強く影響を受けたものだった。パク先生は在日コリアン3世で両親、兄2人の家庭で育った。幼少期、韓国語や韓国文化に触れた経験はあったかどうか尋ねると、「全くなかった」という。商売を営む両親の仕事の関係で、パク先生は何度か転居、転校している。その間民族学級に出会うこともなく、韓国に対して情報を得たり韓国語を習ったりするような場所はなかった。当時、韓国について自分が得る情報は、歴史の中で学ぶ、日本が朝鮮半島を植民地にしたということと、その時の朝鮮人の生活がどれほど厳しかったかということだけで、明るい情報はなかった（語り1）。

●語り1

> パク：部落のこととか、朝鮮人差別のこととか、多分学んだかなと思う
> ねん。だから、本当に韓国のハングルの楽しさとか、文化の食べ物のお
> いしさ、イメージとか…（中略）私の時には、学べるものがなかったん
> よ。いい情報っていうか、まず、韓国に関しての明るい話題もないし。
> K-POPとか韓流とかいう時代じゃないから。皆がキャーっていうよう
> な情報がないねんね。　　　　　　　　　　　　　　　　　　（2015/09/26）

　韓国の親戚が訪問してくることや、韓国に訪問する機会はなかったか質問
すると、在日2、3世の時代はお墓参りもしなくなり、1年に1度会うか会
わないかというような頻度でしか韓国の親戚とも交流しなくなってきたとい
うことであった。このような事情は、他の家庭も似ていて、在日3世の8、
9割は全然韓国語が話せず、2世でも6、7割の人々はほとんど話せないので
はないかとパク先生は推測している。当時、在日の子どもたちは継承語教育
のようなものをほとんど受けていなかったため、韓国人ではあっても韓国語
が話せなかった。日常生活では本名は出せず通名で通していたが、そのこと
が思春期のパク先生の気持ちの中で大きな葛藤の部分になっていった。その
悶々とした気持ちを解消させたいという気持ちが強くあり、大学では朝鮮語
学科を選択する（語り2）。

●語り2

> ＊：朝鮮語学科を選ぶっていうことは、先生が決めてたんですよね。
> パク：そうやね。だから、それはずっと、中、高の悶々とした気持ちから、
> 自分は韓国人やて言いたいけど、言うても韓国語もしゃべられへんし－
> 　　　　　　　　　　　　　　　　　　　　　　　　　　　（2015/09/26）

　進んだ大学は、パク先生が学んだ中学、高校と同じ系列の大学であり、最
も情報が得られやすい大学であった。父親が「朝鮮語」をやったらどうかと
勧めたこともあってこの大学に進学を決めた。

2.1.2 韓国人としてのアイデンティティ確立のための韓国語学習と韓国名の 名乗り

　大学生になってからのエピソードの中で忘れられない衝撃的な経験として パク先生が語ったのは、在日大韓民国民団が主催する母国訪問の研修旅行に 参加した時の出来事である。この研修旅行は 1 週間程度のもので非常に格安 で韓国に行けるというものであった。全国から 100 人程の参加者が集められ たが、その参加者たちは同年代の若者であった。パク先生は幼少期に家族と 韓国にお墓参りに行った記憶はあるが、自分の意志で韓国に行くということ はそれが初めてのことだった。衝撃的な体験は、独立記念館を見学している 時に起きた。パク先生と同様、在日 3 世の若者たちの第一言語は日本語であ り、見学をしている間中、参加者同士日本語で話していたことが、その場に いた韓国人の男性の逆鱗に触れたのであった。若者同士、つい日本語での話 声が大きくなってしまったのであろうが、その場所が独立記念館という象徴 的な場所であったことでその男性が声を荒げて注意することになってしまっ たのであろう。しかし、パク先生たちが最もショックだったのは「韓国人な のに、韓国語が話せないのか」というその男性の責めであった（語り 3）。

●語り 3

> **パク**：そこの観光とか独立記念館とか観光とかしてる中で、私たちは日
> 本語しかしゃべられへんし、日本語とかで学生たちとしゃべってたら、
> その現地のおじさんに、すごい剣幕でここに日本人が来るなって言った
> んか、とりあえず、日本語しゃべるなってめちゃくちゃ怒られて。ほん
> で、おまえらは日本人か、みたいに聞かれて、私ら日本人じゃないです、
> 在日コリアンですとかって言ったら、よくあるパターンで、「韓国人の
> くせになんで韓国語しゃべられへんねん」って、日本語でまたすごい剣
> 幕で怒られて。韓国人のくせに韓国語しゃべられへんのかってすごく怒
> られて、そういう経験も、私らもすごい悔しくて、悲しくて、何人かで、
> 皆で、えんえん泣いてたってことがあったんやけど。　　　　(2015/09/26)

　この経験により、パク先生は在日コリアンという存在が日本だけでなく、 韓国においても理解されにくいということに対する絶望感を持つことになる。

そしてそれは同時に自身のアイデンティティを構築する上で重要な意味を持つ出来事となっていた。韓国語を継承していけるような支援があったり、韓国人であると胸を張って言えたりする状況は当時の日本社会になかった。そうした社会への失望感がありつつ、韓国人だと言えたとしても韓国語は話せない、という悶々とした思いがずっとパク先生の心の中を支配していた（語り4）。

●語り4

> **パク：**やっぱり、韓国人も在日に対する理解がないのよね。日本に残って、日本で生活していく中では、あの :::、継承語って本当にすごい努力で意識しない限りなかなか母国語って引き継がれていかれへんねんけど、日本で生活するのに社会に必要なのは日本語で、その言語もできないとなかなか有利に生きていけない。で、なかなかしゃべられへん歴史があるっていう、そういう存在ができてしまうっていうことへの理解が、韓国人にも足りなくって。（中略）そういう中でやっぱり、自分は韓国人やのに韓国語もしゃべられへんっていうのが、やっぱり自分にとってもストレスっていうかジレンマやったし、コンプレックスっていうふうにもなったし。「韓国人です」って言うのが、日本で言うのが恥ずかしいのは、もちろん、20年とか前には蔑まれて見られてしまうっていうような風潮があったからというのもあんねんけど、自分が韓国人ですって言ったところで、韓国語しゃべってって人に言われても、いや、しゃべれないんですっていう自分も、やっぱり、恥ずかしいから。そういう意味での、自分が韓国人やって言われへん原因にもなって行くんよね。
>
> （2015/09/26）

　この強烈なアイデンティティを揺さぶる体験は「この悶々とした状況から抜け出したい」という思いにつながり、自分の国を知りたい、韓国語を真剣に勉強したいという気持ちにつながっていった（語り5）。

●語り5

> **パク**：だから、自信を持ってないっていう。自分が韓国人であるっていう自信を持ってないっていうことで、やっぱり言葉を、自分の国のこと知らん限りは自分のアイデンティティを確立できへんっていうのは、もう身をもって感じることで。やっぱり勉強しないと、自分があの悶々とした人生の中から抜け切れへんっていうのがあって。　　　　　(2015/09/26)

　この悶々とした状況から抜け出したい、という気持ちでパク先生は一大決心をする。大学から通名ではなく本名の韓国名で通うことにしたのだ。この時の気持ちをパク先生は「すごく勇気がいった」と振り返っている。しかしながら、この時の「本名」というのは、姓を通名の木村（仮名）から韓国姓の朴（仮名）に変えただけで、読み方は日本語読みであった。母国語を知らなかったその当時のパク先生にとっては、読み方を母国語読みにするという発想すらなかった。姓を韓国姓に変えるだけで本名に変えたという気持ちになり、それだけで精一杯だったという。名前を読み方も含めて完全に韓国名に変えたのは、韓国留学から戻ってきてからであった。

2.1.3　大学での教員免許の取得と卒業後の韓国留学

　大学では朝鮮語学科で学んだが、そこでの教授たちとの出会いは、パク先生の韓国語学習をさらに楽しく、夢中にさせるものであった（語り6）。

●語り6

> **パク**：大学に入ってからは、今まで学んだことのないような観点から教えてくれるわけやし、当然のように教授たちは自分たちの専門分野やねんから、面白さとか魅力とかを伝えてくれて、どんどんこんな面白いもんなんやみたいにハマって、ハマって。面白いってハマったら、必死になって勉強するし。そういう雰囲気から韓国に留学したらすごくためになるっていうのを考えるようになって。韓国に旅行とかで行くようになってっていう感じかな。　　　　　(2015/09/26)

大学の学生時代には、春休み期間中、自分と同年代の息子がいる家庭に3カ月間ホームステイをした。その3カ月は、日本での生活習慣とのギャップに戸惑う辛いものであったと振り返る。しかし、その経験はもっと韓国語を身につけて自分の言いたいことが伝えられるようになりたいという向上心につながるきっかけにもなった。この経験により、韓国語学習にさらに火が付いた、とパク先生は振り返っている（語り7）。

●語り7

パク：辛い3カ月やってん。やっぱり全然自分が言いたいことも言われへんし、しんどいっていう期間を味わったっていうか。ちょうどほんまに3カ月目ぐらいとかに、ちょっとなんか分かるようになるねん。ほんまにちょっと分かるようになったかなって思える時には、もう帰らなあかん時やって。もどかしいっていうか、もっといたい、もっともっとおったら、きっと変わるんやろなみたいな気分になった。　　　　　（2015/09/26）

パク先生は大学時代に韓国語の教員免許も取得している。しかし、韓国語の教員採用試験を実施している自治体は全国でほぼないに等しい[2]。そのような状況で、韓国語を教えるという仕事だけで生活をしていくというのは現実的にイメージしにくい。教員免許を取得したことは、パク先生の後々の人生において大きなチャンスにつながっていくのだが、大学生の時期にはそのメリットについて「いつか、どこかで教えられるかな」といった漠然としたものにすぎなかった（語り8）。

●語り8

パク：教員になりたいっていう子は、ちゃんと講師登録とかして、講師経験とかを積みながら、採用試験受け続けるっていうような段階に入ると思うねんけど、韓国語の教員になるっていうのが、その場がないから、それを目標に時間を費やして努力して生活を整えるっていうことができへんから。皆、働きながら、もしチャンスがあればそれを受けて、チャンスがものになったらラッキーやなぐらいしか思われへんな。だから、

> 韓国語の教員になりたいっていう、そういう気持ちが、確立したイメー
> ジはなかったんやけど、民族学校とかで教えるんかな ::: とか、教員免
> 許持ってたら、どっかで教えられるかな :::、みたいなのがあって、
>
> (2015/09/26)

　そういえば就職活動を一度だけしたことがある、とふと思い出したように
パク先生は語った。それは民間の語学学校で、英語と韓国語を教えている学
校だった。就職活動をしてその語学学校から内定をもらったことがあるが、
やはり留学がしたいと思い、その内定は断ったのだという。そのような経験
を思い出しながら、当時の自分も「韓国語を教えられたらいいな」という思
いはどこかに持っていたのだろうと語った。

　パク先生は大学卒業後、約1年間韓国で勉強することを計画する。大学時
代の短期留学では韓国語をものにできなかったという思いから、長期間じっ
くり学びたいという思いが強かった。大学時代の私立大学の語学学校におけ
る短期留学は学費が高かったことから、卒業後の長期留学では民団からの情
報で、学費が半額免除となる、海外の同胞が行く国際教育振興院に留学す
ることにした。その教育施設はチリ、アルゼンチン出身のスペイン語圏出身
の同胞もいたが、9割は在日コリアンだった。レベル別に構成されたクラス
で、パク先生は一番上のレベルのクラスに振り分けられた。パク先生は大学
で韓国語を学んでいたため読み書きがよくできたが、会話などはまだ不得手
であった。しかし、この教育施設では韓国の大学に進学するための予備教育
を主に行っていたため、教育の内容は読み書きが中心で社会科など韓国語以
外の教科の授業もあり、大学受験のための授業という色彩が濃かった。その
教育内容はパク先生が望む会話の授業とは隔たりがあり、その目標の違いに
悶々とする時期が続いたという。悩んだ結果、その1年コースを途中で止め、
会話などの語学だけが学べる民間の学院（語学学校）に通学する決断をした。

　パク先生は韓国に渡り、週に4日、民間の学院で韓国語を学びながら、韓
国での滞在費を稼ぐために日本語を教えるアルバイトを始めた。パク先生が
留学した90年代後半、韓国内では日本語ブームが起きていて、教える場が
どんどん増えていった。最初は個人的にマンツーマンのレッスンをしていた
が、大学時代の留学生のつてから日本語の学院で教えたり、企業で教えたり
するようになっていった。パク先生は在日コリアンであることから、韓国に

滞在する上でビザの制限がなく、いつまでも滞在することができる。また、日本語ブームに沸いていた当時の韓国では、どの日本語教育施設においても日本語のネイティヴ教師の需要が高まっており、パク先生のように日本語も韓国語もできるバイリンガルのような存在は重宝された。母語として身につけた日本語は、韓国での留学生活を支える資本となっていた。このために経済的に困るようなことはなかったが、それでもそれぞれの職場は短期的な雇用がほとんどで安定した職場とは言えず、当時結婚を考えていた相手もいたパク先生は日本帰国を決断する。

2.1.4　国籍を巡る葛藤と韓国語教育への思い

　パク先生は帰国後、真剣に結婚を考えていた日本人男性と国籍が壁となって破局する。そのパートナーとは互いに結婚を考えていたが、相手から日本国籍を取ることが結婚の条件とされていた。それは彼自身の考えというよりは、彼の親の考えによるものだった。彼の実家での自営業を継いでいく時に韓国人との取引を嫌がる会社が当時はまだあったという。日本語が話せ、見た目も日本人なのに、なぜ日本国籍を取得しないのかとずっと言われ続け、結局はそれが価値観の違いとして 2 人の間に溝を作り破局に至ってしまった。同じ大学の朝鮮語専攻で学び、韓国語を学んでともに韓国文化に親しんでいた相手ではあったが、在日の歴史や生活、生き方を受け止めるということとは別なのだとパク先生はその時感じたのだという。

　この辛い経験は日本における在日コリアンに対する認識と切っても切れない関係にある。パク先生にとっては、韓国籍を持っていることがなぜいけないことなのかという問題意識を高める契機にもなった。結婚を考えた相手と国籍のために破局をするという経験は、この理不尽さに対して悔しさを募らせるものであった。国籍を否定されたことによって、自分自身の存在を全否定されたような気持ちになったとパク先生は当時の思いを振り返った。

　パク先生が自分自身の恋愛経験についてインタビューで自ら語ったのは、その理不尽な経験が現在の教師という仕事を選択する 1 つの要因になっていたことを示すものであった。「日韓のことも、在日のことも、もっと幅広い意味で理解してくれるような人を自分は育てる」という言葉が、なぜ今韓国語教師をしているのか、という問いに対する答えとなっていた（語り 9、10）。

第3章　隣国の言語を教える教師たちのライフストーリー　119

●語り9

> **パク**：商売する上でマイナスにしかならへんっていうのを、別れた彼は
> すごい言ってた。自分がどうとかいうわけじゃなくて、「そういう世の
> 中やねん」みたいな、「そういう日本社会やねん」みたいな言い訳はし
> ててんけど。で、やっぱり、仕事をするうえで、みたいなことを言う
> てたから、そういう社会っていうのは、そういう考えの人たちの集まり
> なわけやから、あの :::、その当時、「あんたみたいな考えの人間を増や
> したくはないわ」って、言ったような気もすんねんけど。で、あの :::、
> そうじゃなくて、やっぱり日韓のことも、在日のことも、もっと幅広い
> 意味で理解してくれるような人を、自分は育てるわ、みたいな気持ちが、
> 自分の恋愛経験から、すごくあって。　　　　　　　　　　(2015/09/26)

●語り10

> **パク**：韓国語を教えることっていうのは、語学を教えることだけじゃな
> くて、やっぱり、韓国に対する理解っていうのを、広めたい。韓国に対
> する理解を広めたいっていう思いも、同時に半分はあったからっていう
> 気持ちかな。
> **＊**：そうですよね :::。それ大きかったですよね。
> **パク**：自分の恋愛経験の辛いことやったこととか、やっぱり、自分が中
> 学も高校も、すごい悶々とした時期を過ごしてたこととか、そんなこと
> とかも、総称しての韓国語教員になりたい、みたいな。　　(2015/09/26)

　韓国語を教える資格を取得するという行動は、在日コリアンとして自分が
思い描くアイデンティティを構築していく過程での数々の葛藤と密接につな
がっていたのである。

2.1.5　韓国語教師としてのスタート―会社員との二足の草鞋

　パク先生は留学から帰国し、韓国語を生かした仕事をしたいと思い、求人
雑誌の情報をたどっていくうちに、民族教育促進協議会という団体に出会っ
た。この地域には市立の小学校などに民族学級というものがある。そこで放

課後、在日や韓国朝鮮にルーツを持つ子どもたちが祖国の言葉や文化、歴史を学ぶのだが、そうした民族学級で教える講師について情報を得るため、団体にコンタクトをとったところ、たまたま高校で教えている民族講師の方が年度途中で辞め、後任を探しているという情報を得た。パク先生が韓国語の教員免許を持っているという話をしたところ、そういう人はなかなかいないからと非常に重宝がられた。その当時、民族講師という仕事は、小学校であれば教員免許を持っていなくても務められるものであったが、職場が高校ということもあり、協議会側は教員免許を持っている人を探していた。そのニーズにパク先生の経歴が合致し、ぜひともお願いしたいということになったのだという。こうした経緯で、パク先生は定時制高校の民族講師ではなく、非常勤講師として韓国語を教える仕事をスタートすることになる。教員免許はパク先生の資本として大きな価値を持ったことになる。しかし、韓国語の授業時間数が少ないことから、それだけで収入を得て生活することは困難であった。韓国語を教えるという仕事だけで生活する十分な収入を得られないという状況で、パク先生は韓国に本社がある会社の支社に正社員として勤めることになる（語り11）。

●語り11

> **パク**：結局、非常勤講師やっても、そんなたいしたお金もならへんから、そういうの掛け持ちしたって、全然、収入にもならへんから。（中略）韓国語を教えるっていうことでの収入を得られるっていうの、なかったから。で、結局、会社の話もあって、会社も行きながら、ずっと二足の草鞋を履いてて。
> (2015/09/26)

会社には採用時の面接で高校の非常勤講師も務めていることを話し、会社の勤務が終わった夕方以降に高校に行って教える許可を得て、2つの仕事を掛け持ちしながらの生活が始まった。会社員の仕事をメインとしながら、週に3回高校で教えるという生活を始めたが、会社での業務が忙しくなってくると、そのバランスをとることが徐々に難しくなってきた。さらに大事故のために2カ月入院し、2つの仕事の休職を余儀なくされた。その後会社で休職していた間のブランクを埋めることが困難になったことや、掛け持ちで教

育ができるかという悩みを持つようになったことから、働き方に対する葛藤が生まれるようになった。

　ちょうどその時に舞い込んできたのが別の高校と夜間中学の講師の依頼であった。授業時間数も多く、韓国語を教える仕事だけで生活ができる見通しができたことから、会社を辞める決意をした。

　それ以降、朝、昼、夕方と複数の学校を掛け持ちしながら非常勤講師として生徒たちに韓国語を教える仕事を続けた。その間に現在、学校の教諭として勤める日本人男性とも結婚している。以前の勤務校での同僚であった夫は、出会った頃、朝鮮文化研究会の顧問をしており、年配である1世や在日2世の韓国人生徒からの信頼も厚く、在日の生徒と共にチャンゴ[3]を叩き、歴史を学び、年配の生徒を通して在日の歩み、生き方を学んでいる人だった。夫の父親は韓国人との結婚ということに対し反対したが、1つ1つ説得して結婚に至ったという。

　結婚した後も非常勤講師として韓国語を教えるキャリアを積み続けて約10年後、ある高校の期限付き常勤講師のポストが空き、パク先生に後任の依頼がきた。結婚して、まだ子どもが幼く手のかかる時期であったことから、家族会議でその仕事を引き受けるべきか話し合ったが、常勤講師という身分の安定したポストであるというところに惹かれて引き受けることにしたという。子育てとの両立は厳しかったが、実家の近くに住み、両親のサポートも得ながら夫婦で協力してその時期を乗り越えた。その数年後、韓国・朝鮮語の専任として教員採用試験に合格した。

2.1.6　在日コリアンの教師としての生徒との関わり

　2016年の2回目のインタビューにおいて、パク先生は数日前に行われたという人権文化発表会のビデオを見せながら、生徒たちへの思いを語った。人権文化発表会はこの地域の高校の代表生徒が人権に関する発表をする会である。パク先生は外国にルーツを持つ子供たちと母国の民族衣装を着て、ゴダイゴ[4]の「ビューティフルネーム」という歌を歌っている場面のビデオを見せてくれた。ステージに立って歌うパク先生の表情は非常に明るかった。パク先生はこの歌を「人は一人ひとり大切な名前を持っている。その名前をみんな大切にしていこう」という気持ちを込めて選曲したと語った。

　2回目のインタビューの中では「本名」を名乗るということについての語

りが多く見られた。パク先生自身も日本の通名で生きてきたので本名に突然
変えることには大きな勇気がいり、家の中でも日本名で呼ばれてきたので、
家族にとってもそれはすぐに適応できることではなかったという。

　現在勤務する高校は生徒たちに自分の本名を名乗るように促しているとい
うが、なかなか名乗れない生徒もいるという。教師側が呼ぶ時だけでも本名
で呼んでいいかと聞いても、生徒本人は日本名である通名で呼んでほしいと
言うことが多い。生徒たちの中に本名の使用に葛藤があることも理解しつつ
も、パク先生は本来の母国語の音の美しさと名前にはそれを名づけた親の思
いが込められており、何語であってもそれはそのまま受け入れられるように
することが必要だという考えを持っていた。例えば韓国語の名前を尊重する
ことは、韓国語という言葉と文化を尊重することにつながる。外国の言葉と
文化を尊重するということは、まさにこのような身近な「名前」を大切にす
るということから始まるということをパク先生は自身の経験から強く感じて
いた（語り12）。

●語り12

> パク：韓国語を勉強する前に、ミョンウン（（仮名））という響きとかも
> ほんまなんなんこれって、面白いなあって私も思ったぐらい違和感って
> いうか変な感じはあったけど。でも使っていくうちに当然、愛着も湧く
> し、慣れていくし。韓国人の友達とかもいっぱい増えると、もう、ミョ
> ンとかウンとかも本当によく使われる名前やっていうのも分かって。文
> 化を知ることで違和感とかもなくなって理解にもつながるって思うと、
> 生徒たちにもいろんな文化を理解するっていう気持ちを育てんと、人の
> ことを尊重することも認めることもなかなかでけへんから。いろんなこ
> とを伝えて知ってもらって理解を深めるようにっていう教育をしたい
> なって、思ったかな。　　　　　　　　　　　　　　　　（2016/02/08）

　本名で教壇に立つパク先生のもとには在日コリアンの生徒からの悩み相談
がよく寄せられる。通名を使い続けている生徒からの告白のようなものは
非常に多い。同じ在日コリアンという立場で、悶々とした思いを持ち続け
てきたパク先生にだからこそ、心を開き悩みを打ち明けられる生徒たちがい

る。特に恋愛、結婚など人生の一大局面に関わる相談が多い（語り13）。パ
ク先生はそうした生徒たちに卒業後もずっと心を寄り添わせている。

●語り13

> **パク**：高校の通信とかで非常勤してた時なんかは、レポートとかがたく
> さんあるから、レポートに悩みを書いて来やる子とかがおって。自分は
> 在日なんやけど、彼氏が日本人で、やっぱり理解してもらえなくて悩ん
> でます、みたいなことを書いて来た子とかもおって。で、ずっと長い間
> その子の手紙を持ってた。その子に、その後もう10年とか15年とか経っ
> てんねんけど、その後の人生どうですかってのを送ろうと思って、聞い
> てみようとか思って手紙を書いたこともあってんけど。（中略）すごく
> 一大決心っていうか、一大の悩みみたいなのを書いてくれる。人生の相
> 談、やっぱり、結婚のことについての相談とかを書いてくる子とか。
>
> (2015/09/26)

　生徒から在日コリアンと日本人の間の恋愛、結婚についての相談が寄せら
れるということは、親や世間の無理解のような障害は現在においても変わら
ずにあるということを示している。しかし、社会の見方、人々の考え方がや
や変わってきたのではないかと感じることもある。パク先生はある映画を高
校生たちと一緒に見に行った時のことを語ってくれた。
　その映画の登場人物は高校生である。陸上競技の大会が釜山であり、日本
人と韓国人の高校生が淡い恋心を抱きながらも、それを批判する日本人が出
てくるというストーリーであった。その映画の無料鑑賞会が高校生を対象に
開催されたことがあり、当時非常勤講師として高校で教えていたパク先生は
生徒たちを引率して見に行ったことがあった。その鑑賞会では、映画を見た
あとに、生徒たちが映画の中に出てくる日本人のセリフについて議論すると
いうことが行われた。パク先生も引率教員としてそのディスカッションに参
加し、生徒たちが率直に日本人と韓国人の間の恋愛について意見を述べ合っ
ている様子を見た。その時、生徒たちが自分が高校生だった頃には考えられ
ない深い議論をしていたことについて感動を覚えたという（語り14）。

●語り 14

> **パク**：私は教員として生徒をそういう映画鑑賞に連れて行って、教員としての意見というか、自分も話す機会とかもあったんやけど、その時に、高校生が日本と韓国のことのジレンマっていうか、関係とかについて考えて、それについてああやな、こうやなとかっていうことを意見するっていう姿？　を見るっていうのが、私にとったら、すごく感動やって。うん。真剣に高校生の時に、韓国人と日本人の恋愛のことを深く掘り下げて、こういうことがあるからこうやんとか、そういうところからこういう間違った偏見が来るんじゃないのとか、そういう議論になるようなこととかを全然自分はしなかったし、勇気もなくてとてもできなかった。それは、多分周りの友だちにとったら、関心度が低いことやろうし、それを自覚させられるのも怖かったんやと思う。それを今、こうやって自分がそういう議論をさせるきっかけを作ったり、テーマを与えたりできるんやなあと思うと、嬉しかったっていうか。　　　　　　　　(2015/9/26)

　2000 年代前半から、日本では韓国の大衆文化に対する人気が高まり、空前の韓流ブームが訪れていた。生徒たちの中にも、映画や K-POP などの韓国の音楽に関心を持ち、韓国語を学ぶ生徒が増えた。パク先生が高校生だった頃には考えられない、「明るい」韓国の情報が日本には満ち溢れていた。このような映画が上映された背景にはそのような社会の変化があったに違いないが、それも含めてパク先生にとっては嬉しい出来事であったのだ。また、こうした映画を教材として扱うことで、韓国語だけでなく韓国と日本との歴史、現在の日韓交流の課題などについて深く掘り下げる議論の場を作ることができるという発見ができたこともパク先生にとっては大きな出来事であった。

2.1.7　韓国語を使う場の創出

　韓国語を専任の立場で教えるポストがある学校に勤めるとなると、定時制高校など、その職場は限られる。定時制高校に通う生徒の中には勉強を苦痛と感じる生徒たちが多いが、そうした環境の中で韓国語を教えるということについてパク先生はどのように考えているのだろうか。自分自身の高校時代

の経験を踏まえながら、パク先生は学校外の場所で韓国語が使えることを感じさせたり体験させたりしながら、韓国語が何かの役に立つということを実感してほしいと願っていた（語り15）。

●語り15

> **パク:**そのやっぱり、学んだ韓国語っていうのを、あの :::、学校外の所で、学校以外の所で、使える場っていうのを、感じさせるっていうか、使える場を体験させたいなっていう気持ちはあるね。（中略）よく、バイト先に「韓国人のお客さん来たで」とか、「韓国人の人おんねんけど、これってどういうたらいいの？」とか、お客さまに対して使う言葉を聞いて来たりとか。実際に来た時「この間韓国人の人来て、カムサハムニダって言うたで」って。たった一言、言ったただけでも「言うたで」って、めっちゃ嬉しそうに言うて来たりとかもあるし、そういう、使える場との巡り合わせを作れたらいいなって、いうことやんね。
> (2015/09/26)

　生徒たちの中にはアルバイト先で韓国語を使うチャンスがあったことを報告してくれる生徒もいる。そのような時の生徒の表情はとても生き生きとしている。だからこそ、パク先生は実生活の中で自分が学んだことが生かせる、そういった巡り合わせを生み出せる教育の内容や方法を研究し、実践しようとしている。例えば、韓国修学旅行や韓国語で作成するビデオレター作りだ。言うまでもなく、韓国修学旅行では実際に韓国を訪問し、現地の人々と交流する機会が持てる。それは在日コリアンの生徒数の割合が多い高校であることから、在日の生徒のアイデンティティ作りや、国際理解を推進する狙いにより、定時制の課程が開設された時から企画、運営されたものだった。パク先生は定時制を立ち上げた先輩たちが作り、続けられてきたものであるということを強調して言った。その中でナヌムの家という、戦時中、従軍慰安婦として仕事をさせられた女性たちが共同生活をしている場所にも訪問している。そこで生活しているハルモニ（お婆さん）たちとの交流にもパク先生は意義を感じていたが、ここ数年の日韓関係の悪化もあり、従軍慰安婦の問題を高校生に触れさせることについての風当たりが強くなってきている。そのため、当初は計画されていた2015年度の訪問は中止になり、さらに次

の年度以降は、修学旅行の行き先を韓国から国内に変更する可能性も大きくなった。それは参加費を安くすることで、生徒たちの修学旅行に参加する人数を増やしたいという狙いも含まれていた。定時制高校の生徒の場合、全員が修学旅行に参加するというわけではなく、例年10〜15人のような参加人数であったのが課題でもあったためだ。

　パク先生としては、そのような状況の中でもなんとか生徒たちに韓国の現地の人々との交流機会を創出したいと考えていた。そのために、韓国にある夜間の学校の交流校を個人のネットワークを駆使して、学校の教員たちと開拓した（語り16）。今後も韓国修学旅行を実行し、韓国の現地の人々との交流を続けていきたいという思いから「必死で韓国の夜学の学校を探した」と1回目のインタビューの時にパク先生は語っていた。そうした交流校ができ実績が積めるようになれば、韓国訪問や交流は今後も続けられるのではないかという思いからである。

●語り16

> パク：今年、それを開拓できたから、本当は、今後につなげていくために必死でその所を見つけたんやけど、見つけて、それをきっかけにというか、学校間との関係ができたら、なかなかやめづらくなるやろうからhh、それを目標にと思ってたんやけど。う:::ん、ま、だから、今年の交流がどんなふうに実るかっていうことが、やっぱり来年度以降のことにも関わってくるんちゃうかなと思う。　　　　　（2015/09/26）

　2年後の3回目のインタビューの際、この時の交流活動について振り返り、2015年の交流は「とても良い交流になった」とパク先生は語った。授業を見学したり一緒に料理を作ったり、けん玉をしたりしながら短い時間ではあったが、非常に活気ある交流ができたという。それは戦後、学習の機会を奪われた年配の生徒や、いろいろな挫折や課題を持っている若者の生徒など、生徒層がパク先生の学校の生徒層と似ていることも理由であったとパク先生は考えていた。

　しかしその後、勤務校の韓国研修が国内研修に切り替わったこともあり、韓国での交流活動は実施が困難となってしまった。韓国側が全てボランティ

アの教員でありあまり負担をかけられないこと、日本語のクラスがなく、日本語ができる教員がいないため、校長先生と直接連絡を取り合う形を取らざるを得なかった体制も、交流活動の継続を難しくさせた要因だったという。

　こうした直接訪問の形だけでなく、パク先生は、授業内において日本の他の高校の韓国語を学ぶ高校生たちのクラス間でのビデオレター交流という交流活動も行ってきた。これまで鹿児島、宮城、山形、東京の高校生と互いに韓国語学習の成果を発表し合うような自己紹介、学校紹介のビデオを作成し、交換してその感想を送り合うなど互いに切磋琢磨できる環境を作ってきた。生徒たちはそうした活動を通して生き生きと韓国語を使って自己表現を行うことができていると感じている。しかしビデオレター交流には、メンバー構成や時間という物理的な課題もある。こうした課題をクリアし、生徒たちに継続して韓国語を使って交流する場を作り、生徒たちのその場への参加の過程を支援したいという思いをパク先生は持ち続けていた。

2.2　アイデンティティへの投資としての韓国語学習

　パク先生のライフストーリーからは、自身にとっての韓国語の学習が、韓国人でありながら韓国語が話せないという他者からの評価、それによるコンプレックスを乗り越えるものとしての意味を持っていたことがうかがえる。パク先生の「自分は韓国人やのに、韓国語もしゃべられへんっていうのが、やっぱり、自分にとってもストレスっていうか、ジレンマやったし、やっぱりコンプレックスっていうふうにもなった」という語りの中には韓国語ができない自分を低く位置づけ、「朝鮮語がエスニシティを象徴する（前田達朗2005：108）」、すなわち「民族＝言語」という思考が強くあったことがうかがえる。

　こうした在日コリアンと韓国語への意識や韓国語能力に関する研究はこれまでも任榮哲（1993）、宮脇（1993）、生越（2005）、前田達朗（2005）、朴浩烈（2016）などがあり、民族学校に通っていないオールドカマーの子弟の場合、全く韓国語ができない人が珍しくないことを明らかにしているものもある。例えば生越（2005：47）は2001年に成人201人、子ども224人を対象とした調査のまとめとして「日本生まれの人では韓国語は生活語としてよりは同胞としてのアイデンティティーを確認する道具として、あるいは一種の敬意表現として」機能していると述べている。また、前田達朗（2005：

92）は民族教育を受けずに韓国語の能力を身につけた個人についての調査を行い、「成人していく過程における日常の中での差別体験や、国籍による進路選択の際の障害などの経験を経て、多くの時間や労力を費やす作業である言語獲得の、モチベーションとなる強いエスニック・アイデンティティーを作り上げていく過程」が調査協力者に共通する傾向であったと述べている。さらに、在日コリアンたちが母語、日本語以外に母国語である韓国語の学習、習得のために時間、労力、お金をかけて挑むそのモチベーションとなっているのは「民族＝言語」イデオロギーであり、それは言語獲得へのモチベーションとなり得ると同時にプレッシャーでもあったと述べる。さらにこうした「民族＝言語」イデオロギーは在日の問題だけでなく、ホスト社会としての「日本」全体に存在している思想であるということも指摘している（p.111）。

　青年期になり自らのアイデンティティへの投資として韓国語の学習に挑むパク先生のライフストーリーからは、こうした「民族＝言語」イデオロギーが在日コリアンにとって強固なものであったことがうかがえる。「韓国語ができる自分」に意味や価値を見出してそのアイデンティティに投資をするように、パク先生は韓国語の学習に投資をし、目指す自分の理想のアイデンティティを獲得するために自己変革を遂げてきたのである。

2.3　パク先生の教育観

　パク先生は身につけた韓国語の能力を「資本」として活用し、教諭（指導専任）として採用された。高校の現場で高校生たちに韓国語を学ぶ意味を実感してもらえるような教育実践を日々探求している。韓国語の能力と取得した教員免許を自身の経済的な自立や教育という社会貢献に生かす姿は、韓国語やそれに従事する自身に対する高い価値づけのあり方であるとも言える。

　日本における在日コリアンが置かれている社会的、歴史的な文脈の中、パク先生はそれまでの自分が経験してきた差別や葛藤の経験から、こうした社会を自分のできる範囲で変えていきたいという変革への志向性を持って教師になった。韓国語を高校生に教えるというのは第二外国語教育の制度がない日本においては将来のビジョンとして描きにくいことではあったが、いつか教えることができればという思いで大学時代に韓国語の教員免許を取得し、非常勤講師として最初は会社員との二足の草鞋を履きながら韓国語を教える道に進んだ。韓国語を専任教員として教えられるポストというのは非常に少

ないが、そのポジションを得ることに成功した。パク先生と同じように在日コリアンとして生まれた生徒が多く通う高校で、同じ立場だからこそ共有できる経験を大切にしながら、生徒個人が持つ名前という文化を大切にした教育や生徒たちの韓国理解を促すための教育実践を行っている。こうしたパク先生の教師としての軌跡は韓国語の学習を通してなりたい自分に近づき、自身の中に蓄えた複言語・複文化経験を生かして自己、教室、学校、社会を変革していこうとするアイデンティティ構築の軌跡でもあった。

　日本における英語以外の外国語教育、韓国語教育の実践は現在の学校教育制度の中においては非常に限られた範囲において行われるしかなく、高校の韓国語教育は常に不安定的な状況に置かれている。日本と韓国の歴史問題、政治問題も教師たちの教育実践に暗い影を落とすことがある。そうした中、パク先生は「韓国語を使って」生身の人とリアルなコミュニケーションができる場やチャンスを作ることを重視していた。その根底にはリアルな人的交流の中に自己実現、日本と韓国の相互理解、在日コリアンへの理解、異文化理解につながる重要な鍵があり、それがひいては生徒自身の人生を豊かにする可能性があることを信じる教育観があった。

3. 韓国人日本語教師のライフストーリー

3.1 イ先生のライフストーリー

3.1.1 日本語の学習動機

　1970年代に日本語を学習し始めたイ先生の日本語学習のきっかけとなったのは、日本における人的交流経験だった。

　195X年、6人兄弟の真ん中、長男として生まれたイ先生は、姉の助言により工業高校で通信を専攻し、卒業後は船に乗る仕事を希望した。1970年代の韓国には大手企業がなく、若者たちは就職しようとしても就職できる企業があまりなかった。大学を卒業してもドイツの鉱山の仕事を得て外国に就職するような時代だった。そのような中、通信という特別な技術を習得したイ先生は報酬的にも恵まれている通信関係の会社に就職することができた。高校を卒業した当時の70年代、まだ韓国は海外旅行が自由にできる時代ではなかった。イ先生は海外に行ってみたいという気持ちが強く、それで職業を船に関わるものにしたのだという（語り1）。

●語り1

> イ：私、工業高校を卒業したんですね。通信を専攻したんです。
>
> ＊：通信。
>
> イ：はい。あのう、通信を専攻して、ええ、船に乗っていろいろな国に旅行したくて、う:::ん、そのような希望で船に乗ったんです。7X年度のことですね、197X年、8月のことで、う:::ん、その時は、あの、旅行があの、自由化されていない時だったんですよ。韓国の世界の旅行が自由化になったのは、オリンピックの時、88年度のこと。自分のしたいように、世界の旅行ができなくて、船に乗ったら世界の旅行ができるんじゃないかと思って、あの、冷凍船に初めて、乗って、一番初めて行った国が、東京だったんです、日本 hhh
>
> (2015/09/08)

　船の通信長として初めて訪れた国が日本だった。東京の品川港に到着したが、その時に港の近くにいた日本の大学生たちが声をかけてきた。外国の船に興味を持った学生たちだった。その船は日本製で看板には漢字が使われていた。韓国でも当時は漢字を多く使っていたのだ。大学生たちはその看板を見て、嬉しいと言いながら近づいてきたのだという。イ先生の年齢とも近い日本の若者たちはイ先生に親しく接し、自分たちの車に乗せて近辺を案内してくれた。大学生にもかかわらず車を所有しているということにイ先生は非常に驚いたと語った（語り2）。

●語り2

> イ：その大学生に、いろんなところに案内をもらって、観光ができたんですよ。
>
> ＊：でもその時日本語はできません。
>
> イ：日本語は全然、// 英語。
>
> ＊：　　　　　　　　// ジェスチャー？　大学生たちもそういうのが好きな人たちが、
>
> イ：大学生たちの車に乗って…。
>
> ＊：え、車？

イ：大学生にもかかわらず、車がありました。

＊：お金がある大学生でしたね。

イ：7X 年度なのに、あの、東京オリンピックが 64 年度ですね、64 年ですね？　あの、64 年度オリンピックの後から、日本は急に発展できたんですよ。あの、アルバイトしながら、車を買ったそうです。その大学生から言われたんです。びっくりしました。

(2015/09/08)

　大学生がアルバイトをして車を買うことができるという事実に触れたことは、高度成長期にある日本を改めて感じさせられる出来事としてまだ 10 代後半だったイ先生の中に強く印象づけられた。その時の日本のイメージについてイ先生は、筆者が用いた「いいイメージだった」という表現を繰り返し使い、強調した（語り 3）。それが初めての直接的な日本との出会いであった。

●語り 3

イ：日本に初めて来た感じはですね、とても親切で、発達していて、うん、

＊：いいイメージだったんですね。

イ：感動しました、いいイメージ。とてもいいイメージだったんです。

(2015/09/08)

　その後、通信長の仕事をしながらインド洋、アフリカ、南米、ヨーロッパ等、様々な地域に行った。19 歳の頃から始め、約 3 年にわたり海の仕事に従事した。その後、まだ若かったイ先生は「もっと勉強したい」という気持ちを募らせるようになる。しかし韓国には徴兵制度があり、男性は軍隊に行くのが義務である。イ先生も軍隊での生活を 34 か月送り、社会に戻ることとなった。

　軍隊から戻って就職した会社は海運の会社だった。現在は大企業となっているが、当時は小さな会社で 15 人程の社員しかいなかった。その会社に通いながら、勉強することを考えた。イ先生は会社に勤めながら夜間大学に通い、日本語を専攻して勉強することを決意した。

　夜間大学で学ぶことを決心した時、イ先生は日本語を専攻することを決めたが、その決心を生み出したのは「日本について習わなければならない」、つまり日本について知り、学ぶところは学ばなければならないという気持ち

だった（語り4）。その気持ちの原点にあったのは、初めて見た日本の姿だった。

　しかし、イ先生が日本語について学ぼうと思った1970年代、韓国では日本語はまだ「排除と警戒の対象」であり、なぜ植民地支配をした加害者の言葉を学ばなければならないのかと考える人々が多かった。そうした社会的風潮から日本語を学ぼうと考える人は少なく（語り5）、当時ソウルで日本語が専攻できる大学も2校しかなかった。

●語り4

イ：あの、会社に通いながら、あの、夜間大学でも入るかと思って、勉強して、その時の私の考えは、私たちも日本を習わなければならないという気持ちで、日本語を選択したんですね。その時は、あの :::、日本語を習える学校がほとんどありませんでした。
＊：ありませんでした。
イ：70年代は大学でも、外大、ソウルの国際大学、ソウルで2つだけ、2つだけだったんです。全国で2つだけと言われましたけれども、釜山のほうでは、はっきり分かりませんけれども、ソウルでは2つ。外大と国際大学。
(2015/09/08)

●語り5

＊：先生、ここで日本を習わなければならないって思ったのは、何かあったんですかね。
イ：見て。
＊：その経験、あ ::: 最初の東京。
イ：その時までは、韓国人の、あの、大部分はですね、あの、日本を排除、あの、歴史的にですね、あの、日本から私の国は被害を受けた民族ですね、被害者ですね、日本は加害者と思っている、そういう感じが大部分の人にありまして、日本語を排除する、そういう傾向があったんです。で、日本語を習おうとする人があまりいなかったんですよ。
＊：なんとなく、そう思います。

イ：加害者の言葉をなんで、勉強するか、勉強しなければならないか、そんな感じなんです。そんな傾向が多かったんですね。 (2015/09/08)

イ先生は70年代の初めに日本を直接見て、日本人に接したという貴重な経験を持っていた。その経験は、その後様々な国を訪れ、軍隊での生活を経て再び会社員として働き始めた後にもずっとイ先生の胸の中に強い印象として残り続けた。そのことが夜間大学で日本語を学び、日本を知ろうという気持ちにつながった。イ先生は当時思ったという、「私たちも日本人から習わなければならない」という言葉をインタビュー中何度か繰り返した。その当時は韓国人が長い植民地時代で苦しめられた記憶から、加害者の言葉をなぜ学ばなければならないのかという考え方が強くあった時代だった。しかし、イ先生の家族は日本語を学ぶことについて何も言うことはなく、イ先生の考えを尊重してくれたという。

3.1.2 70年代の夜間大学での日本語学習と教職への関心

排除と警戒の対象であった日本語を学ぶことが避けられることが多かった70年代、イ先生は夜間大学に通い、昼には会社の仕事、夜には日本語を学ぶ大学生という二足の草鞋を履く生活を始めた。一緒に卒業した同級生の中には、卒業後日本に留学し、帰国して大学教授になった人々が多くいたという。1970年代、日本語が専攻できる大学の数は非常に限られていたが、80年代になると劇的に増えていったからである（語り6）。

●語り6

イ：ほとんど教授になりました。なぜかというと、80年代、いろんな大学に日本語科が設置され始めましたので、機会があった。でも、私は年をとって卒業したので、家庭もありますし hhh (2015/09/08)

この時期、イ先生は同じ会社に勤めていた女性と知り合い、結婚している。29歳の時のことであった。イ先生には日本の大学院への留学に心を惹かれる部分もあったが、家庭があり行くことはできなかった。今振り返ってみれば、留学に行かない選択をして良かったとイ先生は笑顔を交えて語った。高

校生たちに自分が教えた影響で、多くの生徒たちが高校卒業後、日本の大学に留学したという（語り7）。そのことをイ先生はとても誇らしく感じていたのである。

●語り7

イ：日本に留学しに、留学希望はありましたけれども、家庭もありましたし -
＊：お子さんも。
イ：そうそう hhh いま、考えてみれば、留学に行かなかったほうがもっとよかったと思います hhh
＊：じゃ、今でよかったと。そうなんですね。
イ：私が教えた教え子の中でもですね、多くの生徒たちが日本に留学しました。うん。私が日本語の時間に、私達も日本を習わなければならない、うん、外国語をするのが人生の幅がもっと広くなる、教室で、そんなふうに、あの、教えた影響か、私が教室に入って日本語を教えた教え子の中では、うん、そんな希望を持って、そんな生徒たちが大勢いますね。
(2015/09/08)

イ先生は会社員をしながら夜間大学に通うという生活の中で、大学3年生の時に教員になりたいという志を持つようになる。自分の年齢や経歴を考えた時に、平等な社会だと考えられている学校が職場としてふさわしいのではないかと思ったこと、さらに、日本や日本語を生徒たちに教える仕事を通して、生徒たちが日本について理解できるようにしたいという気持ちがその選択の理由だった（語り8、9）。

●語り8

＊：先生になろうと思ったのは大学3年生…。会社員ではなくて。
イ：会社ももちろんありましたけれども、ある程度年をとって、あの、大学卒業したんですので、一般の会社よりは学校のほうがいいんじゃないかと思って。学校の場合はほとんど、平等化といいます？　平等の社

会ですので、先生になるのが、もっといいんじゃないか、また、若者たちに日本語を教えて、日本を、あの、勉強するようにするのがいいんじゃないかと思いましたね。 (2015/09/08)

●語り9

イ：私の考えで、日本語を通して日本を習わなければならない、私たちの若者たちに、伝えなければならないという気持ちで、卒業してから、教師の道を歩むことができたんですね。 (2015/09/08)

大学を卒業し、「運よく」教師の道に入れたとイ先生は笑いながら話した。

3.1.3　教師研修と授業改善

イ先生が日本語を教え始めた80年代はまだ日本語教育に関する情報が少ない時期だった。そのような中、イ先生は自身が影響を受けた教師研修について語った（語り10）。

●語り10

イ：うん、情報はその時はほとんどありませんでしたね。8X年、一級
　　 // 正教師研修を受けましたけれど、
＊：// 正教師
イ：ああ、その時ですね、あの、今のチンジュにある、慶尚大学に、あの、行って、研修受けたんですが、その時、あの、日本から、直接いらしたあの、先生方々に勉強する機会があったんですね。とてもおもしろかったです。 (2015/09/08)

韓国の中等教育の教員の資格は、校長、教頭、一級正教師、二級正教師、準教師の5種がある。一般的な大学の教員養成学部や教育大学院を卒業した際に取得できる資格は二級正教師、準教師であり、イ先生は二級正教師の資格で教員をしていた。一級正教師、教頭、校長になるには一定の勤務経験の後、この一級正教師研修を受講し、教育人的資源部長官からその資格が授与

されることになっている。国立大学である慶尚大学は 1982 年に中等一級正教師資格研修実施機関としての指定を受けており、イ先生は 198X 年にこの慶尚大学で研修を受講した。その研修には、日本の大学から派遣された教授もいて、その教授から教授法について大いに刺激を受けたと振り返っている。

この 80 年代後半は日本語教育において、日本でもコミュニカティヴ・アプローチ[5]という新たな考え方が教育現場に入った時期であった。その考え方は、イ先生のこれまでの日本語教育の方法を大きく変えた（語り 11）。イ先生は従来の、自分が学生の時に受けてきた教育方法をそのまま高校で行っていたことを反省するようになる（語り 12）。

●語り 11

イ：いろんな方々から、日本語をコミュニケーション中心として、教える、教えられる、方法を接することができたんですね::: コミュニカティヴ・アプローチとか。初めて聞く、あの、教え方でしたので、hhh とても興味があって、熱心に勉強しました。
(2015/09/08)

●語り 12

＊：その前は、先生は教え方はどんな教え方だったんですか？
イ：その前の教え方は、本を中心とした、もちろんいろんな、学習の資料は準備して教室に入ったんですが、もう私が習ったような方法を使いましたんで、私が思っていても、とてもあの、面白くない方法だったんですね hhh 面白くない。
(2015/09/08)

この時期は、イ先生にとって授業改善期とも言える時期であった。国際交流基金による訪日教員研修に参加して 2 か月間日本で研修を受けたり、ソウルにある日本政府の広報文化院に派遣されている国際交流基金からの日本語教育派遣専門家による教師研修に参加したりして様々な教授法について学んでいった。こうした研修を通してコミュニカティヴ・アプローチの考え方を取り入れた教授法を実践しようと、知識伝達型で教師中心型の授業からの脱却を試みるようになった（語り 13、14）。

●語り 13

> イ：8X 年度の研修を受けた後から、何か、生徒たちに教える、方法も
> 変わらなければならないと思って、ちょっとだんだん、方法が、教える
> 方法が変わりました。少しずつ。で、あの、9X 年度になって、国際交
> 流基金の研修を受けることができたので、その時は 2 カ月ぐらい研修が
> ありましたね。
> (2015/09/08)

●語り 14

> イ：国際交流基金の研修がきっかけになりまして、あ :::、もっとコミュ
> ニカティヴ・アプローチにもっと興味を持って、教室で活用してね、私
> もあの、教科書も書いてみればどうかなという、う ::: ん、考えができ
> 始めたんですね。あ、もう 1 つは大学院も通いました。
> (2015/09/08)

　こうした日本語教授法に対する興味の高まりから、イ先生は 199X 年から
3 年間、大学院の修士課程において日本語教育を専攻した。2000 年以降は
これまで蓄積してきた知識や自らの教育実践を、研究会活動や教科書執筆な
どの活動に生かすようになった。

3.1.4　教師間の協働とネットワークの形成

　2000 年代に入り、第 7 次教育課程においてイ先生は高校の日本語の教科
書を執筆し、それ以降も中学の日本語教科書をそれぞれ大学の教授とともに
共同執筆した。これらは自身が影響を受け、実践してきたコミュニカティヴ・
アプローチの考え方を教科書の中にも取り入れようと意識して執筆したもの
である。地域の日本語教育研究会の中心メンバーの 1 人として、研究会活動
を牽引する存在にもなっていった。

　さらに 2003 年、これまで韓国内の様々な地域で個々に活動していた地方
の日本語教育研究会が連携して、全国レベルでの「韓国日本語教育研究会」
が設立された。イ先生はその初代会長を務めている。

　韓国日本語教育研究会では 1 年に 1 度、全国の教員が現場での授業につい
て発表する授業発表大会を開催している。そこに集まる教員の数は 200 〜

300人で多くの刺激を得る場となっているという（語り15）。

●語り15

> **イ：**授業発表大会を通して、全国の先生方が集まりましたので、200、300ぐらいの、日本語の教師たちが授業をしている様子を見たことから、いろいろなたくさんのヒントを得て、勉強できたんですね。もう、研究会を通して、あの、授業のやり方が、発達できたんじゃないかと思うんです。
>
> (2015/09/08)

　イ先生は定年退職をした今も、年に一度の全国研修に出席し、現役教員たちとの交流を続けている。

3.1.5　韓日学校間交流を継続させることの信念と生徒たちへの影響
　イ先生が勤めていた高校では1981年から日本の実業系高校との交流が続いている。この姉妹校とは初期にはバレーボール交流、その後は修学旅行を通じて交流が深められてきた。日本側の理事長や校長が「韓国に直接行って歴史を学ぶ」ことを大切に考えてきたからこそ、継続してきたとイ先生は語る（語り16）。

●語り16

> **イ：**毎年、ほとんど毎年、韓国に来ています。で、私も学校を訪問しています。そのことは私の立場からもとても良かった、感謝しています。なぜかというと、あの、X高校（（高校名））の理事長、もう亡くなりましたけれど、今の理事長もそうですし、校長がですね、あの、いま、話したとおり、韓国に対して自分なりの意識を持っていますね。自分なりの意識を持っているので韓国に来ているんです。ほとんどのあの、父兄たちとか教師たちは反対しているお話もあるんだそうですね。でもあの、理事長の考え、あの、校長の考えで、毎年韓国へ来ている理由としては、うん、韓国に行って歴史を学ばなければならないという、そのような意識を持って来ているんです。
>
> (2015/09/08)

イ先生も校長となり退職する年に、退職の挨拶のため夫人とともに日本の姉妹校に挨拶に出かけた。現在の日本側の校長ともイ先生は長い付き合いをしており、こうした教師間の交流が生徒間の交流を継続させてきたとも言えるだろう。生徒たちにとってもこの姉妹校との交流プログラムは毎年の楽しみとなり、日本語の学習動機を高めるものになっている（語り17）。筆者は以前、この交流プログラムを参与観察させてもらったことがある。韓日の生徒たちがグループになり、簡単な日本語や英語を使いながらゲームをしたり部活動体験や学校案内をしたりしながら活発な交流活動が行われていた。イ先生は、そうした日本の生徒たちとのつながりの場に韓国の生徒たちが参加することによって、日本語学習が促進されることを実感していた。

●語り17

> **イ**：修学旅行になると、プログラムがあって、楽しみに待っています。私たちの学校の生徒たちは。日本のことを。
> **＊**：楽しみで。
> **イ**：うん、楽しみに待っています。
> **＊**：行ってきてから、もっと日本語を勉強しようとか。
> **イ**：会話は大変でしょう。日本語の会話もあまりできないんですが、でもその時期に近づくと、他の会話の文章を熱心に書いて、生徒たちに配って、日本語の時間に勉強を hhh できるようにしています。もう、一言でも話せるように。
> (2015/09/08)

交流会の後は連絡先を交換して、メールのやり取りを続ける生徒たちが多いという。日本側の生徒と結婚した教え子もいると嬉しそうに語った。

3.1.6 複雑な韓日関係の中で伝える日本語学習の意味

イ先生は授業を通して、生徒に伝えたかったこととして「外国語は自分の人生を幅広くする」ということと「日本を知ろう」ということの2点があったと繰り返し語った（語り18）。

●語り18

イ：う:::ん、外国語は自分の人生を幅広く、になる、もう1つは、日本を知ろう、

＊：あ、日本を知ろう

イ：日本を勉強しよう、そう言いながら日本語を勉強しました。う:::ん、日本の方は親切だ、誠実？ (2015/09/08)

　しかし、生徒の中には日本との歴史、日韓関係の悪化などの社会的背景から日本語を学びたくない生徒もいたのではないだろうか。イ先生にそう質問すると、そういう生徒も「たまには」いたと話しながらも、外国語を熱心に勉強すればそれが後に役立つ時があると強調したと語った（語り19）。

●語り19

イ：生徒の中ではですね、学校に、あの、日本語が学校に設置されていて、無理やり勉強しなければならない状況で、勉強しているっていう生徒もたまにはいましたね。たまにいましたけれども hhh　でも、外国語の立場で、熱心に勉強していれば、後になって、とても役に立つ時期がある、という話をしていたと思います。 (2015/09/08)

　日本語を学ぶことについて、生徒の反応について話が及んだ時、イ先生は韓国語でその思いを語り始めた。

　生徒たちの中には過去に日本が朝鮮半島を植民地支配した歴史から、「なぜ歴史的にひどいことをした日本の言葉を学ばなければならないのか」と訴える生徒もいる。イ先生はその生徒の気持ちを当然のものと受け止めている。なぜなら、韓国は被害者の立場であり、その記憶を消し去ることはできない。それは過去に執着しているということではなく、韓国の国民が未来に進むために忘れてはならない過去の記憶、教訓だからだ。しかし、そういう生徒たちの気持ちを受け止めつつ、イ先生は「それでも日本を知らなければならない」のだと生徒たちに語り続けてきたという（語り20）。

●語り20

イ：生徒の中には、私の国民に、ひどい。なんというか、歴史的にひどいことをしたのに日本語を勉強しなければならないのかと質問する学生もいます。その時もそれでも日本を知らなければならない。
＊：それでも日本を知らなければなりませんよと、う :::ん。そうだったんですね。
イ：こんな話を日本人相手にしたことがないんですが、澤邉先生は近く感じるので、話すんですよ。歴史的に、被害意識、被害者の意識がありますね。被害者の意識は簡単に消えるものではない。加害者、加害者の立場では簡単に忘れることができるでしょうけれど、被害者は忘れることが難しい。歴史的に。ね。過去に執着しているということを言う人もいるけれど、過去に執着しているのではなくて、記憶がある、忘れてはいけない、忘れたら、これから大変なことがある、過去を教訓にして、過去を教訓？　教訓にして、未来を見なければならないので被害者の立場ではそれを忘れることはちょっと難しいことなんですね。(2015/09/08)

　イ先生は「数十年日本人に会ってきたが、このような話をするのは初めてだ」と何度も強調して韓日の歴史問題に関する個人的な意見を語った。その気持ちの根底にあるのは、「韓国人を理解してほしいという気持ち」であると述べ、日本が歴史を教えていないということを批判した（語り21）。

●語り21

イ：現在、政治的に日本と韓国は関係が悪いですよね。現在。私が残念に思っているのは、日本が歴史を教えないということです。こちらでは教えている。教えていないから、
＊：そうですね。
イ：教えていなくて知らないから、このまま行けばお互い良くないと思う。私はそう考えると胸が痛むんです。個人的にはいいんですけど、政治的には、政治的には・・・
(2015/09/08)

イ先生は日本語を学んだ1人として、歴史の問題は「胸の痛む問題」であると繰り返し話した。「日本語を学んでみて、関わった日本人はみんな良い人。信頼できるんです」と話し、しかし、政治の話になると憂慮する部分が多いという気持ちを率直に語った。政治から教育の施策が生み出される。このまま双方で教えている歴史が違っていけば、衝突は免れない。そのことを考えると「胸が痛む」のだ（語り22、23）。

●語り22

> イ：私たちは教えているということ。しかし、政治的には…。すべて政治から出てくることですから、政治家から全ての政策が出てくることですので、教育課程にも影響を及ぼしているんですよね。今、政治の立場では歴史を教えていないという意識があるみたい。だから、いつかは未来は、衝突？＝
> ＊：＝衝突
> イ：日本語を学んだものとしては、胸が痛むんです。未来、お互いの歴史で教えていることが違うから・・・。　　　　　　　　　　（2015/09/08）

●語り23

> イ：日本語を学んでみて、関わった人はみんな良い人。信頼できるんです。
> ＊：ありがとうございます。でもね、政治の話になってくるとね、またちょっと違ってきてしまって。
> イ：政治から全ての政策は出ますので、どのように変わっていくか。今を見ていて個人的な心配を hhh しているんです。　　　　　　（2015/09/08）

イ先生がこれまでの日本語教師人生の中で初めて語った日本に対する思いが、「唯一、ほぼ韓国語で」語られたこの語りの部分に現れていた。この語りの部分には韓国人としての思いを日本人である筆者にぜひ知ってほしいというイ先生の気持ちが込められており、韓国人としてのアイデンティティが強く表れた表現であるように感じられた。日本人は良い人、日本は見習うべき点が多い国、というイ先生が生徒たちに伝えたかった日本に対する肯定的

な面がある一方で、日本と韓国が政治レベルでなかなか分かり合えないことへの苛立ち、歴史教育への失望がイ先生の気持ちの中にあり続けたことを筆者もこのインタビューで初めて知った。筆者は韓国の日本語教育に従事している間、中等教育の教員たちとの交流を多くしてきたが、その間筆者と話す中で誰もこの歴史問題について積極的に触れる人はいなかったと記憶している。それほどこの歴史認識問題はデリケートな問題として、日本語教師の中でも捉えられていたのである。

3.1.7　イ先生による日本語教師人生の評価

　イ先生は 201X 年に高校を退職した。二級正教師から一級正教師、教頭、校長と管理職を勤め上げた。そのキャリアについてイ先生は「日本語のおかげでいろいろできることがあった」と振り返る。日本語のおかげで「もっと日本を知ることができた」、「いろんな方に会って、交流ができた」、「生徒たちに日本を伝えることができた」、そして「日本語を通して、私が生きてきた」と笑いを交えて語った（語り 24）。

● 語り 24

> ＊：先生にとって日本語はどのようなものでしたか。
> イ：う :::ん、もっと日本を知ることができた、うん。・・・・・いろんな方に会って、いろんな方に会って…、交流ができた。
> ＊：先生の世界を広げたんですね。
> イ：多くの生徒たちに、…日本を…知らせたこと？
> ＊：うん。
> イ：いろんな教え子たちが、日本に勉強しに行って、もっと日本を知ることができたこと。もっと大事なことは、日本語を通して、私が、生きてきたこと hhh
> 　　　　　　　　　　　　　　　　　　　　　　　　　　　　　　（2015/09/08）

　「お金ももらった、年金ももらっていますので、それがいいですね」とイ先生の表情は朗らかだ。「日本語を通して生きてきた」ことはイ先生にとって 1 人の人間として、そして教師として成長し、家族の生活も支えることができたという点で大きな意味を持っていた。また、その教育や研究活動は、

生徒たちや切磋琢磨し合う教師たちの成長も支えてきたことがこれまでのイ先生の語りから読み取ることができた。

3.2 キム先生のライフストーリー

3.2.1 日本語の学習動機

1980年代に日本語学習を始めたキム先生の学習のきっかけは身近に溢れていた日本の「物」との接触と教職への関心だった。

キム先生は196X年に韓国の釜山で生まれた。九州と近いこの地域では、キム先生が幼い頃福岡放送を見ることができた。そのため日本語に接する機会は幼い頃からあったという。しかし、それは勉強するきっかけには直接結びついてはいなかった。キム先生は電気工学の専攻で専門大学を卒業している。しかしその後軍隊に入り、除隊してからその専攻は自分とは合わないということに気がついて、また勉強しようという気持ちになったという。

キム先生は放送局に入りたいという希望があったが年齢のためにあきらめ、次の希望であった教師を志すことにした。「教師になる」という進路の設定があり、次に「何を教える教師になるか」を考え、周囲に日本語が溢れていたために「日本語」の教師になることを思いついたのだとキム先生は語った（語り1）。その時期にちょうどキム先生の姉が義理の兄の会社転勤に伴い、日本で生活を5年間して戻ってきていたため、日本の物が身近にあったのだという。

●語り1

> ＊：留学ですか。
>
> キム：留学じゃなくて、義理の兄が会社の出張として5年間滞在したんです。ちょうどその時期に帰ってきたので、姉の家に行ったらほとんどが日本製品で、その日本製品を見て、それから日本製のテレビで日本の放送を見ることができたんです。
>
> ＊：それは珍しいことですよね、だいぶ。
>
> キム：ちょうど私はまた新しく大学に入ろうと思っていたので、じゃあ私は何を専攻するかと思っていたら、自分はもともとは放送局に就職したかったんです。でも、卒業してから採用される年齢制限、それが1つ

だけ私はオーバーしていることを知ったから、放送局は駄目だと。じゃあ、何をするか。教師になりたい。教師になりたいと思って、じゃあ、何の教師になりたいかと思ったら周りに日本語がいっぱいあったので、じゃあ日本語の教師になりたい、そういう希望を持って大学をA大学の日本語科に入ることができたんです。　　　　　　　　　　　　　(2015/09/07)

　キム先生は叔父が教師であったため、もともと幼い時から教師に憧れを抱いていたという。何か立派なことをしたいという夢を持ち（語り2）、それがまずは放送局の仕事であったが、次に何かと考えた時に思いついたのが教師だった。

●語り2

　キム：もともと幼い時から自分は教師になりたかったんです、実は。父の弟さんが教師だったので。自分の叔父が教師だったので、私も教師になりたいという希望を持っていたんです。高校を卒業する時は自分は何とか立派に見える人になりたいと、そういうことで放送局に入りたいと。　　　　　　　　　　　　　　　　　　　　　　　(2015/09/07)

　専門大学で専攻した理系とは異なる文系に方向を変えることに関しては親の反対もあったという。しかし、大学の日本語学科に入学するというキム先生の覚悟と意思が非常に強かったため、両親も理解してくれた。キム先生はその時日本と韓国の関係をどのように見ていたのだろうか。その質問に対してキム先生は未来の関係性を考え、日本や日本語に関して拒否感や違和感は特になかったと語った（語り3）。

●語り3

　キム：う :::ん。幼い時から私たちは、日本は植民地時代の話をいっぱい聞いて育てられたので、あまりいい印象ではなかったですけど、でも、自分はなんというか、あの :::、過去はよくなかったけど、未来はちょっといい関係になるのもいいじゃないかといって。隣の国ですからね。そ

ういうように思っていたので、あまり拒否感とか違和感とかはなかった。

(2015/09/07)

　注目すべきは、キム先生の「日本語学習」は「教師になる」という自身の夢を実現させるための手段でもあったということである。韓国では1970年代に高校において日本語教育が開始され、キム先生が大学で日本語を専攻した時期は既にそれから10年以上の時が経っていた。パク先生の語りからは「高校の日本語教師」という理想のアイデンティティを思い描きながら日本語学習に投資することがこの時期には十分に可能となっていたことがうかがえる。

3.2.2　80年代の大学での日本語学習と人的交流

　キム先生は大学に進む決意をした翌年の198X年、25歳の時にA大学の日本語学科に入学した。その当時、日本語を学ぶことに関して周囲の目はどうだったのかを尋ねると、忘れられないエピソードとして、大学内で行われた模擬オリンピックの経験を語った。在学中の1988年にソウルオリンピックが開催されたことから、大学の中でも模擬オリンピックというイベントが行われた。しかし、その際に日本語専攻の学生たちだけが日本の国旗を持って入場することができなかった。国際的でオープンな雰囲気を持つ学内においてさえ、日本語や日本に対する見方が厳しかったという当時の韓国社会を象徴した出来事であるとも言える。キム先生はその出来事を「残念だった」「悲しかった」と述べている（語り4）。

●語り4

キム：悲しかったのは大学で模擬オリンピックをする時です。A大（（大学名））ですから模擬オリンピックをするんですよ。模擬オリンピックと模擬ワールドカップをするんですけど、入場するじゃないですか。各国の選手たちが国旗を持って入場するんですよ。でも、日本だけは国旗がなかった。それを持つことができなかった。それが残念だったですね。

(2015/09/07)

そうしたまだ日本や日本語に対し抵抗感が見られた 80 年代に、キム先生は日本語の学習をどのように進め、日本語はどのようにキム先生の中に受け止められていったのだろうか。キム先生は日本語の勉強は楽しかったとはっきりと語った。キム先生にとって日本語は「英語よりやさしい」外国語であり、実際に「使ってみやすい」ものであった。日本に提携校があって日本人大学生との交流活動が行われていたため、コミュニケーションのために日本語を学ぶということが実感しやすかったという（語り 5）。

●語り 5

> **キム**：私は面白かったです。今もそう思っているんですけど、日本語は英語よりやさしい。やさしいから自分が勉強していくと、なんかあの、それはすぐ使うことができるじゃないですか。それが私は面白かった。
> **＊**：使うことができたというと、使う場所がありましたか。
> **キム**：大学のネイティヴスピーカーの先生と、それから学校と交流している日本の大学の学生たちですね。来たら、同じ学校で交流したりする時に、案内したりする時に日本語で、あまり上手ではなかったんですけど、日本語でコミュニケーションができたのでそういうことが面白くて、楽しかった。
> (2015/09/07)

　当時の日本語学習の思い出はたくさんある。一緒に部屋をシェアして暮らしていた学生とともに日本語だけで話す規則を決め、韓国語で話したら罰金というルールを作ったこと、釜山に住む家族に日本のラジオ放送を録音して送るように依頼し、道を歩く時にはいつもそれを聞きながら歩いていたことなど、キム先生は笑いを交えながら語った。

3.2.3　教師研修と授業改善

　大学卒業と同時に、キム先生は念願の高校の日本語教師の職に就いた。教師になったばかりの頃について、日本語を教えるのは初級レベルのことを扱うものであったため、あまり負担ではなかったと振り返った。しかし、その当時のことを振り返るともっと授業方法を研究すべきだったと反省しているという（語り 6）。

●語り6

> **キム**：今振り返ってみると、教師になってからは大学で自分が先生に教わったこと、そのまま教えていたんですね。それが何年かたったら、それがあまりよくなかったと。新しい教授方法を自分が研究したり勉強したりして教えたほうがよかったんじゃないかなと、反省しているんですけどね。
>
> ＊：大学で教わったようにというと、なんか講義形式。
>
> **キム**：そうですね、講読というじゃないですか、一方的に説明したり。ついて読んでくれとか、そういう。多分、オーディオリンガル[6]の文型練習みたいな、そういう教え方じゃないかなと思うんですけど。(2015/09/07)

　キム先生が自身の教授法を変えてみようと考えるきっかけは、高校を異動することになったことだった。最初に勤めた学校は女子高校だったが、そこに2年勤務して現在の妻に出会い、職場結婚をした。1人は他の学校に移らなければならなくなったため、キム先生が現在勤める高校に異動することになったのだという。その学校は共学の実業系の私立高校で生徒たちは学習に困難を抱えており、そうした生徒たちにどのように日本語を教えていこうかと真剣に考えたことが自身の授業改善につながったとキム先生は語った（語り7）。そこで考案したのが「て形の歌」という文型を楽しく覚えるための歌だった。

●語り7

> **キム**：クラスの、生徒さんの半分以上が授業に参加しなくて、寝たりしている、そういう授業風景だったので、それを変えようと思ったんです。それで私が研究したのが、歌で覚える。もともと日本で発表されていた方法だったんですけど、それをうちの学校の生徒たちにそういうことを考えてみたら、今の高校のテキストにはほとんどのテキストに載っているんですけど、「て形の歌」とか。
> (2015/09/07)

「て形」(te-form)とは、「飲む」が「飲んで」、「行く」が「行って」にな

るような活用の形である。たくさんの活用パターンがあることから、初級日本語学習者の壁となる学習項目の1つであるが、それを楽しく覚える方法としてキム先生は生徒たちに「て形の歌」という歌を紹介し、「て形」の作り方のルールを教えた。この方法は後に日本語教師の研究会で発表し、非常に覚えやすいと他の教師たちからの反響が大きかった。この頃、キム先生は地域の日本語教育研究会に入会し、事務局としての活動も開始していた。研究会の活動を始めてからは日本から派遣される日本語教育派遣専門家が提供する日本語教授法のセミナーに参加したり、韓国日本語教師を対象とした訪日研修にも参加したりしながら、教授法についてのアイデアやヒントを得て、それを自分流にアレンジしながら実践を試みていった。2000年以降は、「イメージで教える日本語」というテーマで実践をしていった。それはキム先生が考えた「学習者中心」の日本語授業の方法の1つであった。

　教師が一方的に説明をして覚えさせるのではなく、生徒に既に知っている日本語の知識を利用したり、例を提示して帰納的に日本語のルールを発見させたりする方法を工夫することにより、文字や文法の規則を生徒たちが覚えるスピードが速くなったとキム先生はその効果を評価した。そして、学習指導が困難だと見なされているキム先生の高校の生徒たちでもこの方法は効果的だったということを根拠にして研究会でその実践報告を行った。そこで強調したのは「自分の学校のレベルでもできるのだからどこの学校でもできる」ということだった（語り8）。

●語り8

> **キム**：イメージで教える、そういうことに注目して、何年かはイメージを利用した日本語の授業で、その後は学習者中心の日本語教育という形に変わりました。イメージを通した日本語教育に関心を持っていたので、学習中心の日本語教育がうまくいったんじゃないかと思うんですけど。（中略）私はうちの学校でそれを実践してみてそれができたので、どの学校でもできる hh と。
> (2015/09/07)

3.2.4　複雑な韓日関係の中で伝える日本語学習の意味

　生徒たちに日本語を教えるためにキム先生が大切に思っていることは、「高

校時代に日本語を学んだ経験が、卒業後また学びたいと思った時の勇気になる」ということであった。高校3年間という短いスパンの中で日本語が上達することを目指すのではなく、生徒たちの長い人生の中で生徒たちの自己実現の一助として、日本語学習経験が役立てばいいという考え方である。キム先生はその信念のもと、そのやる気を持たせる基礎を作ることが自分の任務であると考えていた。日本語の学習が楽しい経験であったならば、もっと勇気を出しやすくなるのではないかという考えから、生徒たちが楽しく勉強できる工夫を追究していた（語り9）。

●語り9

> **キム**：私は日本語を教えていて、生徒たちがペラペラと日本語をしゃべれるレベルまで教えるのは目標ではないですからね。ただ、今皆さんは日本語を勉強しているんですよ。で、こういう時期があったと、高校で日本語を勉強していたということが、卒業してから皆さんが日本語が必要になった時に、また勉強する時になんか勇気を出せる武器になるんじゃないかなと。そういうように生徒たちに言うんですよ。だから、たくさん覚えていて、日本語が上手になるのもいいのですけど、楽しく勉強するのがいいんじゃないかなと思うんです。だから、生徒たちがよく知っている日本語を中心に教えているんです。
> (2015/09/07)

　生徒たちは日本語をどのように見ているのだろうか。キム先生が教え始めた頃と今とでは日本や日本語に対するイメージは変化したであろうか。日本の大衆文化開放から約20年経つ現在、今の生徒たちはテレビ放送を通して日本語にも触れやすくなっており、日本語に対する拒否感はほとんど感じられないという。しかし政治の世界では近年、日韓関係の悪化傾向があり、そうした状況に生徒たちも少なからず影響を受けている。キム先生は授業の中でそれは政治家たちのパフォーマンスであると述べ、自身が日本人の友人をたくさん持ち、友好的な関係を築いていること、関係性が悪くなっても和解することが大切だと伝えている。生徒たちはそうしたキム先生の言葉を素直に受け止めているという（語り10）。

第3章　隣国の言語を教える教師たちのライフストーリー　　151

●語り 10

> **キム：**今は韓国のテレビの番組で、日本語をそのまま言うんじゃないですかね。「いらっしゃいませ」とかね、そういうのをそのまま言うんですよ。そういうギャグコーナーもあるんです。ひらがなも知らない生徒に「いらっしゃいませ」は何の意味か知っている？　オソオセヨ、そういうのを知っているんです。日本語にはそういう拒否感はないです。でも最近の日韓の政治の関係とかそういうのがあって、マスコミはいつも日本が悪いとか、安倍さんが悪いと、そういう表現を使っているから、生徒は勉強がしたくない。そういう言い訳で日本は悪いじゃないですか、日本人は悪いじゃないですかと言うんですよ。そういう時に私は、それは政治家たちのパフォーマンスだと。先生は日本人の友達が、日本人の知り合いがいっぱい、山ほどいると。仲がいい。だから日本人が悪いことじゃなくて、パフォーマンスをする政治家たちが、それが日本人、韓国人の区別はないんですね。それが悪いんじゃないか。で、あなたと隣の友達と、昨日けんかした、卒業するまで敵にしていくか、それがいいか、じゃなければ昨日は悪かった、私も悪かったと和解して仲良くするのがいいかと聞いたら、先生の話が正しいと思いますと。　　　　　　(2015/09/07)

　この語りからは、マスコミなどの影響から少なからず日本に対して否定的なイメージを持ちがちである生徒たちが、最も日本と近い立場にいる日本語教師の言葉からそのイメージを更新していく可能性をうかがい知ることができる。

3.2.5　日本語教師をつなぐネットワークの形成

　キム先生は 2003 年、韓国日本語教育研究会を発足させた中心メンバーである。韓国の中等日本語教師のネットワーク構築の発起人であり、そのために全国を渡り歩き、各地でそれぞれ活動していた地方の日本語教育研究会と連携する道筋を開拓していった。

　ある日の深夜、お酒を飲みながら同じ地方の日本語教育研究会のメンバーである教師に全国規模の研究会設立の必要性についてふと語ったことがきっかけだったとキム先生は笑いを交えながら語った。実は全国規模の日本語教

育研究会が発足する数年前に日本では高等学校韓国朝鮮語教育ネットワークが発足していた。そのことを知ったキム先生は韓国の日本語教育も全土のネットワークが必要であると感じたと話している（2016年8月10日フィールドノーツ）。200X年度に国際交流基金主催の訪日研修に参加した際、参加した教師たちにその呼びかけをしてみたところ、その場にいた教師たちが賛同してくれたことから全国ネットワークを構築する決心がついたという。

しかし、問題は予算が足りないということであった。その問題をクリアするため、国際交流基金からの助成を得て必要な資金を調達した。さらに、全国の中等教育の日本語教師たちの協力を得るために全国を奔走した。努力が結実し全国ネットワークは2003年2月25日、韓国の盧武鉉大統領就任式の日に創立された。

この研究会では毎年1度の教師による授業研究発表大会の他にも生徒による日本語演劇大会やスピーチ大会、その他数多くのワークショップを開催している。全国のネットワークができたことの成果については、キム先生は各地域の教師間交流が活発になったことを挙げている（語り11）。

●語り11

> **キム**：全土の各地域の教師の交流が活発になった。それが言えるんじゃないですかね。1つの場所に集まるチャンスもできたし、皆さん、会ったら電話番号交換とかをするんじゃないですかね。メール交換とかする。それは情報交換ができて。ホームページもできたのでホームページを通して、また交流も。
>
> (2015/09/07)

3.2.6 東アジアの生徒、教師をつなぐNPO法人の設立

キム先生は韓国と日本という2国間の関係だけでなく、もっと広い「地域」という考え方で日韓の関係を捉えていくのが良いという考えを持っている。キム先生は韓国の2007改訂教育課程において日本語のシラバスの執筆メンバーの1人であり、その際に一緒にその作業を行った大学教授とともに、この地域共同体という概念を初めて教育課程の中に用い、2015改訂教育課程においてはこの言葉をシラバスの中に明記した（語り12）。

第3章　隣国の言語を教える教師たちのライフストーリー　　153

●語り12

> **キム**：私は生徒たちにはあまり言わないのですけど、私は自分が考えて
> いるのは、国という概念というか、これがいつまでいくかという。私は
> 地域という単語がいいと思うんですよ。
> ＊：地域ならもっと広がりが出ますね。
> キム：国というのは地域内の国ですからね。だから私、地域共同体とか、
> そういう表現をよく使うんですけど、それで2007年度改訂教育課程に、
> 地域内の国家間の共生共栄のためのという概念を入れたんですよ。
>
> （2015/09/07）

　200X年9月から200X年8月までの2年間、キム先生は韓国政府の奨学
金を得て当時小学6年生の娘と妻を連れ、日本の関西地区にある大学院に留
学した。難関を突破しての留学だった。留学期間中は、大学院の修士課程に
所属し勉強しながら、日本人の知人と教育・文化面における国際交流・国際
貢献事業を行うNPO法人を作るための準備作業も行った。

　NPO法人の母体となったのは日韓の教師間の交流会であり勉強会であっ
た。それが会を重ねながら日韓だけではなく、「アジア」という範囲まで視
野に入れたプロジェクト実践に発展していった。活動のために必要な資金を
集めるために助成金を手に入れることには困難も伴ったが、教師交流と高校
生、大学生などの生徒間交流も活発に行っていった。90年代は現在のよう
に日韓の民間レベルの交流が盛んではなく、このNPOでの活動が日韓の民
間交流の先駆けのような役割をしたのではないかとキム先生は振り返ってい
る。

　生徒間交流の具体的な活動は3泊4日程度、日本、韓国、中国、香港など
から集まった東アジアの高校生たちがプロジェクトワークに取り組むという
ものだ。様々な国の生徒が1つのチームに編成され、プロジェクトのテーマ
を持ってその課題を解決する活動を実施し、その成果を発表する。高校生と
は思えない、質の高い発表をして驚かされるという。さらに、こうした日韓
にとどまらない東アジアの生徒たちの協働によるプロジェクトを通し、生徒
一人ひとりが複言語を身につけることの意義や東アジア共同体が形成される
可能性を感じたと語る（語り13）。

154

●語り13

> **キム**：日韓だけじゃなくて、香港とか上海とかの生徒さんたちも一緒だったので。それが面白かったのは上海だったかな、発表するのに日本語ができない生徒もいるじゃないですか。で、チームが4人が1チームだったら、韓国人、日本人、中国人、それから・・・そういう形になって、香港、ですね。日本語ができない人がいたら、2人が英語で話すんですよ。で、この人は英語ができるんだけど、日本語ができない。この人は英語と日本語ができるんですけど、中国語ができない。中国語はできて日本語はできて、英語はできない。そういう形がある。それを輪になっているのは、通訳ができる。
>
> **＊**：自然と。
>
> **キム**：コミュニケーションができるということ、これが素晴らしかった。
>
> **＊**：自然にできちゃうんですもんね、そういう。
>
> **キム**：だから、そういうことを見ながらも共同体というのが、これが共同体じゃないかと。ただ私たちは、最低私はグローバル世界とか、世界化とか、そういう時代になると共通語が必要じゃないか、そういうことばっかり考えていたんですけど、共通語は要らないというね。バイリンガルとかそういうことになれば、全部平気になる。
>
> **＊**：複言語、日本で今、そういう複言語、韓国でも言われますかね。共通語は置いておいて、そういうふうになれば使える言葉をちょっと増やして、誰かができない分を補ったりして。
>
> **キム**：世界は1つになるんじゃないかなと思いますね。世界までは行かなくても、地域というのは、東アジア地域とかは1つになるんじゃないかなと。できると思います。そういう場面を見ながら、東アジアは1つになれる。
>
> (2015/09/07)

　キム先生が述べていたのは、複言語・複文化主義が実現できれば共通語は要らないということ、そして、東アジアは1つになれるのではないかということだ。しかし日本では英語一辺倒のような外国語教育がなされている。英語を中心とした考え方は、韓国もまた同じである。このことについて、キム先生はどのように考えているのだろうか。

キム先生は、「第二外国語」というように、外国語がランクづけされていることに対する違和感をはっきりと述べ、しかしそのような外国語の教育は経済的に進んだ日本においては、必要な人は自分の力ですることが可能なのではないか、しかし韓国では国のレベルがまだそこまでは行っていないために学校で教えるのが良いのではないかと語った（語り14）。

● 語り14

> **キム**：第二外国語ということですね。なんで第二外国語が、第二を使うのか分からないです。それは、私は絶対納得できないですけどね。外国語ですよ。
> **＊**：みんな同等ですもんね。
> **キム**：hhh で、英語中心社会ですから、英語は外国語で他は全部第二外国語になってしまったんですけどね。日本社会は私が思うのは、韓国よりは経済的な面から見ると20年ぐらいは先に行っている国ですからね、もうバイリンガルがものすごく多いんじゃないかと思うんです。だから、第二外国語を政府が無理やり勉強させなくても、必要な人は自分が勉強するんじゃないかと思う。20年前に日本へ行った時に、海外へ出る日本人がものすごく多かったという印象だった。最近韓国で外国に出る人がものすごく増えた。（中略）それから留学に行く方も多くなって。社会が発展すると外国語を学ぶということは自然に自分の必要によって、学ぶ人は学ぶんではないかと思うので。韓国ではまだ国のレベルがそこまで行っていないから、できれば学校で教えるのが私は正しいと、いいんじゃないかと、そう思うんですけどね。
> (2015/09/07)

3.2.7 教育課程の変化への期待と今後の目標

韓国の教育課程においては2009改訂教育課程以降、第二外国語の単位数が減り、さらに以前に比べ日本語の位置づけが弱まっている。そのことについてキム先生はどのように考えているか質問した。それに対し、キム先生は韓国では教育課程を作る時に「政治的な力が入ってしまう」と語った（語り15）。

●語り 15

> **キム**：私が思うのは、そういうことよりは教育課程を作る時ですね、それが教育的な考え、そういうのが入るのが正しいけど、そうじゃなくて政治的な力が入ってしまうので。全体的な枠は同じですよね。その中である科目を増やしたら、ある科目はなくなったり減ったりするんじゃないかと。そういう関係じゃないかと思うんですよ。体育科目を 6 単位にしていたものを、10 単位にしなさいといったら、何かが 4 単位は＝
> **＊**：＝減らさないといけない。
> (2015/09/07)

　このような状況があることを分析しながら、キム先生は第二外国語教育に関わる教師たちと、現在は以前の教育課程のように「外国語領域」に第二外国語を戻してほしいと訴え続けているという（語り 16）。

●語り 16

> **キム**：（（第二外国語の授業時間を））増やしてくださいということではない。元に戻してくださいと、それを訴えているんですけど、できなかったです。そのために日本語の教師たちが募金活動もしたんですけど。
> **＊**：署名とか。
> **キム**：新聞に。
> **＊**：それも読みました、新聞で。
> **キム**：広告をしたりしても駄目だったんです。
> (2015/09/07)

　キム先生は第二外国語教育の位置づけを「元に戻す」ことを目指しながら、日本語学習者が大幅に減っている要因として日韓関係の悪化の問題もあるとして、その状況が好転していくことも願っていた。

　2017 年 6 月に文字化資料とライフストーリーの確認のために再会したキム先生は新しい教育課程に基づいた日本語教科書の執筆を終えていた。前年、大病を患い現在もその治療を続けているが、そうした困難な状況の中も日本語の教科書の作成を続けていた。そして現在は勤務校の学科改編に教務部長という重要な役職の立場で取り組み、多忙な毎日を過ごしている。勤務校に

新しくできる外食経営の学科では、日本の飲食経営について学べる専門学校などと連携を持ち、生徒たちが日本の学校でインターンとして実践的に学ぶカリキュラムを実施するべく準備を進めている。日本でのインターン実習が実現可能となれば、高校生たちの日本語を学ぶ意欲も高まるだろうと期待もしていた。定年退職まであと数年というカウントダウンの中で、韓日の青少年交流に力を尽くすことが現在の目標だとキム先生は語った（2017年6月19日フィールドノーツ）。

3.3　イ先生とキム先生の教育観

　ここでは2人の教師のライフストーリーをもとに、教師たちが日本語の使用者として教師になるまでの過程においてどのような日本語教育観を持つようになっていったかについてまとめたい。

　2人の教師が日本語を学び始めたのは、日本語が「排除と警戒の対象」としての負のイメージを完全に消し去ることが難しい70年代から80年代のことであった。イ先生は日本語が排除の対象だった1970年代、日本と日本人との直接的な接触経験により韓国人としてのアイデンティティが揺さぶられる経験をし、日本について学ばなければならないという強い信念の下、学習を開始した。イ先生は定年退職し、自らの日本語教師人生を振り返り、日本語を学び、教えるという営為を通して、自分自身が日本をよく知り、多くの人々に出会い、世界を広げてきたことを大きな価値だと認識していた。その個人的な経験を授業や韓日交流活動を通して生徒たちに語りながら「日本を知ることの大切さ」を伝えてきた価値は、多くの教え子たちが卒業後日本へ留学し、自ら日本に学ぶようになったことに現れていると認識している。イ先生が高校の教師になったのは、若い世代に日本のことを伝えたいと思ったからだった。日本語教育を通じて「外国語を学ぶことの意味を伝え、日本について知ることの大切さを伝える」役割を果たして来たと自身の実践を振り返っている。イ先生の語りに通底していたのは「韓国人として」日本語を学び、教えることがどのような意味を持つのかという課題であった。韓国と日本の間の歴史、政治的な問題から「なぜ日本語を学ばなければならないのか」という抵抗を示す生徒は昔も今も変わらず存在する。そうした際に、自らの人的交流の経験を語り、なぜ「韓国人」である自分たちが日本語を学ぶべきなのかを生徒たちに伝えてきた。

キム先生は日本の「物」との直接的な接触経験を持ち、教師になるならば日本語の教師になるのが良いと考えて日本語教師の道を志した。日本に対する否定的な見方が多い韓国社会の中ではあったが、「隣の国だから未来はもっと良い関係になるのがいい」と考え、日本人との直接的な人的交流を深める中で日本語学習を進めていった。「出会った日本人はみんな信頼できる人だった」とイ先生が語ったように、キム先生も信頼できる日本人の友人を多く持ち、日本語を媒介として人的ネットワークを広げてきたという共通点がある。キム先生は「日本人の知り合い、友人がいっぱいいる。みんな仲がいい」と語っている。日本語ができることは仕事に役立つという実利的な面もあるが、それだけでない。日本語を媒介に友達を作り、そうして築いていった人間関係が一人ひとりの人生をより鮮やかに彩るものにしていくという可能性を日本語学習の価値として2人の教師たちは考えていた。それは、日本語の学びは単なる日本語の形式の習得にとどまらないという教育観であり、このような日本語学習や日本語教育の価値づけは他人からの評価、価値づけから形成されたというよりはむしろ自分自身の人的交流を中心とした複言語・複文化経験を意味づける中で形成されていったものであると考える。

日韓の歴史的、政治的な問題、第二外国語教育軽視の傾向など、韓国の高校の日本語教育の現場では教師たちのアイデンティティを揺さぶる様々な外力が存在する。そのような中で、教師たちは複言語・複文化を経験できる場を創出し、生徒たちや教師たちの参加を媒介する教師として自己実現を図ってきた。知識伝達型の教師から、複言語・複文化経験の場を創出する教師へ、さらに英語以外の外国語の教育の必要性を社会に訴えていく教師へ、という自己形成の軌跡からは自身の中の複言語・複文化を強みとして自己、教室、学校、社会を変革しようとする生き方が見えてくる。

4.　日本人韓国語教師のライフストーリー

4.1　川野先生のライフストーリー

4.1.1　韓国語の学習動機

川野先生は198X年に大学に入学し、「朝鮮語」を専攻した。その頃の日本社会の韓国に対する眼差しは現在とは全く違ったもので、関心が低かった。そのため、周囲には「なぜ朝鮮語なんか」勉強しようとするのかと何度も聞かれたという。川野先生は何か外国語を学びたいという気持ちは持っていた

が、これがやりたいから「朝鮮語」なのだという明確なものは特に持っていなかったと語る（語り1）。

●語り1

> 川野：朝鮮語学科だったんですけど、そこに入った時なんかは、当時8X年かな？　8X年の4月が入学なんですけど、今と全然雰囲気違うじゃないですか。ね、韓国への眼差しも全くだし、で大体知らない、知られてないし。だから、「なんで朝鮮語なんかやるの？」っていうのは、本当に何回も何回も聞かれる問いではあったんですよね。で、僕がなぜって言われてもね、これこれこうだからって明確なものはそんなにあるってわけでもなかったんですよね。ただ、なんか外国語みたいなものには興味はあって、大学でちょっと外国語勉強しようかなってのはあったんですよ。だけど、なぜ「朝鮮語」に傾いてたかっていうのは、その、明確なものが、これだってものはなかったっていうのが正直なとこなんですよね。
> (2015/08/10)

　何か外国語は学びたいと思っていたが、なぜそれが「朝鮮語」だったのかということは自分の中でもはっきりとはしていない。しかし、韓国・北朝鮮との接点として心に残っている出来事がある、と川野先生は続けた。自分が通っていた高校の近くには朝鮮学校があった。当時は民族衣装の制服を着用していたため、明らかに自分たちとは異なる存在がいることにも気づいていた。そして、自分の学校にも明らかに朝鮮にルーツを持つ名前の生徒が学んでいて、話したこともないのにその生徒の存在が気になっていたという。それが大学で「朝鮮語」を専攻する直接的なきっかけになっているとは明言できないが、つながりがある出来事として、川野先生の心に残っていることだと川野先生は語った（語り2）。

●語り2

> 川野：高校生の頃に、明らかに朝鮮にルーツを持つ名前だって思っていた高校生が同じ学校で学んで、ただクラスも全然一緒じゃなかったし、

本当に顔もしっかり分かんないぐらいだったんですけど、その彼が2年生になる時に、いつの間にかいなくなってたんですよ。うん。で、なんでだろうなって、なんかここら辺に引っ掛かってたんですよね。（中略）うん。だから、僕の中での韓国、朝鮮っていうものの最初の認識っていうのは多分、その辺りがルーツだったと思うんですよ。うん。ただ、それが大学で「朝鮮語」学ぶってことにどうつながってたかっていうのは、これは多分運命なんだろうなと hhh 運命なんだろうと hhh

(2015/08/10)

　大学生になる頃、川野先生の目に映る韓国・北朝鮮の姿は現在とは逆のものであり、韓国は軍事政権のイメージ、北朝鮮には楽園のようなイメージを持つような報道が多かったと記憶している。そうした中ですぐ近くにある東洋の言語を学んでみるのも良いのではないかと思ったことも朝鮮語学科を選んだ理由だったかもしれないと川野先生は振り返る。こうした選択に対し、両親は特に反対することはなく、地元を離れての大学進学を認めてくれたという（語り3）。

●語り3

川野：もう軍事政権の国で、民主主義がないとかね。金大中っていう言葉とかね。そういう、むしろ韓国に対する眼差しは今と違ってね。むしろ北朝鮮のほうが楽園みたいな hh、そういう報道のほうがむしろ多かったかもしれない。だから、なんかその辺のところで、東洋の言葉はやってみるのもいいなあ。じゃあ、朝鮮半島ってすぐ近くだし、ちょっと面白そうだからやってみようかなあ、ぐらいな、多分朝鮮語学科を選択した理由だったと思います。

＊：なるほど。そうだったんですね。ご両親はそれについては特に // 何も。
川野：　　　　　　　　　　　　　　　　　　　// 特にいいとも悪いとも言いませんでしたね。いいとも悪いとも言ってませんでしたね。

(2015/08/10)

4.1.2　80年代の大学での韓国語学習と教職への関心

　川野先生は大学の朝鮮語学科に進学したが、周りの学生たちもそれほど「朝鮮語」について詳しい人はいないように感じたという。例えばその当時出版された『朝鮮語のすすめ』[7]という本を、大学の同期生が15人ほどいる中で入学までに読んでいたのは1人だけだったと記憶している。自分自身も高校時代に在日コリアンの同級生がいたことや、日本史の中で朝鮮と日本の間に辛い歴史があったということくらいの知識しかなかった。言葉については、「朝鮮語」を専攻した以上、やらざるを得ない状況であった。しかしゼロから外国語を学ぶという経験は大変でありつつも、日本語と似ている「朝鮮語」を比較しながら学んでいく過程が「面白かった」と繰り返し述べた（語り4）。

●語り4

> 川野：本当に未知の言語をゼロからやってくっていうことは大変だったけど面白かったですよね。で、僕なんか予備知識なかったから、日本語と「朝鮮語」がどれぐらい似通っている言語だかなんてこともね、よく分かってないまま、勉強してみたらすごい似てるよなあって。そこを比較しながら学んでくってのは非常に面白かったですよね。　　（2015/08/10）

　日本語と「朝鮮語」は多くの漢字由来の言葉を共有している。また、文法的にも語順が日本語と同じであるということが学びやすさにつながり、川野先生にとっては学んでいて楽しい部分であった。

　しかし、川野先生にとってその面白さは徐々に「しんどさ」を感じさせるものへと変化をしていく。大学の恩師は「朝鮮語」教育の著名な教授であったが、その恩師から伝えられる言葉の意味を考えるにつれ、「朝鮮語」が「重たい世界がある」言語であるということ、その言語を学ぶことの意味の重さを感じるようになっていった（語り5）。

●語り5

> 川野：やっぱり一定程度までは、こんなに、特にそれまでに知ってる言

語って英語しかなかったわけで、語順について言うと英語って本当やっかいじゃないですか。ね？　だけど、言葉を組み立てていく時の発想は、日本語のままで組み立てていけるんだ。

　　// 一定程度まではね。

＊：// そう、そこがいいですよね。

川野：そう。それは非常に、あ、こんな言葉があったんだ。

＊：自然に＝。

川野：＝てね、そこはやっぱり言葉学びながら、一番面白い。大学1年生の頃は。ただ、その反面、僕はやっぱり歴史的なことっていうのは何となくぐらいしか分かってなかったから、こんなに重たい世界がある言語なんだっていうね。当時、T先生（（人名））がゼミとか授業のたびに言ってたのが、「皆さん、朝鮮語面白いですか」っていう言葉だったんですよ。で僕は何言ってるんだろうって、分かんなかったんですよ、その言葉の意味が。うん。だけど、4年間過ごす中で、T先生がいろんな話を当時もしてくださったんですけど、非常にドロドロした世界がやっぱりあるわけで、その:::何て言ってたかな、「朝鮮問題は泥沼で、朝鮮研究は暗闇だ」っていうふうにT先生が、さすがに最初の頃はおっしゃってないんですけど、例えば3年生ぐらいになって、僕なんか教科教育法って「朝鮮語」の免許も一応取ったもんで、教科教育法は本当に限られた学生しか取らなかったもんで、普段の授業では話しにくいような話をいろいろとしてくださって、それはしんどい部分ありましたね。そこまで僕分かって専攻決めたわけじゃないもんで、だから言葉として学ぶのはすごい面白いなあっていう部分と、あ、こんなにしんどいものなんだあっていうところとね。うん。そんな4年間でした。

(2015/08/10)

　川野先生は80年代に「朝鮮語」を学ぶことは「社会の問題を考えること」と深く結びついていたと話す。それはそうした社会問題とほぼ無縁にスキルの上達を目指して行われることが多い英語の学習とは大きく異なるものだった（語り6）。

●語り6

> 川野：やっぱり言葉を学ぶっていうことの意味はいろんな捉え方がある
> と思うんですけど、例えばね、英語学んでる人って、あんまりそうい
> うのこだわらない人が僕の周りには結構多いと思うんですよ。とにかく
> ちゃんとスキル身につければいいじゃん、みたいなね。まあ、それはス
> キル大事なんですけど、身につけるのはもちろん大事なんだけど、だけ
> どね、アメリカの黒人解放の問題なんか、全然そんなのいいじゃんとか、
> 黒人文学、そんなの興味ないよっていうね。アメリカが世界で何してる
> の？　そんなの関係ないじゃんっていうね。本当に言葉だけで、興味持っ
> てね。それ僕は否定はしないんですけど、やっぱり「朝鮮語」、韓国語っ
> ていうのは、どっかでは多分その問題ってのがどっかでは考えざるを得
> ない、考えない人もいるかもしれないですけど、当時やっぱり、そうい
> う時代ではまだなかった。
> (2015/08/10)

　川野先生は大学生活を送っている2年生の時に、初めて韓国を訪問してい
る。198X年の夏のことであった。夏期の短期留学のためソウルの語学堂に
来ていた先輩を頼っての、1人旅だった。フェリーで下関から釜山に渡り、
2週間ほど滞在した。ソウルオリンピックが開催される数年前の韓国は町の
至るところに軍人が立っていた。また、当時韓国へ渡る男性に対する偏見も
あり、初めて韓国へ行った時の印象は決して良いものではなかったという。
税関では持ち物を全てチェックされ、街の中も撮影禁止の場所が多く、カメ
ラで撮影しようとすると制止されることも多かった。

　川野先生は、当時の軍事政権下の韓国の姿は良いイメージを残さなかっ
たと繰り返した（語り7）。しかし、韓国で出会った一般の人々については、
悪い印象は全くなかったとも繰り返し述べている。

●語り7

> 川野：当時は男性が1人で韓国へ行くって、なんか買春目的とか、そう
> いう見方ってものもやっぱりあったと思うし、僕も1人でそういう所泊
> まるわけじゃないですか。そうすると必ずと言っていいほど勧誘はあり

ましたね。「ピリョオプソ（（必要ない））」とかって、そんなんでね。通しましたけど、そういう時代。だから、韓国っていう場所に、正直言って最初に行った時のイメージってのは本当に良くないものでしたね。ただ、やっぱり人々は、そうはいっても人懐っこいっていうか。

＊：お店の人とか。

川野：こっちは日本人の旅行者っていうところもあったと思うんだけれども、それ差っ引いても、特に何か‐。

＊：なんか暗い感じが漂ってた。

川野：そんなに嫌な記憶はない。なんかだまされたとか、そういう記憶もないし、大学の先輩をちょっと頼って行ったら、その留学中だったもんだから、延世の学生さんをね、紹介してもらって、それでその人に結構ソウルの中案内してもらったりとかね。うん。そういうこともあったから、韓国の人々に対してはね、悪い印象は全然なかった。ただ、韓国っていう国の姿っていうかね、当時の軍事政権下のことには、あんまりいいイメージはなかったですね、正直言って。 (2015/08/10)

　川野先生は大学で韓国語と英語の２つの教員免許を取得している。韓国語の教員免許を取ったことについては「実際に朝鮮語教える日が来ると思って取ったわけじゃないんですけど」と語り、教育実習も英語で行い、韓国語の免許は英語をとる「ついで」のような感じであったと述べている（語り8）。

●語り8

川野：専攻が「朝鮮語」だったもんだから、語学の単位は、専攻語については十分なんですよね。余計に取らなくて良くて。あとは、教科教育法と、あとは、これは英語も兼ねてですけど、ああいう教育原理とか教育心理とか、教職に必要な単位を取るだけで良かったもんで、まさか僕も実際に「朝鮮語」教える、そんな日が来ると思って取ったわけじゃないんですけど、でもせっかくだから英語も取るんだったら、専攻語は、もうあと教科教育法付け加えれば免許もらえるわけだから、じゃあ取っちゃおうみたいな。

＊：そういう感覚で。

川野：ただ、さっきお話ししましたように、Ｔ先生のね、教科教育法の授業では本当に「朝鮮語」をめぐる社会のいろんな状況やなんかも話が聞けたもんだから、そこでちょっと意識は深まったんですよね。もし、本当に教える機会があれば、教え＝

＊：＝てみたい。　　　　　　　　　　　　　　　　　　　　　　　（2015/08/10）

　実際に韓国語を教壇で教えるということについてのイメージはなかなか持てなかったが、韓国語を学ぶことの意味は何か感じるところがあった、と川野先生は語った。大学の卒業論文のテーマは「朝鮮語教育の現状と課題」と設定し、戦前、戦後の日本の大学における「朝鮮語」教育の歴史を調べている。こうした内容を卒業論文で取り組んだこともあり、川野先生は韓国語を教えることの社会的意味について考えるようになっていた（語り9）。

●語り9

川野：僕も大学の卒論のところでは、「朝鮮語」教育のことを少し書いたりしてたんですよ。だから、この社会的な意義みたいなものも、何となく自分では感じてたところもあるし。

＊：「朝鮮語」を教えることの意味みたいなことを卒論＝

川野：＝卒論は、大学がメインだったんですけど、「大学における朝鮮語教育の現状と課題」みたいな感じでね。（中略）いろんなことを考えると、社会的な意味はあるんだろうなっていうのは思いましたね。で、それが高校段階で学ぶっていうことの意味みたいなものもね。　　　　（2015/08/10）

　しかし、同時に現実的にそれを将来の仕事に結びつけることは難しいと感じていたという。川野先生は語学を生かした就職を考えた時、民間の会社では難しいと認識し、教員を目指すようになる。中学校の英語教諭として採用された2年後、高校の教員採用試験に合格している（語り10）。

●語り10

＊：もう、大学時代から先生は教職に就きたいっていう思いがおありだっ

たんですか？

川野：やっぱり、せっかく語学学んだんだから、なんか語学が生かせる仕事ができればいいなあってのがあって、じゃあ、当時のね、X県（（県名））で韓国語なり英語なり、どの程度生かした職ができるかっていったら、（中略）、やっぱ民間に行って語学生かすなんてことは、そんなには、当時のね、僕の感覚ではないだろうなってなところもあって。まあ、教員っていうのもなんかこの辺にあってね。うん、で、教員になってった。

(2015/08/10)

4.1.3　周囲を説得しての韓国語の授業開設

　最初の韓国訪問から 12 年が経過した 199X 年、川野先生は再び韓国を訪れている。その時の印象は学生時代に接した韓国とは大きく異なるものであった。最初の韓国旅行の時には韓国に対してあまり良くないイメージを持っていた川野先生だったが、その後の変化には大きく驚いたという。それは「いい意味での驚き」だったと述べている（語り 11）。

●語り 11

川野：韓国社会の変わりようっていうのはすごく、いい意味での驚きでしたよね。当時の 8X 年の時と、12 年ぐらいたっての韓国でしたから。だから、ああ、韓国社会変わってきてるよなあってのは、本当に肌身で感じましたしね。

(2015/08/10)

　この訪韓の翌年、教諭としての採用以来、ずっと英語のみを教えてきた川野先生は、勤務 2 校目となる A 高校で学内の外国語科の同僚や教育課程委員会に働きかけ、3 年生の選択科目の中で韓国語の授業を開設した。これは川野先生の提案によるものであったが、応援してくれた同僚の英語教員がいたことが大きいと振り返っている（語り 12）。同僚の女性教員は後に川野先生とともに Korea 理解のための英語教材を執筆している[8]が、出身地が関西で周囲に在日コリアンが多かったことから、日本社会と在日コリアンに関する問題意識が高く、川野先生の韓国語の授業開設を後押ししてくれる存在だったという。

●語り 12

> 川野：僕が「大学で「朝鮮語」実は専攻しててね」みたいなこと言って、Mさん（（人名））も実は出身が京都で、結構周りに在日の子とか普通にいたりして、そういう意味では問題意識も持ってて、だったら授業やろうよ、応援するからさ、みたいな感じでね。その同僚に、全部賛成の人ばっかじゃないんですけど hh、そういう身近な所にはね。
>
> ＊：応援してるよみたいな。
>
> 川野：「やってみたらいいじゃん」って言ってくれる人がいて、その後押しは受けましたよね。
>
> (2015/08/10)

　川野先生は職員会の了解を得て、授業の開設にこぎつけた。このように教師が主体となって一般の公立高校で韓国語の選択科目を設けるという事例はこれまでなく、県内では初めての出来事だった。川野先生はその頃の6年間の実践を踏まえて論考をまとめ、読売教育賞[9]（優秀賞）を受賞している。川野先生はこの論文の中で、その当時の高校の韓国語教育に関する統計データ、自身の授業実践、韓国語の授業「ハングル基礎」を選択した生徒たちを対象に行ったアンケートの結果をもとに、高校生に韓国語を教える意味についての考えを発表し、高校における韓国語教育の可能性について発信した。地方の一般的な高校で韓国語の授業を開設するという試み、そしてその実践報告を踏まえての問題提起は、教育界において高く評価されたのである。

　その論考によると、開設に至るプロセスにおいては表立った反対はなかったが、陰では反対意見を述べる教員も相当数いたという。「受験に関係ない」「外国語科の教員定数確保のためではないか」「他教科の授業時間数を圧迫する」「教育課程とは生徒に何を"食わせる"かの問題だ（韓国語など"食わせる"に値しない）」等々の声があったという。そうした声に通底していたのは「韓国語なんか高校でやっても意味がない」という韓国語に対する低い価値づけがあったのではないかと川野先生は振り返る（語り13）。

●語り 13

> 川野：どうも後でいろんなところを聞いてみると、かなり、なんであん

なことやるんだ、みたいな感じでね、うん。読売教育賞に書いたとおり
ですけど、ほんとに、あの ::: 韓国語なんか、みたいな感じでね。やっ
ても意味がないじゃないかみたいなところから始まってね。(2015/08/10)

　しかし、当時の校長が理解してくれ、学校設定科目として開設された韓国
語の授業は川野先生が異動となるまで 6 年間継続した。当時は高校生向けの
韓国語教科書もなく、授業方法も全て手探りの状況だったが、川野先生は何
よりも韓国語の授業ができるということ自体が期待感に溢れたものであった
と当時を振り返っている。大学時代に「朝鮮語」教育について卒業論文を書
き、学校で「朝鮮語」を教えることの社会的意味について考えていた川野先
生にとって、本当にそれを実現できるということに対する期待感のほうが不
安に増して大きかったのである。(語り 14)

●語り 14

川野：もう若かったですしね。31、32 ぐらいかな、あの時って。10 年
弱ぐらいかな、教員になってね。一通り、何となく学校社会にも慣れて、
若くて体力的にもね、気力的にもね充実し始める時期だから、そっちの
ほうが大きかったですよね。期待感。もちろん、授業の運営とかは、こ
れも書いたとおりなんですけど、やっぱり教科書もほとんど高校生向け
のものはなかった時代だし、じゃあ、どうやって授業組み立ててこう
かっていうところは不安はありましたけど、だけどなんかほんとに未知
の世界で、自分が「朝鮮語」、韓国語の授業を本当に開講できるなんて
こと思ってもいませんでしたから、当時はね、大学生の頃は。それがで
きるんだっていうことで。
(2015/08/10)

4.1.4　日韓の交流授業とつながりの創出

　川野先生が開講した授業には「英語以外の外国語を学びたかった」「韓国
にペンフレンドがいる」「面白そうだから」「他に選択したいものがないので」
など様々な理由を抱えながら毎年 20 人を超える生徒たちが集まった。こう
して授業を開講して 2 年が経とうとする頃、川野先生は知人の韓国語の教師
の紹介で韓国と日本の合同授業研究会に参加する。ここである高校の日本語

教師、Hさん（（人名））と知り合った。Hさんと交流するようになった川野先生は日本のアニメ映画『火垂るの墓』の捉え方を巡って、韓国側の視点に立ってこの映画を解釈するHさんの言葉に驚き、それをテーマに高校生間で交流授業をしてみてはどうかと思いつく（語り15）。

●語り15

> 川野：『火垂るの墓』のアニメの位置づけをめぐって、あれは日本の歴史を正しく伝えてないんじゃないかみたいな、え、そんな見方ってできんの？　とかってね。それは率直に僕も驚きで、別にあれ、戦争の悲惨さとか、そういうものがテーマだったと思うんですけど、そうじゃない受け取り方っていうのが、韓国人の人たちってするの？　みたいな。「じゃあ、それ使って授業やってみようか」って言って。　　　　　（2015/08/10）

　交流授業では日韓それぞれの学校で同じ『火垂るの墓』の映画を鑑賞し、同じ内容のアンケートを行った。作品の感想の他、日本と韓国の歴史上の人物や事件に関する項目も含めて、結果を集計し、それを交換した。その結果の比較が明らかにしたことは、日韓高校生の間の歴史認識のギャップが大きすぎるということであった。川野先生のクラスの生徒の3割は韓国の植民地化の歴史さえも知らなかったという。その事実は、韓国の生徒たちに強い失望と怒りを与えた。しかし川野先生はこの出来事を通し、双方の生徒が同じ歴史的な事実に相反する見方があるということを知り、歴史を相対的に見る視点を持つことにつながったと考えている。

　この交流はさらに、ビデオレターの交換、文通へと発展し、生徒たちの中に変化が見られるようになったという。日本側の生徒たちは韓国側の生徒たちが文通を通じて日本に関心を持ち、友人を持ちたいと感じていることを知り、自分たちも互いの国の歴史や痛みを知った上で仲良くなりたいと感じるようになっていった。そうした授業を通した交流の積み重ねから、生徒たちが韓国へ行ってみたい、韓国の高校生たちに会ってみたいと思うことは自然な流れであった。川野先生の授業がきっかけとなり、日本と韓国の生徒たちがつながりを形成し始めていた。

　その後、保護者の理解を得て韓国訪問が叶った。川野先生はその時のこと

を前述の論文の中でこう書いている。「学校長以下、全学が日本の高校生たちを暖かく受け入れてくれた。感動的だった」。生徒の感想としては、「お互い違う言語をもっているので、なかなか簡単には自分の意志を伝えあうことができませんでしたが、わかりあえた時の喜びと感動といったら、言い表しようがありませんでした。その感動は、日本にいてはなかなか味わうことができないものだと思います」など複数の生徒の感動が伝わるコメントを掲載している。川野先生はこれらの生徒のコメントを踏まえて「個人どうしのネットワークを無数に張りめぐらせたい。相手の言葉を知ることが、そんな個と個の付き合いを可能にしてくれる。語学教育はそのためにこそあるのだと思う。」と最後に書いている。

その高校生間交流は、NHK が取材、放送した「隣の国はパートナー〜日韓新時代への模索〜」という NHK スペシャルでも取り上げられた（1999 年 8 月 13 日放送）。当時の小渕総理が直接「いい番組だった」と電話を NHK にかけてくるほどで、一般の聴衆からも良い反響がほとんどだった。従軍慰安婦というデリケートな問題を高校生に向けて話すということについての批判は一部にあったが、応援してくれる声も多く届けられたという。

川野先生はこの授業で学んだ生徒の卒業後を知るために、卒業生に対してもアンケート調査を行っているが、こうした交流活動を経験した生徒たちの中には高校卒業後、独学で韓国語を学び続けたり、大学の韓国・朝鮮語専攻に進んだりしている人が少なくないことが分かっている。川野先生の調査の結果によると、卒業後も何らかの形で韓国語や隣国と関わっていると答えている卒業生が 65% で、韓国語の学習を続けているという回答も少なくなかった。そして、98% もの卒業生が「後輩にも韓国語の選択を勧めたい」と回答したという。

4.1.5　川野先生自身の韓国観の変容

川野先生は、自らも日韓の交流授業や何度かの韓国訪問を通して韓国への否定的なイメージを変容させている。その否定的イメージを変えてくれたのは韓国でパートナーとなってくれた高校の日本語教師、H さんだった（語り 16、17）。

●語り 16

> **川野**：初めて韓国に行った時は、さっきの 8X 年の夏の話ですけど、決
> していいイメージではなかったんだけれども、だけども、何度か韓国に
> 足を運んで見てく中で、あの:::、面白いなって思えることもあったし。僕、
> 韓国に対するイメージがかなり変わったってのは、さっきの H さん（（人
> 名））のね＝
> *****：＝日本語の先生＝
> **川野**：＝韓国の、そう。彼女は本当に聡明な人で、いろいろ韓国に対す
> るイメージが変わってく 1 つの窓口ではあったかもしんないですよね。
>
> (2015/08/10)

●語り 17

> **川野**：やっぱね、人と人とが顔が見える関係っていうのはね、大きいん
> じゃないですかね。（中略）本当に顔と顔がちゃんと見えて、言葉を直
> 接交わして、顔を見て交流をして、交流というかお付き合いをしてき
> たっていうのは、本当に H さんが最初って言っても不思議じゃないぐ
> らい。彼女は本当にすごくいい人柄でね。そういう授業のことでやり取
> りしてっても、率直に意見を言い合ったりとかね。そういう意見交換し
> ながら授業を作り上げてきて、そういう意味では信頼醸成 hh っていう
> かね。
>
> (2015/08/10)

　川野先生は韓国の H さんとの交流を通し、人と人が顔が見える関係を築
くことの重要性に気づき、さらにそれを実践に生かすようになっていった。

4.1.6　英語教材の出版を通じての社会への発信

　前述のように川野先生は Korea 理解のための英語教材を執筆、出版してい
る。この英語教材の執筆は韓国語の授業開設を応援してくれた同僚の M さ
んとの共同作業だった。川野先生はこの教材を執筆した理由について、自身
が韓国語の授業をしながら生徒たちが考えること、言葉を学びながら感じて
いることの中に、どこか光るものがあると感じたからであったと話す。それ

を何らかの形で発信して多くの人に知らせ、社会と共有したいと思ったことがきっかけであったという（語り18）。

●語り18

川野: 今まで気づかなかった存在に気づいて、世の中が見えるようになってく。あるいは社会の問題に気づいていく。今の日本の社会ってどうなんだろう、もうちょっといい形に日本の社会ってものを変えていけるようなものに気づいていけるきっかけみたいなものっていうのは、僕は、もちろん言葉の面白さそのものはありますけど、言葉以外のところでね、この日本の社会とつながる部分っていうのはすごく大きいし、もちろん海を隔てた朝鮮半島のことなんかにもね、関心を向けてくことにもつながってくと思うし。やっぱり、そこの生徒への影響力っていうか、この言葉を学ぶことによってね、生徒が目を開いてく部分っていうのは大きいなあ。じゃあ、でもそれ、韓国語の授業やってても、年に20人とか、そのぐらいしかいないわけなんですよ。だからそういったものをもっと広げるためには、例えばこういう英語教材みたいなね、メディアにのっければ、あの、うん、読んでくれる生徒はね、増えるんじゃないのかな、みたいなところがあったんですよね。ま、それがもともとですね。

(2015/08/10)

　韓国語を生徒たちに教え始め、川野先生は高校生にとっての隣国の言語を学ぶ意義を実感するようになっていた。自分のクラス以外の生徒に直接教えることはできなくても、英語教材というメディアにのせることで社会に影響を与えたいと考えるようになった。構想には3、4年を要した。しかしそのような熟成期間を経て完成したこの教材は地元の新聞や、THE DAILY YOMIURI、韓国の新聞紙である東亜日報、雑誌の『週刊金曜日』からも取材を受け、取り上げられるなどの反響があったという。

4.1.7　高校の韓国語教育が持つ意義の実感と制度の壁
　インタビュー中、川野先生は英語以外の外国語として韓国語を高校生たちが学ぶことの意義について何度か言及している。韓国語学習を経験しての自

分自身の内的変化、それと同じような変化を生徒たちも体験していることが、意義の認識につながっている（語り19）。

●語り19

川野：やっぱり、自分自身も英語以外の言葉を専攻して、物の見方とか視点は随分変わったと思うし、で、自分で実際に、高校で韓国語教育の10年、都合11年やってきて、そこでの生徒の姿見てると、やっぱり変化は確実にあると思うんですよね。　　　　　　　　　　　　(2015/08/10)

　川野先生が韓国語に感じる可能性というものは、言語学習を契機に自分自身が身を置いている社会に考えを巡らすことができるという点であった。そこに運用スキルが重視されがちな英語とは異なる教育的な意味が見出せると川野先生は考えていた（語り20）。

●語り20

川野：確かに、韓国語っていう言葉は、いろんな可能性を持ってる言語だと思うんですよ。それは英語だって一緒じゃんって言えばそのとおりなんだけれども、英語ってあんまりそういうところ意識しなくても、スキルだけでね、指導しちゃうみたいな教育が十分に成り立っちゃうところあると思うんですよ。生徒のニーズもそこにあるのかもしれない、余計なことやらないで。

＊：使えればいい。

川野：ちゃんと力つけてくれれば別にそれでもう望まないっていえばそのとおりなんだけれども、やっぱり韓国語って言葉からも、ここにもちょうど出てますけど（（執筆した英語教材を指しながら））、日本語と比較しながら学ぶことがすごく面白いと思える視点は提供してくれる言語だと思うんですよね。ひいては日本語だけじゃなくて、日本の文化とか日本の社会のあり方だとか、さっきの話じゃないけど、そこと自分自身がどう関わるかみたいなところまで包括してやっていくのには、英語よりも面白い言語だろうなあと思うんですよ。そういう意味では、やっ

ぱり言葉の教育ってものは、特に韓国語については、僕の中では1つの柱になり得る。プラスして、今の日本の社会をちょっと考えたいなあっていうね。既存のいわゆる5教科の中では、切り取り方にもよるんだけれども、非常に難しいと思うんですよね。特殊な切り取り方をすればいろんなアプローチは、いろんな教科でもできるとは思うんだけれども、まあ、いわゆる文科省の教科書にのっとって、そこら辺のところを深く追求してくっていうところは、なかなか難しい。 (2015/08/10)

　社会の問題を生徒たちが主体的に考えるアプローチは、韓国語を含めていろいろな教科で取り入れることができると川野先生は考えている。しかし、そうした授業を実際に行うためには、公立高校の普通科では限界があるだろうと悲観的に語った（語り21）。その壁となっているのは大学受験であり、良い大学に進学させようとする親や教師たち、大学進学を目指す高校生たち自身の気持ちがある。韓国語に限らず、様々な教科の中で社会との接点を考えるアプローチは本来ならば可能であろう。しかし、こうした現実的な制度の壁があり、生徒たちが社会について主体的に考える機会を阻んでいると川野先生は考えていた。

●語り21

川野：例えば大学進学なら大学進学を生徒なり保護者が望むとしたら、そこをちゃんと道筋を立ててやるってことはね、もちろん重要な仕事ですよ。重要な仕事なんだけど、だけどそれ自体をもう1個おっきなところから俯瞰してみたら、ね？　どんな意味があるのか。もちろん大学行くのは、そこを支援するのは僕らの仕事の一部だから、そこは当然やるんだけども、じゃあ、何を考えて大学に送るのか。ただペーパーテストで点数取って、行けば良しとするのか、点数は取らせなきゃいけないとしても、じゃあ、なぜ大学へ行こうとするのか、そこで何を学ぶのか、そこで学ぶことが将来の自分とどう関わってくるのか、社会とどう関わってくるのかっていうことまで、もう一歩踏み込んで考えることができれば、僕は一番いいと思うんですけど、そこの部分って大抵の普通科の学校って、ノータッチっていうかね。 (2015/08/10)

川野先生は公立高校普通科で韓国語を教える意味を感じつつ同時に大きな壁、限界も感じていたのである。

　県内の公立高校での初めての韓国語講座の開設という挑戦から6年、川野先生は総合学科のある学校に異動となる。異動先の高校は選択科目が120ほどあり、川野先生はこの学校でも韓国語の授業を開設した。しかし、前任校では川野先生の後を引き継げる専任の教諭がおらず、韓国語の選択科目を維持することは困難だった。そのため川野先生の異動とともに前任校の韓国語の授業は閉鎖となってしまった。前任校では「自分がいる間だけでも」という思いで開設しており、そのためこの結果は致し方ないと感じている。しかし、「不本意」な結果であったことは間違いなかった（語り22）。

●語り22

> 川野：やっぱ普通科では限界かなと思って。まあ、自分としては不本意でしたしね、うん。やっぱり残せなかったなあっていうのは、非常に引っ掛かりがね、気持ちの上では引っ掛かりを持ったままのところはありましたけど、でも仕方がないよなあっていう感じで。　　　（2015/08/10）

　専任がいない場合、非常勤講師で誰かを依頼することも可能かもしれない。しかし、普通科において非常勤講師が授業を継続的に運営していくことは難しいという現実があった。

4.1.8 「社会」と「教育」を結びつける教育

　異動した総合科の高校においては教育課程表に韓国語があった。そのため川野先生は前任校のような軋轢を特に感じることなく、数ある選択科目の1つとして韓国語の授業を開設することができた。こうして前任校から通年10年以上韓国語を生徒たちに教えてきたが、200X年、川野先生は他校に異動となった。その学校では韓国語の授業を開設することはできなかった。その理由として語られたのは任務を任せられた進路指導にエネルギーをかけざるを得なかったこと、そして、大学院に進学したいという思いが芽生えたことであった。川野先生は近隣の大学の大学院に社会人入学し、201X年3月に修士論文を提出している。所属した大学院の研究室は社会人入学生が多

く在籍し、多方面で活躍する大学院生たちとの議論の中で、日本の社会問題と教育現場が為すべきことについて改めて考えを巡らす機会が多くあったという（語り23）。

●語り23

> 川野：本当に地球の裏側に送られて殺されるようなことが、今の若者にあるかもしれない。そういう時代じゃないですか。だけど学校の教育の中って、何にも変わらないわけでしょ。この社会のあり方とか考えるとか、自分とその社会とのつながりをどう考えて、どう生きていくか、じゃあどういう社会作っていくのかみたいな、そんなあり方って本当にかけ離れたところで日々、僕らやってるような気がするんですよ。僕はそこにすごく今、疑問持っちゃってて。きっかけがやっぱ、大学院にいた3年間だと思うんですけど。
>
> (2015/08/10)

　川野先生の語りの中には「社会」という言葉が多く用いられていた。「社会のあり方を考える」、「自分と社会とのつながりを考える」、「社会を作る」、「社会と関わる」、「社会の問題に気づく」、「社会を変える」などである。そうした川野先生の言葉に通底しているものは、教育がそうした社会と無関係でいて良いのかという危機感であり、社会を考えるきっかけとしての教育への志向性であった。

4.2　清水先生のライフストーリー
4.2.1　韓国語の学習動機
　清水先生は198X年、東北地方のA県に生まれ、祖父母、両親と妹、弟の7人家族の長女として育った。小さい頃から英会話を習い、英語に親しんでいたこともあって英語が好きで、得意科目だった。市が開催する国際交流協会の会員にもなっており、国際交流のイベントに参加したりホームステイの受け入れをしたりしたことがあった。そのような経験から自然と語学や国際交流に関心を持ち、大学では英語以外の言語を学びたいと思うようになった。A県のN市は中国帰国者[10]が多く住む町でもあるが、市の企画する国際交流のイベントで同世代の中国帰国者の女の子と仲良くなったことがきっかけ

で、最初は中国語を学びたいと思うようになったという。

しかし、清水先生は 3 人兄弟の長女だったこともあり、進学にあたっては国公立でなければいけないと母親に言われていた。国公立大学の外国語学部で中国語が学べる大学と言えば東京と大阪に限られてしまう。そのような中清水先生は東京の大学で中国語専攻を第一志望としてセンター試験を受験した。しかし、試験の結果、中国語専攻をするにはセンター試験の成績がやや足りないと判断し、その選択を変更するしかないと考えた。最も優先されるのは国公立大学に入るということだったため、その大学の中で専攻できそうな他の外国語を検討した。その時、中国語がだめなら他の東アジアの言語にしたいと考え、モンゴル語にするか「朝鮮語」にするかで迷ったが、結局、中国の隣だからという理由で「朝鮮語」を選んだのだという。その当時、「朝鮮語」に関して何らかの思い入れや接点は全くなかったと述べている（語り 1）。

●語り 1

> 清水：当時は全然、中国語じゃないんだったら、ま、どっちでもいいかなと思いながら、選んだのが「朝鮮語」だったんです。隣だからとか思ったんですけど、よく考えたらモンゴルも隣なんですけど、中国の hh
> ＊：もっと近いですし、日本には。じゃあそれまでは、特に接点があったわけではなかったんですね。
> 清水：全く。
> (2017/06/10)

そうした清水先生の選択に対しては、周りの友人から「なぜ朝鮮語なの？」と不思議がられることが多かった。しかし、両親はやりたいことがあるならやりなさいと卒業後の進路のことなどは特に心配することなく、清水先生の希望を尊重してくれたという（語り 2）。そして、199X 年、清水先生は A 県を出て東京に進学をする。

●語り 2

> 清水：「なんで朝鮮語なの」って、すごく言われました、いろんな友達に。

「まあ、何となく」っていう hh。いろいろあったんですけど、一言で言えば何となく hhh

＊：hhh 導かれて。

清水：そうですね。

＊：じゃあご両親とかご家族とか、周りの身近な人たちは、どんな感じでした、反応は。

清水：う ::: ん、まあ、両親は、「やりたいこと、やりなさい」っては、言ってくれていたので。ただ、ちょっと私大だとお金が掛かるからっていう。

（2017/06/10）

4.2.2　90 年代後半の大学での韓国語学習と教職への関心

　大学の朝鮮語専攻の学生数は 40 人ほどであり、高校のクラスのような雰囲気があった。最初のオリエンテーションで教授から「なぜ朝鮮語を専攻したのか」と聞かれ、一人ひとりがそれに答えていったが、自分はそれに対しどう答えたかは記憶にない。しかし日本と韓国の架け橋になりたいというような目標を持っていると話す人が多くいて「立派な目標」だと感じたことを覚えているという。モチベーションの高さに若干の差を感じた清水先生であったが、この学年のクラスには「朝鮮語」の既習者は 1 人もおらず、皆ゼロからのスタートであったこともあり、レベルの差で悩むことはなかった。試験や課題が厳しかったため、とにかく大学の予習復習に励み、「必死についていった」と語る。分からない単語は辞書を引き、カセットテープで音声を聞いてディクテーションをするような学習の仕方で学ぶ一方で、時々大学の留学生との交流を通じて言語を学ぶこともあった。留学生との交流は習った韓国語を実際に使う機会であり、教科書にない自然な言い方やスラングを教えてもらう場でもあった（語り 3）。

●語り 3

清水：あ、一応、留学生との交流会みたいなのもあって、ま、そんな全員とは仲良かったわけではないですけど。時々分からないところを聞いたりとか、あと単純にみんなで飲みに行ったりとか。今でも、Facebook でつながってる人もいますね。

＊:実際に、そこで使ってらっしゃったってことですね、習った韓国語を。

清水:そうです。空き時間に食堂で、ご飯食べながらとか、教えてもらったりは。大学生なので、絶対使わない教科書に出てこないような変な言葉とか。
(2017/06/10)

　他に授業以外で韓国語を使ったのは大学1年生の冬に初めて行った2泊3日の韓国旅行であった。韓国語を現地で初めて使う機会になり、簡単なコミュニケーションがとれたことや、食事の違い、夜遅くまで遊ぶ子どもの姿、発音を直してくるタクシー運転手など、日本との様々な文化的な違いについて発見があった。その違いに驚いているうちにあっという間に過ぎた3日間だったという。

　清水先生は中高の教員免許取得のための教職課程の科目を大学2年生の時から履修し始めた。そのきっかけは実家に帰省し母校を訪れた際に、地元に戻って就職するつもりならば教員免許は取っておいたほうがいいとアドバイスされたことだった。「そんなもんなのかな」と思い、「とりあえず」取っておこうという気持ちで英語と「朝鮮語」の教職課程の科目を履修し、2つの教員免許を取得した。韓国語に関しては「使わないだろうと思いながら」の取得であったという。韓国語の教員免許を将来使うということは全く想像しておらず、教育実習も英語で行っていた（語り4）。

●語り4

清水:とりあえずにしては、ちょっと大変だったんですけど。専攻が「朝鮮語」だったので、教育法とか教科教育法とか、プラスアルファ取れば「朝鮮語」も取れるということで、使わないだろうと思いながら、一応そっちも免許申請をして取りました。

＊:ダブルで取りました。

清水:中高、英語と「朝鮮語」と。

＊:教員免許の教育実習は英語ですか。

清水:英語でやりました。それも最初、「朝鮮語」を使うっていうこと全然頭になかったので、中学校に教育実習に行って・・・。
(2017/06/10)

教職課程はとっていたものの、当初は民間での就職を希望しており、語学が生かせる会社やホテルなどを希望して就職活動を行っていた。英語と韓国語ができることを PR すると、一目置かれることが多かった。順調に進んでいた就職活動だったが、中学校への教育実習で一時中断を余儀なくされる。しかしこれが人生の転機となった。中学校での教育実習で生徒たちのかわいさ、教えることの楽しさに気づいた清水先生はそれまで一切考えていなかった教員採用試験にチャレンジすることを考えるようになったという（語り5）。

東京の教員採用試験も受けたが、地元に戻って教えるほうが自分には合っていると思い、大学4年生の秋に A 県の中学校に講師登録をした。中学校で英語を教えている自分というのが、その当時清水先生が想像していた1年後の自分の姿だった。

●語り5

> ＊：A 県の母校で。
>
> 清水：そうですね、中学校ですけど、母校でやって、性格的にも教えるのとかも嫌いじゃなかったし。生徒たちもかわいいなと思って。その時実習終わってすぐなので、そう思って当然だったかもしれないんですけど。それで民間のほうを、途中まで、他にも行ってたところがあるんですけど、そこで後やめてしまって、採用試験を受けようと。そんな、hh 5 月とかに hh 急に思って。　　　　　　　　　（2017/06/10）

中学校の講師登録をした大学4年生の秋、運命を変える1本の電話が入った。実家の父親からだった。父親からの知らせは、新聞に地元の商業高校が韓国語を授業に取り入れるという記事が載っていたということであった。父親のネットワークを使い、高校に問い合わせると、4月からこの高校で教えることがトントン拍子で決まった。国際関係の学科を持つその商業高校では、英語実務の授業の中で体験的に韓国語も学ぶということを当初予定していたのだが、翌年からは年間カリキュラムとして韓国語の授業を取り入れることになったのだった。学科の趣旨として「英語だけでなく、自分たちの近隣の語も学んだほうがいい」という考え方があったのだという。清水先生は大学

卒業のタイミングと地元の高校の韓国語授業開設の出来事が重なったこと、それを偶然父親が新聞記事で知り知らせてくれたことを「本当にそれがなければ人生変わっていただろう」と思っていると話した。清水先生は、その高校で英語と韓国語の2つが教えられる講師として教師生活のスタートを切った（語り6）。

●語り6

清水：一応英語の講師として勤務はしていたんですけど。商業科目の英語実務は、商業科の先生が教えなきゃいけないけれども英語だし、英語の先生がTT（（ティーム・ティーチング））で付くことになって。じゃあ英語もあるし韓国語も分かるからっていうことで。　　　　　　(2017/06/10)

　少子化が進む東北地方のA県の教員採用試験は採用人数が少なく狭き門であることで有名だ。そうした中、清水先生自身も本採用になるまで8年間を費やしている。8回受けた採用試験の初め頃は、取得している免許のところに「朝鮮語」も書いてアピールしていたが、徐々に特にそれをアピールするようなことはしなくなっていた。しかし、本採用になった採用試験では面接官が資料から清水先生が韓国語の教員免許も持っていることに気づき、質問をされたという。そのことから、それが採用に結びついたのかもしれないという気持ちも抱いている（語り7）。

●語り7

清水：もう最後のほうは、何にも言わないで、英語でっていうことだったんですけど。最後の年は面接で、個人だから、二次の面接で、英語の指導主事が、自分の質問が終わった後に私の資料を見ていて「あれ、韓国語があるんですか」みたいな。え？　今更？　今更？　と思いながら、「はい」って言って。私はずっと書いてきたけどって思いながら、こういう（（高校の））統合を見据えてっていうのもあったかもしれないですけど。それもまず採用には、プラスになったのかなとは・・・。(2017/06/10)

4.2.3　英語と韓国語の2つの言語が教えられる教師としての葛藤とメリット

　201X 年、清水先生は A 県の教員採用試験に合格した。2017 年のインタビュー時点で勤務校は 3 校目であった。初任校では 2 年間、英語のみを教えていたが、その後の勤務校が統合を機に国際系の学科を新たに開設し、近隣の外国語の科目をカリキュラムに導入したことから、その後は現在に至るまでずっと英語と韓国語を教えている。2017 年現在、英語の授業を 8 時間、韓国語の授業を 8 時間担当し、そのバランスはちょうど半分だ。清水先生は周りの教師にも「どっちの先生なのか」と冗談めかして聞かれることがあるという。それに対して清水先生は自分は「どっちつかず」だと述べ、どちらのスキルもこれからもっと伸ばしていきたいと語った（語り 8）。

●語り 8

> 清水：よく冗談めかして昔から知ってる先生には「どっちの先生？」とか hh、「韓国語だべ」とかって言われるんですけど。でも授業の準備とかに割く時間は、英語のほうが多かったりするので。どっちでしょう。ちょっと、どっちつかずだなって思うことも。なんか、自分の力的にも、どっちも留学経験もないですし、韓国語とかも、英語もそうですけど、そんなに・・できると思ってないので、教えられますけど。自分ですごいぺらぺらしゃべれるかとか、聞けるかとかっていったら、そこまでじゃないので。どっちももっと伸ばしたいなっていう感じはしますけど。
>
> (2017/06/10)

●語り 9

> ＊：じゃあ教師の仕事っていうのは、今のところ合ってるっていう感じですか。満足されてる感じですか。
> 清水：そうですね・・・もうちょっと自分のスキルはもっと高めなければならないなって思いますけど。
>
> (2017/06/10)

　この語りからは清水先生が「私は〇〇語の教師だ」と認識する際に、その言語をどれくらい自由に運用できるかという個々の言語の運用能力の高さが

１つの基準となっていることがうかがえた。「スキルを高めたい」という語りはインタビュー中、何度か繰り返されていた（語り9）。

　その一方で、英語と韓国語の2つの言語を教えられるというスキルについては、様々な場面でそれが生かされていることを認識している。例えば、韓国語の初学者にどのように教えていったら良いのかについては中学校での英語教授法が参考になると思い、そのノウハウを生かしている（語り10）。逆に、生徒たちに文法のルールを推測させながら学習を進めるという韓国語の方法を英語の授業にも取り入れることがあるという。

●語り10

> **清水**：何となくゼロから学ぶので、最初のうちは本当にやり方も悩んで、講師でいた時の商業高校の韓国語の授業は教科書はなかったので、私の作ったプリントで、読んだり、会話したり。1年間なのでちょっと歌聞いたり、映画見てると、もうすぐ終わっちゃうので。これになってから、結構悩みつつも中学校の英語でやるようなことやればいいのかなと。
>
> (2017/06/10)

　学校にとっても2つの外国語の教員免許を持つ清水先生の存在はメリットが大きい。現実的に考えた時、授業数の少なさから韓国語担当の正規の教諭を採用することは難しいからだ（語り11）。その点において清水先生自身もそれは強みになっていると認識している。

●語り11

> ＊：だから教員免許を持ってるっていうのは、非常に ＝
> **清水**：＝ そうですね。私は本当に ＝
> ＊：＝ 強みでしたね。
> **清水**：そうですね。いいように使われがちかもしれませんが hhh。便利な人なんだと思います hhh。多分韓国語だけでは正規の教諭ではちょっと授業数とかの関係でっていうので。
>
> (2017/06/10)

メリットはこうした学校運営上のことばかりではない。英語と韓国語を往還する清水先生の授業やその存在自体が生徒たちに与える影響もある。清水先生は「下手でもコミュニケーションをとろうとしている姿が生徒たちにとっていいモデルなれば」と語る（語り12）。さらに複数の外国語を授業で比較する授業が展開できることによって、生徒たちの視野が広がっていくのを感じていると語った（語り13、14）。

●語り12

清水：他のクラスの子ですけど「言語を学びたいと思ってる」って言ってて、先生は2つもしゃべれてっていうか、分かってすごいですね。ひそかに私憧れてるんですって去年言われてhh。そういう人もいるのねと思って。hh
＊：そうですね。そういうの聞いてどうですか。
清水：そういう人もいるんだと思ってhh。でも何て言うか、そういういいモデルになれればなとか。うまく話せなくてもコミュニケーションとろうとしてる姿とかを、きっと今の英語教育もそうですけど、多分・・・。
＊：態度っていうか。
清水：そうですね。下手でも通じるようにしゃべろうとか。そういうところがきっと必要なんだなって思って。　　　　　　　　　　（2017/06/10）

●語り13

清水：そういう姿を見せられるっていうこともそうですし、英語の授業だけども英語圏はこうだけどそうじゃない国もたくさんある、とかっていう視点でいろんな話ができるかなと。あと韓国語の授業でも、英語だと普通こういう感じだけど、韓国語は日本語と同じ感覚でっていう、比較して。そうすると生徒も、ああっていう。なんかの本に書いてた例なんですけど、注文する時に「私、うどん」って言う時、韓国語はそのまま行けるじゃないですか。英語は、I am UDONにはならないでしょうっていう話とかして、そういうあたりは2つ分かってるからこその比較ができるかなっていう。　　　　　　　　　　　　　　　（2017/06/10）

●語り 14

> 清水：日本と外国っていう二択じゃないっていうか。外国にもいろいろあるとかっていう。やっぱり視野はだいぶ広がったなっていう、その卒業していった子たちとかも。やっぱり同じクラスに3つやってる人がいると「え？　中国語だと何て言うの」とか、そういうので言語交換もあったりとか。
>
> ＊：そういうのが、わりと日常・・・。
>
> 清水：そうですね。hhh　　　　　　　　　　　　　　　　　　　(2017/06/10)

4.2.4　ノンネイティヴ教師としてのアイデンティティを生かす教育

　清水先生はインタビュー中、幾度か自分が「留学経験がない」、「実際に現地で生活をしたことがない」、「どちらの言語もペラペラではない」、と自分に不足している経験やスキルがあることを強調するように話した。清水先生の勤務校には韓国語の他にも近隣の外国語の教育が導入されているが、他の言語の担当はすべてネイティヴ教師である。そうした環境であるため生徒から「なぜ日本人なのに韓国語を教えているの？」と聞かれ、「日本人でごめんね」と思うこともあると清水先生は言う。ネイティヴとノンネイティヴの教師がともに教える教育環境である場合、「韓国人＝韓国語」「日本人＝日本語」という「民族＝言語」言説に影響を受けた思考が表面化しやすくなるとも考えられる。そうした環境は、清水先生の「ノンネイティヴ韓国語教師」という自身の位置づけに強く影響を与えていた。しかし「ノンネイティヴ教師」という立場にはネイティヴの社会人講師にはない強みがあるという確かな認識も清水先生は持っていた。「話せる」と「教えられる」とは別であり、その言語の学習経験を持つノンネイティヴだからこそできる授業方法があり、それが生徒たちへの教育にプラスになる面が必ずあると考えていた（語り15）。

　清水先生が自身の不足している経験や知識、技能を補うために授業でしていたことは、「知り合いの韓国人に聞く」というストラテジーを使い、韓国の文化理解のための時間を設けていたことである。さらに、近隣の大学に留学している韓国人留学生にサポートしてもらって韓国語スピーチ大会の準備をするなど、周囲にいる韓国語ネイティヴとの交流を取り入れた活動を行っ

186

ていた。

●語り 15

> ＊：ノンネイティヴであるっていうところの、生徒からそういうこと言われることもあるかもしれませんけど、そこについては先生はどんなふうに思ってますか。
>
> **清水**：ネイティヴじゃないからこそ教えられる、同じ言葉を教えるにしても、社会人講師の方が来てくれた時は、しゃべれるけど、やっぱり教えるって別なので、日本人の頭の構造とかを理解した上で、アルファベットに置き換えてみるとかっていう教え方とかそういうのは、生徒に合わせてはやりやすいかなっては思います。（中略）「ごめんね、日本人で」なんて笑いながら言ったりしますけど hh。全然授業取ってない野球部の子とかには「先生どこの人なんですか」って。「N 市（（地名））の生まれだよ」って言うと「じゃあ、なんで韓国語教えてるんですか」とかっていう。
>
> ＊：素朴にね。
>
> **清水**：素朴にそう言ってくれる。日本人じゃないと思われてたのかなっていう時も何回かありましたけど。そこは仕方ないっていうか。hh 私は私でなんかプラスなことがあると思うので。できるだけ生徒が疑問に思ったことは、知り合いの韓国の人とかに聞いて答えれるようにしたりとか。いろんな、そういう知り合いのつてを生かして、できるだけ実態に近いっていうんですか、この文化のクイズとかも、ちょっともう本が古くなってきているので、実態に合わないところもあるかなと思いながら。
>
> (2017/06/10)

4.2.5　日韓学校間交流の場の創出と周囲の教師たちの理解

　清水先生は今後の目標として、韓国との学校間交流を挙げた。アメリカには姉妹校ができ、交流活動が始まっている。清水先生は、生徒たちにもっとネイティヴの人と話をする機会を与えたいと願っていた。勤務校では英語以外の外国語は韓国語だけノンネイティヴ教師が教えていて、ネイティヴとの交流機会が少ないと考えているからだ（語り 16）。

●語り 16

> 清水：ちょっと今、これをやり始めたので、姉妹校提携までこぎつけて、隔年でもいいから行ったり来たり、交流が。アメリカに行くプログラムはもうできていて、ロシアも県の交流事業に乗ってやってるんで、あと韓国と中国だけなので。やっぱり、なんで韓国語は韓国人の先生じゃないんですかって言う人とか hh、他はネイティヴなので。ネイティヴの人と話をする機会とかも、あまりないので実現させたいな。(2017/06/10)

　勤務校では昨年から韓国の高校と SNS を活用した交流活動を行っている。2 年前に韓国の江原道から町単位で高校生たちが日本を訪れ、その際に清水先生の勤務校で高校生間の交流会を行った。それをきっかけに、生徒同士が親しくなり、学校間の交流に発展したのだという。SNS のアプリを活用しているが、言語の翻訳機能があるため、韓国語を選択していない生徒も交流活動に参加して意志疎通することが可能だ。韓国側は 50 人、日本側は 20 人弱がこの活動に参加した。

　清水先生が勤める高校では、こうした交流活動の実績を積み上げ、いずれ姉妹校提携ができればという思いを持っているという。学校全体として国際交流を推進することを目指しており、英語の教師の中にはそれ以外の外国語に理解がある人が多く、独学で韓国語やロシア語を学んでいる教師もいる。そうした職場環境が清水先生にとって居心地の良いものになっているとインタビュー中何度か繰り返した（語り 17）。

●語り 17

> 清水：やっぱり B 科（（学科名））があるので、英語の先生の数も多くて、人数が多ければいいっていうわけじゃないですけど、理解がある人がまず多いので。その辺ではそんなに居心地悪くはないかな hh っていう。
>
> (2017/06/10)

4.2.6　高校の韓国語教育の意義の実感と制度の壁

　韓国語を履修する生徒は圧倒的に女子が多いが、男子も増えてきている。

生徒たちへのアンケート調査によると、選択の理由は「K-POP が好きだから」、「修学旅行で使えそうだから」、「3つの中で一番身近だから」、「家族が韓国のドラマをよく見ているから」、「何となく楽しそうだから」など大衆文化への興味や韓国語に対する身近で楽しそうなイメージから学習を始めている人が多いという。そうした学習動機は受験に直結する必修の外国語、英語とは大きく違う。この学校が新設される前に開かれた会議で、センター試験で受験できるぐらいのレベルの韓国語の力をカリキュラム上身につけさせることができるかを検討したことがあったが、清水先生はそれを授業時間数の少なさから「無理」であると判断し、委員会に伝えた。検定試験の合格が到達目標になってしまうと、少ない授業時間のカリキュラムにおいてはどうしても知識詰め込みの授業になってしまう。清水先生は検定試験を受けたいという生徒がいる時にはそれを支援するというスタンスだ。

　清水先生は高校を卒業した後も自律的に生徒たちが学べる基礎的な力を育成したいと考えていた（語り18）。韓国語など英語以外の外国語の時間は週に2時間（90分）であり、2年間続けてもその学習時間は限られたものである。生徒たちが希望していても学校教育の時間だけで「ぺらぺらに」なるような運用能力を身につけさせることは現実的には厳しい。そうした限界を感じつつも、清水先生は生徒たちの希望に寄り添い、生徒たちが韓国語を使ってコミュニケーションする力を授業の中でどう養っていけるかを考えていた。また、韓国語の学習を学校教育の中だけでなく、生涯学習的に位置づけるという視点を持っていた。

●語り18

> 清水：目標にしたいところがなかなか2年間じゃ終わらないんですけど、読めて、自己紹介ができて、相手になんか好きなものとかを聞いたり。あと数字が分かって、活用とかになると、用言になるとちょっと厳しいんですけど、独学でその後も続けたいっていう人がスムーズに行けるようにはしたいなっていう感じですね。
> (2017/06/10)

　こうした複数の外国語学習経験を持つ生徒たちに対し清水先生が期待するのは「異文化に対する寛容な気持ち」を育み、生徒たちがそうした心のゆと

りの持ち方を社会に出てから発揮できるようになるということだ。清水先生は昨年担任をしていた生徒が卒業する際に、卒業文集の中に高校3年間の中で身につけられたものとして「多様性を認める心のゆとり」があるのではないかと「異文化」をテーマに卒業生たちにメッセージを送ったと語った。異文化は必ずしも「外国」に限らず日本国内にも、クラスの中にも存在しているということ、世の中にはいろいろな価値観が存在していることを知り、多様性を認める心のゆとりをこれからも大切にしてほしいというメッセージだった。

　「何語であってもやる価値はある」と清水先生が語るように、清水先生が伝えたかったのは「韓国語でも、中国語でも、ロシア語でも」複数の言語を学ぶことの価値であった（語り19）。

●語り19

> **清水**：去年のB科の3年生が卒業する時に、担任の先生がいろいろ文集に書かなきゃいけないものとかがあって、う::んと思いながら異文化をテーマに書いたんですね。異文化って異文化理解的なことをB科に入ってみんなやってきたと思うけど、必ずしも外国じゃないと思うっていう話で。日本の中とかクラスの中でも考え方が違っている人もいるから。そういうのもある種、異文化だと思うから、他の人のとか、いい悪いじゃなくて、いろんな考え方があるっていう多様性を認める。ちょっと発達障害の子もいたので、そういうところもやっぱり、いろんな子がいるんだっていうことを、分かってほしかったので。そういう多様性を認めれるような心の持ち方っていうんですか、心のゆとりじゃないですけど、そういうの、この3年間で身につけれたんじゃないかなって。それをきっと社会に出てもすごい必要なことだと思うからっていう話を書いたんですけど。そういう意味では言語が身につくかどうかは別として、何語であってもやる価値はあるかなって、今ちょっと話しながら思いました。
>
> （2017/06/10）

　このような、生徒たちが生涯にわたって複数言語を学び続けていき、その経験を通して自己変革していってほしいという思いは、いずれ自分のように

韓国語の教員免許を取得し、学校で一緒に教える教師が、今教えている生徒たちの中から生まれてくるかもしれない、という希望にもつながっていた。清水先生が学校を異動したその後の韓国語教育の担い手について尋ねた質問に対し、清水先生は、今教えている生徒の中に将来韓国語の教員免許を取得する生徒が出てくる可能性もあるのではないかと笑いながら語っている（語り 20）。

●語り 20

> **清水**：それはまあ、仕方ないんですけどね。ないんですけど、ここで続けるとすれば、じゃあ、その後誰がやってくれるのかなっていう。
> ＊：そうですね。
> **清水**：私がF高校（（高校名））に行っている間の2年間は、退職された方が国語の講師で来てたんですけど、その方も昔ちょっと学んだことがあるっていうのと漢字語の研究をしていたって言っていて。その方がつなぎで教えてくださってはいたんですけど。免許を持っている人が果たして県内にいるのかって考えると、今教えてる生徒が進学して、もしかしたら免許取ってくれるかもしれないって、ちょっと。hhh もうちょっと待てばあり得るかなと思ったり。hhh　　　　　　　　　　　（2017/06/10）

　実際に、高校で英語以外の外国語を学んだことがきっかけとなり、大学に進んでからも続けたいと話す生徒たちがいるという。外国語を使って、上手でなくてもコミュニケーションをとろうという意欲を持つこと、そうした複数言語を学習する人のモデルには自分はなれる、と清水先生は考えていた。清水先生の語りは複数言語を生涯にわたり学び続け、教える教師としてのアイデンティティの表現であるように思われた。

4.3　川野先生と清水先生の教育観
　ここでは英語と韓国語の2つの言語を教えた経験を持つ2名の教師のライフストーリーをもとに、教師たちが英語と韓国語の使用者として教師になるまでの過程においてどのような韓国語教育観を持つようになっていったかについてまとめたい。

川野先生、清水先生はどちらも大学で「朝鮮語」を専攻するが、その理由は「韓国語をどうしても勉強したい」という強い学習動機からというよりは、「何か東アジアの、日本に近い言語を勉強してみたい」という外国語への興味からの選択であった。周囲からも「なぜ朝鮮語を勉強するのか」とよく尋ねられたと語っている。80年代、90年代は韓国語学習への投資に対して、特別な学習動機が求められるような時代だったことがうかがえる。

　外国語科と言っても、実質的にその中身は英語教育であるという日本の学校教育制度の中で、英語以外の外国語の位置づけは低い。英語以外の外国語の開設校の中で、韓国語は中国語に次いで多い数の履修者がいるが、韓国語に関しては教員免許が取得できる大学もかなり少ない。川野先生、清水先生は大学で「朝鮮語」を専攻し、英語と韓国語の教員免許を取得しているが、専攻語である韓国語を実際に教壇に立って教えるイメージはほとんどなく、「せっかく2つ取れるのだから」という理由で教員免許を取得している。英語以外の外国語教育の制度がない日本の高校において当該外国語の教員免許を持ち、教えるというのは、非常に稀なケースである。実際に、川野先生は総合学科高校から商業高校への異動により韓国語教育から離れざるを得なくなってしまった。韓国語教育の位置づけの脆弱さは、英語教育一辺倒の日本の外国語教育の制度に起因していると言える。

　川野先生は80年代、大学で「朝鮮語」を専攻し深く学んでいく過程の中で「朝鮮語＝重たい世界がある言語」であるという認識を強く持つようになっていった。川野先生は朝鮮研究の第一人者であった恩師から刺激を受け、韓国語の学習をきっかけに日本社会の問題に目を向ける韓国語教育の社会的意味を実感するようになる。英語の教員をしながら韓国語も教えるという教育実践を積み重ねる中で、生徒たちが日本と韓国の間の歴史問題や在日コリアンの問題など、社会に対する広い問題意識を持つようになっていく様子を目の当たりにし、これが韓国語教育の持つ可能性であり、教育の価値であると考えるようになっていった。日本語を学ぶ韓国の高校生と韓国語を学ぶ日本の高校生たちが、アニメ映画『火垂るの墓』を巡って互いに意見を交わし合い、歴史観・社会観を変容させるきっかけを作った教育実践は、日本語や韓国語といった言語の言語知識・スキルを習得することだけでなく、生徒一人ひとりが社会を構成する一員としての認識を深め、その未来を創っていく存在となるためのクリティカルな思考や態度を醸成することが目指されていた[11]。この

ような教育の志向性は川野先生自身の学びの経験、例えば韓国人日本語教師Hさんのような他の教師との協働的な学び合いを通して形成されていったものでもあった。

　一方、清水先生はソウルオリンピックが開催されて10年以上経つ90年代の後半に大学で「朝鮮語」を専攻している。その語りからは清水先生が東アジアの中の学ぶべき外国語の1つとして韓国語を価値づけし、特別な抵抗感なく、イデオロギッシュな思想や文化への強い関心とも距離を置いて学んできた様子がうかがえた。語りに特徴的だったのは2つの外国語を学び、ノンネイティヴの教師として教えるという営みに対する価値づけであった。清水先生は複言語、複文化ををを生かし「下手でも一生懸命コミュニケーションをとろうとする人のモデル」にはなれると自分自身が生徒に示せる価値を述べた。この認識は、韓国語の教育のみならず、外国語の教育が異文化への寛容な態度を育て、生涯にわたり、自律的に外国語を学び続け、複言語・複文化能力を身につけていく人材を育成する役割を持つという価値の認識でもあると捉えられる。

　教師たちの語りに共通していた韓国語教育の価値は韓国語の高いスキルを身につけさせるということよりむしろ、韓国語の学びを通して、生徒たちの人格形成を促すということ、生徒たち一人ひとりが社会を構成する重要な1人であるという認識を深化させるということにあったのではないかと思われる。

　以上、述べてきたように2名の教師の語りからは、教育制度の壁や日韓関係など政治的状況に影響を受けながらも、生徒たちが韓国、韓国語に関心を持つ場、韓国語を媒介として複言語・複文化経験が持てる場を創出し、その場への参加を支援することを自らの役割だと位置づける教師たちの教育観が見出された。教師たちの語りは、韓国語学習や教育への投資を通し、自ら成長してきたことを実感する教師の経験への価値づけと教育観が強く結びついたものであることを具体的に物語るものであった。

■ 5.　隣国の言語を教える教師たちの自己変容

5.1　隣国の言語を教える教師になるまでのプロセス

　本章では日韓の言語教師5名のライフストーリーから、教師たちの言語学習と言語教育への意味づけや価値づけ、培っていった教育観を考察してきた。

本章で取り上げた日韓の教師たちの共通点として「大学で隣国の言語を専攻した」という点が挙げられる。在日コリアン教師のパク先生は、自身の韓国人としてのアイデンティティを、韓国語を学ぶことによって確立したいという思いが韓国語学習の学習動機となっていた。韓国人教師のイ先生とキム先生は、日本人との接触経験（イ先生）、日本から帰国した姉家族や日本の「物」との接触経験（キム先生）から「日本について学ばなければならない」、「これからは日本との関係はいいものになるのではないか」という思いを持ち、その思いが日本語の学習動機につながっていた。日本人教師の川野先生と清水先生は、大学に入るまで「朝鮮語」や韓国についての知識があったり強い関心を抱いていたりしたわけではなかったが、もともと外国語に興味があり、東アジアの言語、特に日本に近い国の言語を学んでみようという気持ちが韓国語の学習動機につながっていた。こうしたそれぞれの学習動機から、5名の教師たちは隣国や隣国の言語に対して抵抗感を持っていたわけではなく、むしろ「勉強してみたい言語」として肯定的に捉えられていたと推察される。それが5名の教師たちに共通する言語学習の出発点だった。

　教師たちの言語学習や教育に影響を与える外力としては、「韓国人＝韓国語」のように1つの民族と1つの言語を結びつける「民族＝言語」イデオロギー、韓国と日本の間の歴史的、政治的な問題、英語以外の外国語教育の軽視による教育制度上の問題など、様々なものが教師たちの語りから具体的に浮かび上がった。教師たちを取り巻くこうした葛藤や困難な状況の中、本章では一人ひとりのライフストーリーから、教師たちが学習者から教師へ、さらに教室、学校、社会を変革していこうとする自己形成プロセスを見てきた。

　教師になるまでのプロセスにおいては、韓国で日本語を教える教師と日本で韓国語を教える教師たちの間では、「高校の教師として教える自分」という理想のアイデンティティの描き方に異なる面が見られた。まず、「高校の日本語教師になる」あるいは「高校の韓国語教師になる」ためには、「日本語／韓国語の学習や教育」の意味づけの他にも、「教師になる」ための意味づけが必要となる。

　韓国の高校で日本語を教えてきたイ先生は「日本語を通じて日本を学びたい」、キム先生は「隣国との関係をもっとよくしたい」という思いを持って日本語を学習し、自身の人的交流を中心とした複言語・複文化経験を生徒たちに伝えることに価値を見出していた。大学で日本語を専攻している時から、

「高校の教師になって日本語を教える」自分の姿を思い描いていたのである。一方、日本の韓国語教師で在日コリアンであるパク先生は韓国人としてのアイデンティティの葛藤から韓国語を学び始め、人権教育としての韓国語教育の意義を実感し、韓国語の教育を通じて韓国人や韓国への理解を促したいという思いで教育の道を志した。「朝鮮語」の教員免許を生かせる場が少ない中、会社員との二足の草鞋を履きながら、チャンスをつかみ、経験を積み重ねていった。東アジアの言語の1つとして韓国語を大学で学び始めた川野先生や清水先生は、英語の教員免許も取得し、専攻である韓国語を教えられる日を具体的にイメージできずにいた。しかしソウルオリンピック開催以前、日本が韓国に対し関心を持つことが少なかった時代に韓国語を学び始めた川野先生は、日本の学校教育における韓国語教育が日本社会に対する問題意識を高めることにつながるという、韓国語教育の社会的意味について教師になる前から考えていた。後にそれが講座の開講という行動に結びついたのであった。

　1970年代に高校に日本語教育が導入された韓国で「高校の日本語教師としての自分」という理想のアイデンティティを比較的夢に描きやすかったことと比べると、日本における韓国語教師の3名は韓国語の教員免許を持っていても、それを生かす日を容易に想像することはできず、韓国語教育の場に身を置くこと自体が困難な状況にあった。そうした中、3名の教師たちは主体的な努力と周囲の支援者に支えられて、韓国語という言語資本を職業に生かすことが可能となった。それは同時に、そのような努力と周囲の支援者がなければ韓国語教育の機会を創出することが難しいという現実を示していた。

5.2　複言語・複文化経験の場を創出する教師へ

　教師になってからの変容のプロセスにおいては、教師研修や教師たちのネットワーク形成、学校の支援体制などが教師たちの実践に大きな影響を与える可能性がうかがえた。韓国の日本語教師のイ先生とキム先生は、それぞれ教師研修と自身の授業改善をリンクさせながら行い、自己と教室を変革していった。第二外国語教育の制度がある韓国の高校においては多様な学力、学習スタイル、対日観を持つ生徒たちに向き合っていかなければならない。2名の教師たちは自身が大学までに受けてきた日本語教育の教授法を変革しようと、学習者中心の日本語教育を追求した。

それに対し、第二外国語教育の制度がない日本の韓国語教師パク先生、川野先生、清水先生は韓国語の学習指導要領がなく、教師研修制度が発達していない中、それぞれに理念を求め、教室作りをしていかなければならなかった。韓国と日本の教師たちは教育の制度に由来する異なる質の困難を抱えていたが、それを乗り越える力として教師たちが自ら作り出し、活用したのが人的ネットワークであり、教師の研究会という共同体である。そうした教師のネットワークを活用しながら、それぞれの教師たちは日韓の生徒同士の人的交流の場を創出することを目指したり、実際に実現したりしていた。複数の教師の語りに見られたのは、様々な人的ネットワークを駆使して生徒たちが日本語や韓国語といった複言語・複文化を経験できる場を作り、その場や生徒たちがつながる共同体への参加を支援する教師へと成長していくプロセスであった。

5.3 教室の変革から学校、社会の変革へ

学校教育において日本語、韓国語を教えるという営みは、当然のことながらその国の政治、教育制度に強く影響を受ける。韓国においては大統領が変わることで教育制度が大きく変革されることがある。教育課程、大学受験制度における第二外国語の扱いなどは政治によって変わる可能性が大きいということを韓国の教師たちはこれまでの経験から実感していた。

大統領制をとっていない日本は対照的に、為政者である首相が変わっても、その度に国のシステムが大きく変わるということは現実的にはほとんどない。こうした日本の政治体制を見ると、韓国のように英語以外の外国語を教える教育制度を学校教育の中に導入することは、決して容易なことではないだろう。日本の韓国語教師たちが韓国語を教えるにあたって感じていた障壁はこうした制度面における限界に由来するものであった。

教師たちの語りからは、教室、学校、社会レベルそれぞれでこうした政治的力に立ち向かう姿が浮かび上がってきた。教師たちの自己変革と教室変革のベクトルは、具体的には教科書の執筆、学校間交流、学校のレベルを越えてのNPO法人の設立、政府に対する政策提言など、学校や社会を変革する方向へと向かうものでもあった。その中心にあったのは、韓国語、日本語を教えることの意味は、単なる言語形式の習得の支援にとどまらないという教師たちの教育観であった（図3-1）。

本章で取り上げた5名の教師たちは、大学で隣国の言語を専攻し、隣国や隣国の言語に対しある種、肯定的な感情を抱きながら学び始めた教師たちであった。それでは、隣国に対し、もともと肯定的な感情を持っていなかった教師たちの場合はどうだろうか。次章では、隣国に対し否定的な感情を抱いていた在日コリアン日本語教師、韓国人日本語教師、日本人韓国語教師3名の事例を扱う。教師たちの「隣国の言語を学び始めてから」の変容に特に注目しながら、様々な外力や葛藤の中で教師としての教育観をいかに形成していったかを分析する。さらに形成された教育観はいかに教室空間や教師の言動、教材などを通し表出していくのかを授業参与観察や語りのデータに基づいて分析していく。

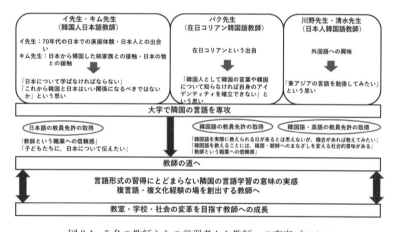

図3-1　5名の教師たちの学習者から教師への変容プロセス

1　この共同宣言においては「日韓新時代」が強調された。
2　パク先生が大学に在学中、大阪府公立学校教員採用選考テストで韓国・朝鮮語の教員採用試験が始まり、1人の採用があった。
3　朝鮮半島の代表的な打楽器（太鼓）。
4　1975年に結成された日本の音楽バンド。「ビューティフルネーム」は1979年にリリースされた曲である。
5　1970年代からヨーロッパを中心に発展してきた外国語の教授法に関する考え方である。西口（1991：164）はコミュニカティヴ・アプローチを「コミュニケーション能力の養成

という教育目標とコミュニケーション的言語観というものを共有する2種類の外国語教育革新運動の統合体（あるいは融合体）」であるとその概念を整理している。

6 「オーディオリンガル・メソッド」は行動主義心理学と構造言語学に基づいた教授法で、言語構造のパターンを繰り返し練習させることによって言語の技能を習得させるドリル（文型）練習に特徴がある。

7 渡邉吉鎔・鈴木孝夫の共著で1981年に講談社から出版されている。

8 この教科書の序文には次のような記載がある。「この本は英語を通してKoreaについてもっと知るためのものです。みなさんが隣の国々やその人々を知り、日本との関係について学ぶ上でこの教材が役立てば、こんなにうれしいことはありません。英語を通して隣国の人々とのつながりを確認して深化させ、21世紀にふさわしい友好関係を創っていこうではありませんか」―川野先生と同僚の先生の韓国に対する眼差しが表れた序文である。この教科書（英語副教材）の中には韓国映画などの大衆文化、韓国語、韓国の食べ物、歴史、在日コリアンのことなど様々な韓国と日本をつなぐキーワードが散りばめられ、そうしたキーワードがポイントとなる英語の読み物と練習問題で構成されている。

9 読売新聞社が主催する教育賞で、1952年に開始された。教育現場で意欲的な研究や創意あふれた指導を行い、優れた業績をあげる教育者や教育団体に対し、その功績を顕彰する賞である（読売新聞社ウェブページによる）。

10 戦後日本に帰る機会を失い中国で暮らしてきた日本人の人々のことを「中国残留邦人」と言う。終戦時、約155万人の日本人が中国の東北地方（満州）に暮らしていた。昭和20年8月9日のソ連軍の侵攻により、日本人は着の身着のまま逃避行し、その混乱の中で孤児となった中国残留孤児や生きるために中国の家庭に入った中国残留婦人が多く発生した。1972（昭和47）年に日中国交正常化し、残留日本人の中で日本への帰国を希望する人々が帰国を開始した。中国帰国者とは、そのような中国残留邦人およびその家族である（中国帰国者支援・交流センターウェブサイトより）。

11 このような実践は佐藤・高見・神吉・熊谷（編）（2015）が提唱する「内容重視の批判的言語教育（Critical Content-Based Instruction）」とも重なる実践である。内容重視の批判的言語教育とは学習者のクリティカルな意識・視点・姿勢・態度の育成を目指した新たな言語教育の考え方である。知識・スキルの習得を効率的に行う従来型の「語学トレーニング」としての言語教育を批判し、「教育」としての言語教育のあり方を提案した。教育の社会的役割とは「現今のコミュニティを、よりよいものに変えていくために次世代を担う人たちを育成していくこと」だとその立場を表明している（神吉・佐藤・熊谷2015：4）。

第4章

教育観の表出としての教師たちの教育実践

1. 本調査の目的と方法

　第3章において 1970 年〜 1990 年代に隣国の言語を大学で専攻し、学習を開始した在日コリアン韓国語教師、韓国人日本語教師、日本人韓国語教師たち5名のライフストーリーをもとに、教師たちの教育観の形成プロセスを考察した。その中で、教師たちが「民族＝言語」イデオロギー、複雑な日韓関係の狭間で「韓国人として韓国の言葉や韓国のことをきちんと学びたい」（在日コリアン韓国語教師―パク先生）、「日本のことを学ばなければならない。韓国と日本の関係はこれから良くなるべきだ」（韓国人日本語教師―イ先生、キム先生）、「英語以外の外国語、東アジアの言語を学びたい」（日本人韓国語教師―川野先生、清水先生）という思いを持ちながら隣国の言語の学習を選択し、様々な社会的な外力に影響を受けながら、隣国の言語を教える意味を見出し、実践を行うようになった教師たちの変容プロセスを見てきた。

　本章では、学習を開始する以前まで隣国に対し否定的な感情を持っていた教師たち3名の事例を扱う。具体的には、隣国の言語を学び始めての変容と教育観の形成過程、その教育観の表出としての実践活動を、参与観察記録（フィールドノーツ）とインタビューにおける教師たちの語りのデータをもとに考察していく。

　本章における調査協力者はナム先生（在日コリアン日本語教師、199X 年生まれ、女性）、バン先生（韓国人日本語教師、197X 年生まれ、男性）、田村先生（日本人韓国語教師、195X 年生まれ、男性）の3名の教師である。ナム先生の韓国の高校での日本語教師歴は2年、バン先生の韓国の高校での日本語教師歴は 12 年、田村先生の日本の高校での韓国語教師歴は 20 年になる。この3名の事例は、隣国の言語を教える新人教師、中堅の教師、ベテラン教師の事例と言うこともできる。

　3名の教師の概要についてはそれぞれの節において記述するが、共通点と

してそれぞれ隣国の言語を学習する前、隣国に対して否定的な感情を抱いていたという点が挙げられる。本章では教師たちの具体的な授業事例だけでなく、教師たちの自己変容プロセスも紐解いていく。まず、インタビューのデータから、教師たちが隣国の言語の学習を始めるようになったきっかけを含め、教師たちの紹介をする。次に、教師たちそれぞれの授業分析を行う。具体的には、ある日の授業をエスノグラフィー的に記述した上で活動の意図および内容別にカテゴリー化をし、教師たちがいかに韓国語や日本語の学習の場を作り、教師自身や教材を生徒たちに提示していたかを検討する。さらにその授業の実践と関連があるインタビューの語りを引用し、教師たちの教育観の表出としての教室内外における実践を総合的に考察する。データは教師たちの授業に関する参与観察記録とインタビューの文字化資料である。

■ 2. ■ 　在日コリアン日本語教師　ナム先生の事例

2.1　コリョ高校の概要とナム先生が日本語教師になるまでの過程

　コリョ高校（仮名）はC道S市の中心地に位置する公立の人文系女子高校である。進学校として知られ、有名大学への進学者が多くいる学校である。C道は2004年から教育庁が独自に外国語のネイティヴ補助教師を採用し、学校や市の外国語学習機関を巡回指導させている。ナム先生は教育庁が採用する日本語ネイティヴ補助教師であり、巡回校の1つがコリョ高校である。調査時点でナム先生は日本語ネイティヴ補助教師として2年目の教師であり、コリョ高校は1年目の勤務であった。ナム先生によるとこの高校は「ネイティヴ教師が皆、行きたがる学校」であるという。人文系の女子高校の生徒は日本語に対する学習意欲が一般的に高いことが理由であった。

　ナム先生は199X年、在日コリアン2世の父親とニューカマーの韓国人の母のもとに生まれた。家庭では日本語が使用されていたため幼少時、韓国語を学ぶ機会は少なかった。名前は南成美（仮名）という名前を日本語読みしていた。母親がニューカマーの韓国人であったため、周りの友達からは「ハーフの子」だと認識されていた。小さい時には日本語読みの名前と韓国語読みの名前の2つがあることが誇りでもあり、周りの友達に自慢していたこともある。しかし、思春期になり周りから親のことでからかわれることがあってから、徐々に韓国とは距離を置きたいと思うようになっていった（語り1）。

●語り1

> **ナム**：多分一番大きかったのが、小学校1年生の時に名前が2つあると
> かって言ってたのでからかわれたことがあったんですね。いじめではな
> かったんですけど、やっぱりそういう反応が返ってきた時に、これはい
> いことじゃないんだっていうことを感じたりとか。あとは、私に対して
> じゃなくて、母に対して何か言われたことがあって、それもすごく悪
> い言い方じゃなくてただからかうだけなんです。日本語がたどたどしい
> じゃないですか。言動とか。（中略）やっぱり（（他の子は））自分のお
> 母さんと違う何か感じるじゃないですか。そういうのでからかわれたり
> してなんか嫌だなって。（中略）それが結びついたのが韓国で、なんで
> うち韓国人なんだろうとか、なんで韓国人の家に生まれたんだろうとか
> 思ったことたくさんありました。小学生の時、そう思ってましたね。な
> んか嫌だなとか。
> (2017/06/18)

　小さい時には親に連れられて韓国の母親の実家に行くこともあったが、中
学校、高校時代には韓国に行くこともなかった。周りの日本人の友達と同じ
でいたいという気持ちが強く、中学時代は大人になったら「帰化をしよう」
と考えていたこともある[1]。

　ナム先生は韓国語という言語をどのように捉えていたのだろうか。インタ
ビューでは「韓国語を一から勉強してみたいと思っていたのか」という筆者
の質問に対し、ナム先生は「話せたらいいなぐらいの気持ち」であったと話
した。しかし韓国語ができない自分に対し「中途半端な存在」だと思ってい
た時期もあるという。それがずっともどかしく、引っかかっていた部分であ
り、韓国語の学習はそうした自分を克服する上でも大きかったと語っている
（語り2）。

●語り2

> **ナム**：周りの同世代の人とかは全く勉強する気ない人とか、全然興味な
> い人も私の世代は多いですし、別に話せなくていいとか、私はそういう
> 人たちと同じで自分がしゃべれないから中途半端な存在に思ってました

ね。日本で生まれ育ってるので全然別な、本当に違う国の人からしたら私は日本人って言われることもありますし、日本から来てるからとか。でも、私の気持ちとしては、ルーツは韓国だし、私は韓国籍だし。だから、韓国人とも言えるけど韓国語はしゃべれないから私は何人なんだろうっていうのがあって。やっぱ胸張って自分はどういうところでどういう人でっていうの言えないのがもどかしかったです。なんで、やっぱりしゃべれるようになりたいなって思ってましたね。　　　　（2017/06/18）

　ナム先生にとって韓国語の学びは自身のルーツである「韓国」に近づくための重要な側面となっていた。幼少期から家庭で使用されるのは日本語だけという環境の中で、韓国語の学習動機を高めることは難しい。さらに、思春期においては韓国に対する否定的なイメージも生まれ、近づきたくない国になってしまっていた。しかしながら在日コリアンという自身の出自を考えた時にルーツである韓国の言語ができない自分は「中途半端な存在」のように思われてしまう。そうしたエスニック・アイデンティティの葛藤とも言えるものがナム先生の心の中に生まれていた。

　そうした気持ちに変化が現れ出したのは大学に入ってからである。韓流ブームの影響から韓国文化に興味を持ち、熱心に韓国語を学ぶ日本人の親友ができた。その友人の影響もあって、一緒に韓国語のクラスを受講するようになる（語り3）。

●語り3

　ナム：友達なんですけど、会って、韓国すごく好きだし、ハングルも自分で勉強してて読めるって言ってて。私はハングル一切読めなかったんですよ。この子すごいと思って。hhh 別に私みたいに全く韓国に関係があるわけでもないのに、勉強して読めるっていうのはすごく衝撃だったんですよ。それで、勉強したら読めるようになるんだって思ったのと、確か2年生の時にX学科（（学科名））って中国語とかしか選択できないんですけど、他学科の科目取れるんですよ。

　＊：うん、取れる。

　ナム：で、韓国語を取るって言ってて。じゃあ私も取りたいって言って、

2年生の時にアヤオヨ（（韓国語の「あいうえお」））から勉強して。勉強し始めて、興味もすごく出てきて、あと、こんなに韓国のこと好きな日本人の子いるんだっていうのとかまで、やっぱりちょっとそれがプラスのイメージに関係してたりとかする時期に、この母国研修[2]の話が来たりしてっていうのが、多分大学に入ってからの韓国に対するイメージが変わっていった最初ですね。

(2017/06/18)

　折しも時代は韓流ブームの真っ只中であり、友人の中には韓国語を熱心に学ぶ人が何人もいた。特に親友が高校時代から独学で韓国語を勉強していたことに刺激を受けたナム先生は、その友人とともに本格的に韓国語を学ぶようになる。それから10年ぶりの韓国訪問、韓国留学、韓国就職へと続き、韓国はナム先生にとってどんどん近い国になっていった。それとともに韓国語が話せるようになった自分の位置づけは高まっていったのである。

　ナム先生は韓国語を学んでいて良かった点として、日本語を教えるという仕事に役立ったことと、生活上役立っているという点に加えて、精神的な面でのもどかしさが減った点を挙げた。韓国籍でありながら韓国語ができないという引っかかりを持っていた過去の自分について今どう思っているかと筆者が質問した場面で、ナム先生は次のように答えている（語り4）。

●語り4

＊：ずっと勉強したかったっていう・・ナムさんが、引っ掛かってた部分でもあるのかな。

ナム：そうですね。でも多分これは誰でもそうだと思うんですけど、それは100パーセント解決する日は来ないと思うんですよ、韓国語とかで引っ掛かってた部分は。やっぱり韓国人みたいにしゃべれないですし、もちろん上手にできるようになる人もいるんですけど、自分はちょっとだけ限界を感じて、まだまだだなって思う時に、解決しないだろうなって。でも、もどかしい気持ちとかたまに今も感じますけど、でもできなかった時よりは全然。ちょっとでもできるようになったし、自分の励みにもなりましたし。自分の生まれとかそういう部分でも、良かったことのほうが多い、全然大きいですしね。もっと韓国が近くなった気がしま

すね。　　　　　　　　　　　　　　　　　　　　　　　　　　　(2017/06/18)

　それから韓国旅行、7か月間の韓国留学を経験する。留学先で同じく在外同胞のカナダ、ドイツ、アルゼンチン出身のクラスメートと親しくする中で得たものは日本―韓国という2か国の間だけのものの見方からの脱却だった（語り5）。ナム先生はこの韓国留学について複眼思考をもたらす重要な複言語・複文化経験となったと認識している。

●語り5

> **ナム**：やっぱり日本の見方っていうか、変わったと思います。他の人はどうか分からないですけど、私は日本と韓国以外、外国に行ったことがなくて。で、日本と韓国のこととか考えることは多かったですけど、やっぱり基準が日本ですよね。日本はこうだとかああだとか思ってきたのがあるじゃないですか。でも、たくさんの国の人たちと住むようになってから、日本と他の国が違うとかそういうのよりも、日本だけが全然違うって思い始めたんですよ。
> 　　　　　　　　　　　　　　　　　　　　　　　　　　(2017/06/18)

　このような経験を積み重ねながら、ナム先生は大学時代から本格的に学び始めた韓国語と日本語教師の資格の2つを資本として現在の仕事、ポジションを得た。そのことについてナム先生は「ここに来るまでにやってたことが全部つながってて、1つも無駄なことはなかったなと。特に韓国語やってたこともそうですし、日本語教育を勉強してたのもそうですし、全部つながりました」と語り、この2つが自身の自己形成において重要であったことを認識している。

　もう1つの資本と言える「日本語教師の資格」を、ナム先生は大学時代に取得している。ナム先生は日本語を学ぶ母親から日本語に関する質問を受けることがたびたびあったという。お母さんに日本語を教えたいから日本語教育の授業を履修したと大学2年生の時に筆者に話していたことがある。日本語教師になった今、日本語教育の勉強をしていて良かった点として自身の母親の理解につながったことが挙げられるとナム先生は語った（語り6）。

●語り6

> **ナム**：教え方とかに生かせてるというよりは、勉強する上で母のことが理解できるようになったのがすごくよかったと思います。勉強してる人の気持ちとか、日本語教育の勉強はそこがよかったですし、自分が韓国語勉強してて分かってあげれるようになったのはよかったですね。その2つはすごく。 (2017/06/18)

　筆者とナム先生は、ナム先生が大学生の時に知り合った。在日コリアンとして日本語を教える仕事に就く、ということについて何度か相談を受け、卒業後も交流を続けてきた。ナム先生は大学時代に日本語教師の資格を取得し、現在は韓国のC道が採用している日本語のネイティヴ教師として、高校や中学校などの教育機関を巡回して日本語を教えている。

　日本語ネイティヴ補助教師は韓国人日本語教師とともにティーム・ティーチングで授業を行う。コリョ高校で共に授業を行うソン先生（仮名）は50代の女性でもともとはドイツ語の教師だったが、複数専攻教師の研修を経て日本語を教えるようになり、既に15年ほど日本語だけを教えている。日本語ネイティヴ補助教師とのティーム・ティーチングの経験が豊富で、ナム先生は教師の間の連携は上手くいっていると述べていた。本節で扱う授業事例は2017年6月19日に行われた高校2年生の授業である。

2.2　日本語ネイティヴと韓国人日本語教師のティーム・ティーチング授業

■場面1　本時の授業テーマを示す

　ナム先生は毎週月曜日にコリョ高校で授業を5時間行っている。1時間あたり50分で、2年生の5つのクラスで授業を行う。全て同じ教案で進めるが、クラスは20人から45人クラスまで、人数には幅がある。このクラスは20人のクラスだ。教室にはナム先生と韓国人教師ソン先生がともに教室に入る。教壇向かって左側、パソコン操作の席にナム先生が立ち、向かって右側の位置にソン先生が立ち、授業が始まった。スクリーンにはナム先生が準備したパワーポイントの資料が映し出されている。今日の授業は教科書5課で「レストランで注文する」場面での日本語表現が学習項目になっている。<u>ナム先生は日本語で「今日は日本へ行きます。レストランで注文します。」</u>と

場面を説明して、日本へ旅行に行ってレストランで注文する時の表現を学ぶということを生徒たちに伝えた。ナム先生の発話の後、ソン先生はナム先生の発話の要約を韓国語で通訳した。①

■場面2　助数詞「ひとつ、ふたつ、みっつ…とお」の導入
　スクリーンに映し出されたのは男性の店員に女性客が注文をしているイラストで하나 주세요．(ひとつください)という韓国語の表現が書かれている(図4-1)。하나（ひとつ）の文字は赤で表示されていた。この画面が出ると生徒たちはその韓国語に反応したように、「おお」と声を上げた。既に数字は習っており、今日は1つ、2つ、3つ…という助数詞を学習する。ナム先生は韓国語を話さないが、スクリーンに出した韓国語の表現で今日の学習ポイントが何かを生徒たちに伝えた。②パワーポイントの資料を使い、ナム先生は助数詞をハンバーガーの個数を示した写真とともに導入していった（図4-2）。

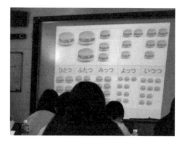

図4-1　パワーポイント教材での韓国語の使用　　図4-2　助数詞の導入場面

　その後、パワーポイント資料を用いて「いくつですか」−「2つです」などのドリル練習を、ナム先生が質問し生徒が答える形で行った。

■場面3　日本で作られた助数詞の歌の動画を見せる
　場面2に続き、ナム先生は助数詞の練習として日本で作られたyoutubeの助数詞の歌の動画「いちにさんのうた」を生徒たちに見せた。(図4-3)③1分半ほどの短いものである。1回目は聞き、見るだけで2回目は一緒に歌ってみましょうと生徒たちに声をかける。生徒たちの視線が画面に集中する。日本の子ども向けに作られた動画であり、生徒たちはこの動画を見ると日本

語で「かわいい」とつぶやいた④。

図4-3　助数詞の動画を見る生徒たち

■場面4　レストランでの注文場面を想定した練習
　この日の授業のゴールはレストランで好きなメニューを選び、注文できるようになることである。教科書第5課「いただきます」に、メニューから食べたいものや飲みたいものを選び、店員を呼んで料理名と個数を伝えるモデル会話例が示してある（図4-4）。このモデル会話をアレンジして生徒たちが自由に会話を作れることをナム先生はこの日の授業目標としていた。ナム先生はパワーポイント資料を用いて、教科書にある「うどん」「そば」「とんカツ」などの料理名の他、「牛丼」や「カレー」などよく食べられる日本の料理を追加して写真を見せながら導入した。⑤
　料理名や飲み物の名前を導入した後、メニューを見ながら「何にしますか」「わたしは〜にします」の会話例をパワーポイントの資料で示し、ナム先生は生徒一人ひとりに「何をしますか」と聞き、さらに生徒が隣の生徒に「何にしますか」と質問し「私は〜にします」と答えるチェーンドリル³へとつなげていった。「何にしますか」と聞かれ「全部」とユーモアある答えをする生徒もいて教室はたびたび笑いに包まれた。さらに、店員を呼んで「うどん1つと、カレー1つと、…ください」のように注文をする表現を段階的に導入していった。

図4-4 使用教科書のモデル会話『高等学校日本語Ⅰ』(미래엔) p.83

■場面5 グループでの会話練習

　モデル会話を一通り導入した後、ナム先生は近くの生徒同士、店員と客の役割に分かれてロールプレイの練習を行うように指示した。⑥ソン先生がその指示を韓国語で通訳しながらグループ分けをサポートする。生徒たちはスムーズにグループに分かれ、役割を決めて練習を始めた。ナム先生とソン先生は教室を巡回しながら生徒たちの活動をサポートした。

■場面6 日本から持ってきた小道具を見せる

　グループでの練習時間を終え、ナム先生はロールプレイを発表するように生徒たちに促した。その時にナム先生は茶色いエプロンを取り出し（図4-5）、「大学生の時、アルバイトをしていた時のエプロンです。日本から持ってきました」と生徒たちに見せた。⑦ソン先生が韓国語で通訳すると、生徒たちは「わあ」と声を上げた。「何のアルバイトですか」と生徒から日本語で自発的に質問が出て、ナム先生が「お好み焼き」と答えると、生徒たちは「ああ、お好み焼き」と納得するような反応をした。⑧

図4-5　日本のお店で使用していた
　　　　エプロンを生徒に見せるナム先生

■場面7　ロールプレイの発表

　最後に、授業の締めくくりとなるロールプレイの発表である。ナム先生が発表者を募ると、生徒たちが自発的に手を挙げた。店員役の学生は小道具のエプロンをかけ、注文内容をメモするためのメモ用紙とペンを持って教壇前に立った。客役の生徒はナム先生自作のメニュー（図4-6）を手にしてそれを見て注文する品を決め、店員を呼び注文した（図4-7）。あるグループの客役の生徒が「私は韓国人です」とアドリブを加えた上で注文すると、教室には笑いが起こった。⑨ ナム先生は「とても上手ですね」と生徒たちの創意工夫のあるパフォーマンスを褒めた。全てのグループの発表が終わり、50分の授業が終了した。

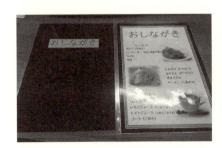
図4-6　ナム先生自作のレストランメニュー

図4-7　生徒たちのロールプレイ発表

2.3　ナム先生の授業実践の特徴と実践を生み出す教育観

　ナム先生の授業実践■場面1〜■場面7を活動の意図および内容別にカテゴリー化し、「日本語だけでコミュニケーションをとる相手となる」、「日本のリアルな素材を教材として使う」、「生徒同士の活発なコミュニケーション活動の機会を作る」の3つに分類した。以下、それぞれのカテゴリー別にナム先生の実践の背景にあると考える教育観をインタビューでの語りを引用し

ながら考察する。なお、文中の（　）の中に示した番号は、授業場面の記述において下線を引いた箇所の番号である。

2.3.1　日本語だけでコミュニケーションをとる相手となる…全ての場面

　授業中、ナム先生は日本語だけで授業を展開していた。韓国人日本語教師とともに教室に入り、一緒に授業を行うティーム・ティーチングの形態をとっている。こうしたネイティヴとノンネイティヴの協働授業においては韓国語で説明が必要な部分はノンネイティヴである韓国人の先生に任せ、自分はネイティヴ教師として日本語だけで話し、生徒たちが日本語で話す意欲を促すことが「自分たちの仕事の意味」だとナム先生は語っていた（語り7）。実際に、授業の中では韓国人日本語教師はナム先生の発話の通訳やクラスコントロールの面で役割を担っており、その役割分担は明確であった（①）。こうした授業実践において強く表れているのはナム先生の日本語ネイティヴ教師としての役割意識であり使命感である。

●語り7

> **ナム：**やっぱり、自分たちの仕事の意味がなくなっちゃうというか、あんまり（（韓国語が））できるっていうの出しちゃうと向こうも韓国語で話せばいいとかそんなふうになっちゃうので、韓国語で説明したり、韓国語で話したりするのは韓国人の先生の役目なので、私たちも日本語だけで基本はやろうと、そのほうがいいということがあるので。実は分かってるんですけど分かんないふりしたり。hh
> 　　　　　　　　　　　　　　　　　　　　　　　（2017/06/18）

　しかし、「韓国語ができないふりをしている」というナム先生ではあったが、自作のパワーポイント資料には翻訳が必要だとナム先生が判断した箇所に全て韓国語が日本語と併記されていたり、韓国語のみが書かれたりしてあった（②）。こうした「話さないが、教材の中に書いて意味を示す」という部分的な韓国語の使用は、生徒の理解度に対する配慮であり、韓国語と日本語の複言語を使いこなせる教師としてのアイデンティティの表れのようにも思われた。

2.3.2 　日本のリアルな素材を教材として使う
…■場面2、　■場面3、　■場面4、　■場面6

　ナム先生の授業では日本のリアルな素材が多用されていた。日本人の年少者向けの数字学習の動画をネット上から探して見せる（③）、パワーポイントやメニューに使用する料理などの写真に日本のものを使用する（⑤）、日本でアルバイトをしていた時に実際に使用していたエプロンを小道具として用いる（⑦）などがその例である。生徒たちはそうした素材を目にすると、短い感想を述べたり、質問をしたりするなど自発的に日本語で発話をしていた（④、⑧、⑨）。自発的な発話を促すきっかけとなる教材の作成や活用スキルにはナム先生の日本語教育を専門に学んだ者としての専門性がうかがえた。さらに、こうした実践は生徒たちの興味を喚起し、「どれだけ楽しく活動できるか」が大切だと考える、ネイティヴ教師としての役割意識もうかがえた。(語り8)。

●語り8

> ＊：それは、どれだけ楽しくできるかが自分の役割だっていう考え方っていうのは、誰かに言われたことですか。それとも自分が、昔の ALT の先生たちを見てて、モデルにしてるとか。
>
> **ナム**：多分ここに来て、先生たちが原語民のネイティヴの先生たちと話をしてて、そういうの確か聞いた気がしますね。「私たちは文法の説明はしないから」と。じゃあ何をするんだってなった時に、活動とかゲームとかそういうの、他の先生から、そう思うようになったと思います。じゃないといる意味がないというか。説明とかは別に韓国語で韓国人の先生がすれば、話は進みますよね。で、そういう役割なんだなと、話を聞いて思ってます。
>
> (2017/06/18)

　語り8にあるように、ナム先生にとって、他の日本語ネイティヴ補助教師の経験談やアドバイスは重要なものになっている。C道は日本語ネイティヴ補助教師を複数名雇用しており、長年この仕事をしている先輩も多い。そうした同じ立場のネイティヴ教師たちとはよく会って相談をしているという。ネイティヴ教師がどのような役割を果たすべきかという考え方も先輩からの

アドバイスによるものだった。

　ナム先生はこうした先輩たちのアドバイスなども参考にしながら日本語の
ネイティヴ教師が韓国人の教師たちや生徒たちに何を期待されているのかを
分析し、2.3.1 で述べたように「日本語でコミュニケーションをする必然性
が感じられる存在」になることを目標とした。韓国語ができない自分を演じ
ることはそのための戦略であった。こうしたナム先生の実践からは、日本語
のネイティヴ教師である自分自身も教室の中で提示できる「日本のリアルな
素材」、つまり人的リソースになり、生徒たちの興味を喚起し、日本語学習
を促進する重要な存在になるという認識を読み取ることができる。

2.3.3　生徒同士の活発なコミュニケーション活動の機会を作る
　　…■場面 5、■場面 7

　授業はグループによるレストラン場面でのロールプレイで締めくくられて
いる（⑥）。■場面 5 は発表前のグループの中での練習、■場面 7 はクラス
の中で前に出て発表するという場面である。ナム先生は日本から持ってきた
アルバイト店のエプロンと自作のメニューを小道具として使うことを生徒た
ちに伝え、それらを使いながらより臨場感を持って生徒たちが創意工夫を加
えて楽しく活動できる仕掛けをした。それは生徒たちが自発的に自由な発話
をし、教室の雰囲気を明るくさせることにもつながっていた（⑨）。生徒た
ちに楽しく活動させることを重要視するナム先生の考えは、生徒たち同士の
コミュニケーションを活発にする日本語アクティビティの実施という面にも
表れていた。楽しく日本語でコミュニケーションがとれる教室を作ることが
自分たちネイティヴの役割であると信じ、そうした授業作りに試行錯誤する
毎日を送っていると語った（語り 9）。

●語り 9

ナム：なるべく何か活動をしたりとかしようとは思うんですけど、どう
　しても単元的にできないようなところがあったり。でもやっぱり、そう
　いうのなるべくしようとは思ってますね。活動的なこととか。(2017/06/18)

2.4 日本語ネイティヴとしての葛藤と実践の模索

　日本語ネイティヴ補助教師として採用され、高校に勤めるナム先生の授業と語りから顕著に見出されたのは「日本語ネイティヴ教師としての役割意識」だった。

　日本語教師の資格と韓国語の語学力という2つの資本を生かし、韓国で日本語教師の職を得て韓国生活を始めることになったナム先生であったが、初めに悩んだことは名前のことであったという。ナム先生は韓国の職場において名前は韓国語読みの南成美（ナム・ソンミ）を使用している。この名前については当初日本語読みの名前を使うかどうか悩んだと語った（語り10）。

●語り10

> **ナム**：この仕事始める時にちょっと悩んだのが、名前はどっちで行くのがいいんだろうって思って。漢字で出してたほうナムソンミですけど、なるみっていうと学生たちも日本から来た人っぽく感じるかなとか、ちょっとどっちにするか悩んで。でも、とりあえずパスポートとかもナムソンミだし、こっちの身分証明書もナムソンミになるから、ナムソンミのほうが便宜上楽なんじゃないかと思ったんですね。でも、後から「みなみなるみにすればよかったのに」って誰かに言われたりして。hh
> **＊**：え::そうなの？
> **ナム**：なるみって自己紹介したほうが最初のあれはよかったのかなとか思っているんですが。
> (2017/06/18)

　その理由として、学校に初めて授業をしに行って自己紹介をした日、生徒たちからあった反応のことを話し始めた。生徒たちはネイティヴの教師が来るということで期待をしていて待っていてくれる。それに対し、韓国人の名前を言われることで一瞬生徒たちに困惑の反応が出るのだという（語り11）。しかし、その後在外同胞であることを伝えると納得したり、親近感を持ってくれる生徒もいたりするとナム先生は語った。

●語り 11

> **ナム**：「ナム・ソンミです」って言うと、言葉を発するまではみんな、初めて原語民（（ネイティヴ））の先生が来るよって言われて、多分みんなわくわくしてるんですよ。で、入ると、1回言われたのが、なんか想像してた日本人と違うっていうの、韓国語で話してるのが聞こえたことがあって、見た目の感じとかが韓国っぽくなっちゃってるのか分からないですけど。一応韓国の血が入ってるからか分かんないですけど、hh ザワザワしてて、「原語民の先生です」みたいに韓国の先生が紹介してくださって、私が「ナム・ソンミです」って言うと、ちょっと間が空いて、え、みたいな hh 感じにみんなの反応がありました。　　　(2017/06/18)

　このように、ナム先生は在日コリアンであることを授業の初めに生徒たちに伝えているが、生徒たちには日本語だけしかできないふりをし、韓国語ができる姿を見せないように意識していた。それは日本語のネイティヴ教師として周りから期待される役割を意識してのことだった。

　田中（2016）が既に指摘しているように、「日本人＝日本語」「韓国人＝韓国語」というように、1つの民族と1つの言語を結びつける単一性志向は韓国においても根強い。国籍と母語にズレのあるナム先生のような在日コリアン教師は「日本語が母語であるが日本人ではない」、「韓国籍ではあるが韓国語のネイティヴではない」という葛藤を経験していることになる。

　ナム先生は在日コリアンという立場でそうした周囲の反応や期待に戸惑いを感じることがありつつ、周りの期待に応えるために韓国語ができない自分を演じることも、日本語でコミュニケーションをとる必然性のある存在として自身を位置づけるために必要なことだと認識し、納得の上で行っていた。ナム先生のアイデンティティ操作の戦略とも言える一側面である。

　教師としてのナム先生を悩ませる問題は、そのような「民族＝言語」イデオロギーに由来するものばかりではなかった。韓国の高校の日本語教師1年目であった1年前は、高校生たちに日本語を教える意味が分からなくなったことがあるという。

　ナム先生は自身が大学生の時に参加した韓国研修旅行で、本章第3節で述べるバン先生の高校の日本語授業を参観し、高校生たちと交流を経験してい

た。その時に「楽しそう」というイメージを抱いたナム先生にとって、現実の教室での風景はショックを受けるものでもあったという（語り12）。

●語り12

> ＊：今、やりがいがあるっていう感じ？　生活は。
> ナム：そうですね。正直なことを言うと、韓国の高校の日本語教育の楽しそうなイメージがちょっと崩れたことが1年目に結構あって。やっぱりみんながみんな楽しく授業受けてるわけじゃないのとか、もちろんそうなんですけど、どんな授業でも。眠い時はやっぱり寝ちゃうでしょうしとか。あと、別にやりたくなくてもやってる子もいるじゃないですか、選択じゃなくてとか。そういうの見たりとか。あとやっぱり人文系の高校はやりやすいんですけど、受験に関係ない科目とかだと、みんな数学とか英語で必死になってるんで、授業中に内職みたいにやってる子とか見たりすると、なんか、あ::、やってる意味あまりないのかなって思ったりした時に、去年、トータルで見るとそういうふうに感じることも多かったんですよ。でも今年は結構、日本の大学に行きたいですっていう子もいたりしますし。あとは、中等教育じゃないんですけど、小学校のクラスの子たちも、知りたいっていうか好奇心があったりとか、これも中等教育じゃないんですけど、住民クラスにいたりして、長年勉強してる人とか、そんな人たちが来て、勉強したくて来てるから一生懸命というか、すごく積極的ですよね。そういう人に接するようになったので、そういう点では、今いろんな所に行けてるからこそ、すごくいろんないいところというか。
> ＊：見えてきた。
> ナム：はい。ですね。　　　　　　　　　　　　　　　　　（2017/06/18）

　勤務1年目の時、ナム先生は第二外国語としての日本語を特に希望したわけでもないのに学ばなければならない生徒たちや受験に関係ないということで意欲的に学ばないという生徒の姿を見て、日本語を教えている意味は何なのかと否定的な気持ちになりがちであったという。しかし2年目に入り、他の高校に行くようになったり、一般住民向けの生涯学習講座で自らの意志で

学びに来る小学生や60代、70代の年配の人々にも教えるようになったりしたことによって、やりがいが感じられるようになってきたと語った。日本語の学習は高校という学校教育の場だけではなく生涯にわたって続けられるものであり、実際に多くの様々な年齢層の人々が自身の人生を豊かにするために様々な人生のステージで日本語を学んでいる。そのことに気づいたナム先生は、韓国の高校における日本語教育にも意味を見出し始めていた。

　今、ナム先生が高校生を教える上で大切にしたいと考えていることは韓国と日本の相互理解のために日本語教育があるということだ。目指す自分の姿は、日本と韓国の相互理解に貢献する教師の姿であった（語り13）。

●語り13

> **ナム**：日本だと高校で外国語そんなに普通の学校ではやらないじゃないですか、英語しか。じゃあなんで日本語勉強するのかなとか、私も教えるのかなって思った時に、韓国全体がそうじゃないとは思うんですけど、韓国のほうが優れてるとか、日本は劣ってるっていうふうに言っちゃう先生もいるんですって。日本語の先生でも。でも、どっちがいいとかどっちが悪いとか、そんなふうに思わないようになってほしいなって思います。歴史のこととかいろんなことありますけど、それももちろんすごく重要な部分ですけど、それも越えて、日本はこうなんだなとか、韓国はこうなんだなとか、こういう理由でこんなふうにするんだとか、そういう相互理解の役に立てればいいなって思いますし、そんなふうに理解できるようになってほしいですよね。
> (2017/06/18)

　在日コリアンであるナム先生の韓国語学習がなりたい自分に近づく足掛かりとなったように、生徒たちにとって日本語の学習は自分を変革する一歩となるかもしれない。またさらに、日本語の学びを通した生徒たちの変容が日韓の相互理解を深める重要な一歩となるかもしれない。「民族＝言語」イデオロギーや韓国の第二外国語教育制度に起因する葛藤の中で揺れ動きながらも、ナム先生は韓国と日本の相互理解に資する自分の姿を未来に思い描き、教室の中に豊かな複言語・複文化経験の場を作り出す実践を模索し続けていた。

3.　韓国人日本語教師　バン先生の事例

3.1　プギョン高校の概要とバン先生が日本語教師になるまでの過程

　バン先生の勤めるプギョン高校は韓国Ａ道Ｎ市にある私立高校である。人文系の学校で大学進学率が高い。第二外国語は日本語と中国語から選択が可能で、調査時点においては日本語の選択者のほうが多かった。

　バン先生は調査開始時点で日本語教師歴が 12 年になる。1990 年代に大学で日本語教育を専攻した。もともとの夢はビジネスマンになることだった。高校時代までの自分を民族主義者であり、日本に反感を持っていたと振り返る（語り 1）。しかし当時日本語は韓国のビジネス界で重要な外国語の価値を持っており、日本語教師の教員免許も取得できることから将来に可能性を感じて日本語教育を専攻したという（語り 2）。

●語り 1

＊：生徒達はバン先生の話をわりと素直に受け入れますか。

バン：僕の経験をしゃべるわけなんですよ。僕も高校までは民族主義者だったんですから、はい。もう日本は嫌いというふうに。

＊：そうだったんだね。
(2015/09/12)

●語り 2

バン：ビジネスマンになるためには結局、英語と日本語が必要だったんです、その時までは。やはり日本との経済とかいろいろあって。それで英語はどちらに行ってもやらなければいけないので、そうしたら日本語を選ぼうと思って、また日本語で卒業して資格を取れる学科は何があるかなと探してみたんですよ。そうしたらＡ大学（（大学名））の日本語教育学科があって、卒業したら教師の免許をもらえるし、日本語の勉強もできるし。日本語教師になりたかったわけじゃなかった、その時は。
(2015/09/12)

　バン先生が高校で学んだ第二外国語はドイツ語で、日本語を学ぶのは大学に入ってからであった。日本語既習者が多いクラスにおいて、バン先生は最

初ついていくことが難しく、他の学生から遅れ気味だったという。しかしその状況を変えたいという思いから、民間の学院に通った。そこで多くの日本語教師に出会ったことや、韓国人教授による日本文化の授業（語り3）、日本旅行や日本人教授との出会いなどをきっかけに日本文化への興味が芽生え、日本人との交流を積極的に行うようになる（語り4）。

●語り3

バン：韓国の先生なんですけど。その先生の授業がめちゃくちゃ面白かったんです。大学4年生とか、だから1年生まで全部入っていて授業を取ったんですけど、結構褒められて、僕が。その時から日本って面白いなというふうに興味を持ちました。僕は日本語より、日本文化と日本社会に対して勉強するのが面白かったので。　　　　　　　　　（2015/09/12）

●語り4

バン：まだ2000年には、韓国で日本人って割合が高くなかったんですよ。韓国に来ている、ソウルに来て、ハングルの勉強をしている人たちはちょっと変わり者hh、日本では。
＊：少なかった。
バン：平凡ではなかったんですよね。後で話できるかもしれないですけど、僕は大学で韓国人の、韓国の大学の学生さんと、その時ソウルで「ハングル」の勉強をしている、日本からの語学研修で来ている人たちとの集まりを企画してやったんです。で、日本人の友達と一緒に組んで。
　　　　　　　　　（2015/09/12）

　バン先生は日本からの留学生と相互の文化を学び合う韓日学生交流のサークルを作り、活動した。さらに大学卒業時には日本語教師の需要が高まっていたことから、日本語教師の道を選択した（語り5）。

●語り5

> バン：3カ月間、((日本へ))遊びで行ったんですけどそこから戻ってきて、その時も教師になる気持ちは一切なかったんですよ。で、それが教育実習を出て帰ってきたから、韓国は就職が厳しいなというふうに。そうしたら一体何がいいかなと思ったんですけど、ちょうどその時に日本語ブームになって、結構採用試験での人数が。これはチャンスだなと思って、そうしたら一応、この子((妻))、いつも教師になると言ってたから、僕も教師になろうかと思って。
>
> ＊：この子の影響もあり。
>
> バン：お金は少しだけもらえないんだけどクビになりにくいから、じゃあこれをしようと思って。
>
> (2015/09/12)

　教師を志す選択においては、同じ大学に通い日本語教師を目指していた、後に妻となる交際相手の影響も大きかった。しかし、バン先生の日本語教師としてのスタートは韓国の就職難と日本語ブームと日本語教師の大量採用の時期を背景とした「教師にでもなるか」というやや軽い気持ちからであった。

　本節で事例として扱う2016年9月8日のバン先生の授業は、韓国研修旅行に訪れた日本人大学生17人がゲストとして参加した授業である[4]。この約半日の授業と交流の様子を場面ごと記述していく。

3.2　日本人大学生との交流授業

■場面1　日本人大学生訪問団の出迎え

　2016年9月8日、宮城県仙台市から韓国研修に出かけた17人の学生と筆者がプギョン高校に9時半頃到着した。バスから降りると女子生徒2人の迎えがあった。今日の活動の進行を担当している2人だという。日本語での意思疎通が可能で、後にインタビューしてみると、日本のアニメが大好きな生徒たちだった。韓国では「ハイキュー！[5]」や「進撃の巨人[6]」、「ワンピース[7]」などの漫画やアニメがとても人気なのだそうだ。バン先生も迎えに来てくれ、一緒に教室へ向かう途中、多くの女子生徒たちと校庭の通路ですれ違った。女子生徒たちは明るい笑顔で「こんにちは〜」と何人も挨拶をしてきた。①その明るい挨拶に、やや緊張していた訪問団の心も表情もほぐされ、和らい

でいくのが感じられた。

■場面2　韓国の生徒による仙台についての紹介
　授業が10時からスタートするということで、訪問団は教室に案内された。我々が教室に入ると、生徒たちは黄色い歓声をあげた。机は6つの島に既にまとめられており、生徒たち6人が1つのグループになっている。②教室の黒板の上には韓国の国旗が飾られている。生徒たちは白いポロシャツにピンクの短いキュロットスカート、あるいは水色のスポーツウェアの上着を着ている。日本人大学生からは「制服かわいい」という声もこぼれ出る。プギョン高校の夏の服装である。プギョン高校は男女共学の高校だが、このクラスは女子生徒のクラスだ。このように、男女共学の学校でも女子クラス、男子クラスでクラスが編成されることは韓国で珍しくない。女子生徒たちの中には化粧をしている生徒も多くいて、大人びた印象であった。36名の生徒のクラスであった。

　　図4-8　仙台の発表をする韓国の生徒　　　図4-9　褒美としての日本の
　　　　　　　　　　　　　　　　　　　　　　　　　　菓子を見せるバン先生

　バン先生が教壇に立ち、韓国語で進行する。教師の指示で生徒2人が前に出た。この生徒たちは仙台について調べたことをパワーポイントにまとめており、それをもとに仙台の有名なものや訪問団の大学紹介などのプレゼンテーションを韓国語で始めた③（図4-8）。後ろで観察している17人の日本人大学生たちは韓国語が聞き取れないが、仙台の写真や大学の写真も出てきて、話されている内容が推測できたようであった。仙台についてのプレゼン

テーションが終わると、聴衆から大きな拍手が沸き起こった。

■場面3　褒美としての日本の菓子

　韓国の生徒による仙台についてのプレゼンテーションが終わると、バン先生がマイクを握り、おもむろに日本のお菓子などを生徒たちに見せた（図4-9）。そして「食べたいでしょ？」と韓国語で生徒たちに尋ねる。生徒たちは声を合わせて「ネー！（はい）」と元気よく応答した。バン先生は、質問にうまく答えられたらこのお菓子をあげると生徒に伝えた。聞いていた生徒の中には、「食べたいです」と、日本語でバン先生に伝えるように、大きな声を出す者もいた。④

■場面4　仙台の名物「牛タン」の紹介

　バン先生の日本語クラスではバン先生が執筆者の1人として関わった日本語の教科書が使用されている。教室にはプロジェクターが備わっており、ホワイトボードには、教科書に準拠したICT教材の画像が映し出されていた。バン先生は、「仙台で有名な食べ物、牛タン、日本語で何でしょう」と韓国語で生徒たちに尋ねた。生徒の中から日本語で「うし、うし」という声が聞こえると、バン先生は「舌はなんというでしょうか」と韓国語でさらに質問する。生徒たちからはなかなか答えが出なかったため、バン先生は後ろにならんでいる日本人大学生に「何ですか」と日本語で質問した。⑤日本人大学生たちが一斉に「牛タン」と答えると、バン先生はみんなリピートするようにと促し、全体で「牛タン」を2回繰り返した。

■場面5　バン先生が褒美の菓子を生徒に投げる

　次にバン先生は教科書に戻り、スクリーンに映し出された4枚の写真を見せながら、これはどこの写真だと思うかと生徒に尋ねた。うまく答えた生徒に、バン先生はお菓子を投げて渡した。⑥お菓子が投げられてくる様子を見て（図4-10）、日本人大学生は「あっ」という表情をした。一方、韓国の生徒たちは通常通りという表情で特に驚く様子はない。

図4-10　バン先生が投げた日本のお菓子を受け取ろうと手を伸ばす生徒

■場面6　日本語ネイティヴとのコミュニケーションシーンを見せる

　この日の授業は旅行先で何がしたいかを聞き取ったり言ったりすることができるようになることが目標とされており、「新幹線に乗りたいです」「おすしを食べたいです」などの「〜たいです」の表現を、教材の音声を聞いてリピートする練習を行った。短い文を聞いて話す練習をした後、モデル会話の導入と練習に移った。少し長めの会話を、スクリプトを読みながら教師の後に繰り返して発話練習を行った。授業はとてもリズミカルに進んでいく。生徒たちは元気な声でバン先生の後に続いて発話をしていた。バン先生が私（（筆者））に対して、「夏休みにどこへ行きたいですか」と日本語で質問してきた。私が「済州島へ行きたいです」と答えると、「誰と行きたいですか」、「何をしたいですか」と質問が続いた。私が「家族と行きたいです」「おいしい豚肉を食べたいです」と日本語で答えると、バン先生は、今何と言っていたと思うか？　と生徒たちに尋ね、聞き取れた部分を発表させた。⑦

■場面7　日本人大学生を含めてのインタビュー活動

　次にバン先生はプリントを配布した。それはインタビューシート（図4-11）で、生徒同士、どこへ行きたいか、誰と行きたいか、そこで何をしたいか、をインタビューし合い、表の中に結果を書き入れるというものだった。まずグループでやるようにと促され、生徒たちは自分たちのグループの隣の人とインタビューをし始めた。その後、日本人大学生もグループに2〜3人ずつ入って日本人大学生に生徒がインタビューしたり、日本人大学生からの質問に答えたりするなどのインタラクションがあった⑧（図4-12）。

第4章　教育観の表出としての教師たちの教育実践　　223

図4-11　インタビューシート　　　図4-12　日本人大学生へのインタビュー活動
　　　（バン先生の自作プリント）

　生徒たちは積極的に日本人大学生に習った日本語で質問をしていく。とてもにぎやかな風景である。日本人大学生のほうが緊張しているような様子であったが、積極的な韓国の高校生とのインタラクションにより徐々に笑顔が増えていった。この活動の間、バン先生は教壇の前で、生徒たちの活動の様子を見守り、必要に応じて助け舟を出すような黒子の役割に徹していた。グループでのインタビュー終了後、生徒がインタビューの結果を発表し、50分の授業が終了した。

■場面8　交流プログラム
　有志の高校生たちと日本人大学生訪問団との交流会が行われた。授業をきっかけに、徐々に距離感を縮めていったプギョン高校の生徒と大学生たちは授業後、日本文化体験をテーマとした交流会を行った。交流会が行われた教室は、日本語学習の専用の教室として作られた教室（図4-13）で、バン先生が日本から買ってきたけん玉や様々な玩具類、浴衣や下駄なども複数揃

えてあった（図4-14）。交流会ではその素材を活用しながら日本人大学生が韓国の高校生たちに日本の浴衣の着付けを行ったり（図4-15）、折り紙やけん玉など日本の伝統的な遊びを紹介したりした。⑨

図4-13　プギョン高校の日本語学習空間として作られた教室

図4-14　教室の棚の中（バン先生が揃えた日本文化のリソース）

図4-15　日本人大学生による浴衣の着付け

　日本の浴衣と遊び体験の後、昼食の時間となった。プギョン高校の生徒たちと日本人大学生は混合のグループとなって高校の食堂へと移動した。この日は日本人大学生が来ることから、あまり辛くないメニュー（図4-16）にしてもらったとバン先生は訪問団に話した。メニューは日本人向けだが、韓

国の高校の食堂の利用の仕方は通常通りであり、トレー、スプーン、箸を一人ひとり持っておかずやご飯、スープが配膳される列に並ぶ。⑩日本の食堂のようにおかずが乗った皿やご飯が盛ってある茶碗、味噌汁の汁椀など食器ごとトレーの上に置いていく方式ではなく、韓国の学校の食堂ではトレーにくぼみがあり、そのくぼみの中におかずやごはんを盛っていく。日本側の引率教員がそのトレーについて「合理的でいいですね」というと、バン先生は「これはもともと軍隊のやり方なんですよ」と笑って説明した。この昼食会は「せっかく韓国の高校へ来たならば学校の食堂で食事体験もしてほしい」というバン先生や学校側の配慮によるものであった。⑪

　この昼食会の後、プギョン高校の学校の校舎を高校生が日本人学生らを案内する時間となった。日本人学生のほうは韓国語既修者がいなかったため、コミュニケーションは簡単な日本語と英語で行われていた。プギョン高校の生徒と日本人大学生たちは連絡先を交換したり、プレゼントを交換したりしながら近づく別れの時間を惜しみ、最後に全体での記念撮影をしてプログラム終了となった。

図 4-16　プギョン高校の学食：日本人の嗜好に合わせたメニュー

3.3　バン先生の授業実践の特徴と実践を生み出す教育観

　バン先生の授業実践■場面1〜■場面8を活動の意図および内容別にカテゴリー化し、「韓日の文化相互理解を促す交流活動の場を作る」、「遊びの要素を取り入れる」、「生徒同士の活発なコミュニケーション活動の機会を作る」、「日本語の使い手としてのモデルを見せる」の4つに分類した。以下、それぞれのカテゴリー別にバン先生の実践の背景にある教育観について考察する。

3.3.1 韓日の文化相互理解を促す交流活動の場を作る
…■場面1、■場面2、■場面4、■場面8

　この授業は日本人大学生17人と筆者が観察者として参加した授業であり、通常の日本語授業と見なすことはできないが、バン先生がこうした訪問団を定期的に受け入れ、活動に参加する観察者として参加をさせていることに意味があると考える。バン先生はインタビューにおいても交流活動への熱意を口にしていた。その背景にはバン先生の日本語を媒介しての複言語・複文化経験があった（語り6）。

●語り6

> バン：いろんな人に恵まれてね、今の僕がいるわけじゃないですか。韓国人の友達より日本人の友達にもっと恵まれて今の自分がいるから、そういう経験を、日本に対してよく知らない生徒さんに与えたいんですよ。それで生徒さんとの交流も作るわけなんですよ。(2015/09/12)

　フィールドワーク中、生徒たちが日本人学生に慣れていると感じさせる場面が何度かあった。そのうちの1つが■場面1のすれ違う生徒たちが日本語で自然に挨拶をしてくる（①）というものであった。教室の外で日本人に対し日本語での挨拶が自然に行われるというのは、交流活動が一過性のものではなく、継続的に行われていることの表れと言えるだろう。

　バン先生は韓国の生徒たちが日本について学び、日本の学生たちが韓国について学ぶという互いに学び合う場を授業の中に作り出そうとしていた。その具体的な場面が■場面2、■場面4、■場面8である。

　■場面2のプギョン高校の生徒による仙台についての紹介プレゼンテーションには、この日の授業のゲストに対する歓迎の気持ちとクラスの生徒たちにとってあまり馴染みのない宮城県仙台市について紹介をし（③）、関心を高めるというバン先生の意図が感じられた。こうしたゲストの文化への配慮は、■場面4の宮城県の名物料理牛タンを話題に「食べたいです」の「〜たいです」という新しい文型を導入しようとしている場面でも見られた。新出文型の導入に、交流相手となるゲストの文化的な話題を取り入れたことは、生徒たちの日本文化理解を促すとともにゲストに対する関心を喚起するバン

先生の意図が感じられるものとなっていた。

　■場面8は授業の外に出て、他のクラスの生徒も加わっての韓日交流プログラムの場面であった。普段からバン先生は日本語の授業の他に日本文化体験のための特別授業を企画して実施している。この日は日本人ゲストがたくさん訪問したためゲストから直接日本の浴衣の着付けをしてもらい、一緒に説明を受けながら伝統的な遊びを体験することが可能となった（⑨）。日本の文化体験は韓国の生徒たちが日本について学ぶ時間となり、その後の昼食会や学校案内は韓国の生徒たちがホストとして主導し、日本人学生たちに韓国文化を体験してもらい、理解してもらう時間となっていた（⑩、⑪）。提供された学食のメニューは日本人が好きなプルコギ（日本のすき焼きに似た料理）、チャプチェ（春雨炒め）など辛いものが苦手な人でも食べられるメニューとなっており、韓国の学食のシステムを体験しながら食事を楽しんでほしいという配慮が行き届いたものだった（⑪）。

　こうした交流活動は学生たちが使用できる言語（日本語、英語）やジェスチャーなどを駆使し、自分の力でコミュニケーションがとれる場を作ろうという思いから生まれたものだと思われる。限られた日本語能力であっても積極的に日本人ゲストに関わり、韓国の高校生の生活を伝えたり、日本人大学生の生活を聞いたりして、韓日の学生が互いの文化を理解し合えるような機会を作ろうという、バン先生の意図がうかがえるものであった。

3.3.2　遊びの要素を取り入れる…■場面3、■場面5

　■場面3および■場面5は、バン先生の授業に取り入れている「遊び感覚」が表れた場面である。授業中、生徒のパフォーマンスを積極的なものにするために、自発的に答えた生徒に対し菓子をあげるという場面は、日本の教室ではあまり見受けられないだろう。しかし、韓国の教育現場ではこれまでバン先生以外の多くの日本語教師の教室においても何度か見かけた光景であった。生徒の自発的な発話を促す仕掛けとして（④）、発言したり発表したりした生徒に褒美としてお菓子を渡す。生徒は素直にそれを喜び、受け取る。バン先生はそれをさらに盛り上げようと、教壇の位置からお菓子を「投げて」渡すというパフォーマンスをしていた（⑥）。バン先生はインタビューにおいて、日本語の授業に「遊び感覚」を取り入れるということを意識していると話していた。韓国の大学受験は非常に過酷だと知られており、大学受

験として主要科目ではない第二外国語の日本語の授業は、気楽に受けられる授業にしてほしいという生徒のニーズがある。バン先生は教師になりたての頃、スパルタ式に日本語を教えていたが、授業評価アンケートでそうした生徒たちの希望を知ったことにより、考え方を変え、少しリラックスした雰囲気で楽しく日本語が学べるような工夫をしているとインタビューで語っていた（語り7）。「褒美としての日本の菓子」はそうした仕掛けの1つの小道具であったとも考えられる。

●語り7

> バン：僕は自分で（（授業評価を））やりました。インタビュー用紙を配って、その評価書に書いてもらったわけなんですけど、その時の答えが印象に残ったわけです。先生の授業は1時間ずっと面白いんですよ、でも勉強ばっかりですから、というふうに。勉強以外のこともちょっとやってくださいという要望がありました。というのは高校なんですから、国語とか数学とか英語とか、進学向けの授業がいっぱいあるじゃないですか。（中略）息がつける、そういう場所を作ってくださいっていう要望。それから僕は変わってちょっと遊びと、そういうスタイルに。強制的に文字教育をやるのは、その時からちょっと。例えば、文化の文化体験とか、浴衣教室とか、文化学校ということをやっていて、その時から日本語教室やったじゃないですか。全部、その時集めたものなんですよ。お菓子とか持って行ったりとか、ゲームをやって答えてもらった人には日本からのキャンディーとかをあげたりとか。
>
> （2015/09/12）

3.3.3　生徒同士の活発なコミュニケーション活動の機会を作る
…■場面2、■場面7

　バン先生は学生同士が協働的に学び合う活動としてグループでの活動を多く取り入れたいとインタビューで語っていた。こうしたバン先生の狙いは机の配置にも現れていた。■場面2に示すように、授業における机の配置はグループの形態になっており、生徒同士のインタラクションが行いやすい配置になっていた（②）。この机の配置は、その後に行う生徒間、日本人大学生

を交えてのインタビュー活動を行う際に生徒たちがより他者とコミュニケーションを取りやすい形となっている。協働的な活動を多く取り入れたいと考えているバン先生の考えが反映した活動となっていた。

　バン先生は以前のインタビューで生徒同士のグループでの学び合い活動の理想と現実について語っていた。近年、日本語教育では学生主体の協働学習が積極的に取り入れられているが、韓国の学校教育現場では生徒が嫌がり難しいとも言われている。バン先生もグループ活動を生徒たちが面倒くさがると言い、妥協案として行っているのがペアを主体とした活動であるとインタビューにおいて語っていた（語り8）。この日の授業は日本人ゲストが加わったことで、いつもの韓国人生徒同士のペア活動がダイナミックな活動になり、より活発なコミュニケーション活動の機会が創出されたものと思われる。

●語り8

> バン：教育活動より、今はコミュニケーションが必要な時代に、高校はなったと思うんです。みんな面倒くさがっているんですよ。例えばこういう活動をしなさいと言ったら、もう嫌って、ボーッとしている子もいるし。（中略）グループ活動としても4人か5人だったら、1人か2人しかやらないんですよ。だから、最近はペア。
> (2015/09/12)

　授業中、教師と生徒、生徒同士のコミュニケーションがとりやすい教室空間となっていることもあってか、生徒たちの表情は非常にリラックスしたもので、日本人大学生のギャラリーがいることに対しても緊張した様子がなかった。これはこれまでも姉妹校との交流などを通して、ゲストを迎えることに慣れているということもあると思われる。緊張というよりもむしろ積極的に話したいという欲求のほうが強いように見えた。■場面7のように、50分の授業の中には生徒同士のインタビュー、日本人大学生ゲストとのインタビューという様々な活動が織り込まれていたが（⑧）日本人大学生にインタビューする活動においても、生徒たちには限られた日本語で一生懸命に話そうとする姿が見られた。

3.3.4　日本語の使い手としてのモデルを見せる…■場面4、■場面6

　授業の進行は基本的に生徒たちの理解度を見ながら韓国語で行われていた。しかし、時々日本語でのコミュニケーションが挿入される場面があった。■場面4ではバン先生と日本人学生の間で「牛タン」という言葉（⑤）、■場面6ではバン先生と筆者が「夏休みにどこへ行きたいですか」というリアルな会話のコミュニケーション場面を見せている（⑦）。こうしたやり取りを生徒たちに見せることは、日本語の使い手としてのモデルを示すことにもつながっていた。

　生徒たちにとって日本語は、特に受験においても主要な教科ではない。生徒たちにとって日本語の使い手になることにはどのような意味があるのだろうか。なぜ、日本語を学ばなければならないかと聞いてくる生徒はいないのだろうか。インタビューでバン先生にそのことを尋ねると、「もちろんいる」と答えた。

　生徒たちには中学校で中国語を選択し、高校でも中国語を選択したいと考える生徒がいるが、人数制限のために不本意ながら日本語クラスに振り分けられるケースもある。そうした生徒たちが、なぜ日本語を勉強しなければならないのかと教師に訴えてくることもあるという。そのような時、バン先生は日本語ができることで、例えば政治の世界で日本の首相が話した言葉を理解できるというメリットや、就職におけるメリットを話し、日本語を学ぶことは必要なのだと生徒たちに伝えているとインタビューで語っている（語り9）。

●語り9

バン：人数の制限があるじゃないですか。それで無理やりに日本語を取る人も結構いるんですよ。その人たちには今は両方、歴史の問題もあるじゃないですか。歴史の問題で、もし安倍さんがこういうことを話した、で、その日本語が正確な日本語の、日本語の実力によってそれが翻訳できる、できないということもあるし、まだ今、韓国の経済は発展してきたとしても、その中には今も日本からの資金とか、日本からの技術とか、そのつながりがあるわけです。

＊：そうですね。

> バン：だから、就職のためにはこれが必要だというふうに。
>
> ＊：日本とのつながりがあるからって。
>
> バン：その現実的な問題とか。特に高校だったら多いんですよ。高校ですから。 (2015/09/12)

　高校生たちに日本語を学ぶメリットとしてこのような実利的な理由を話す一方で、バン先生は自分自身の経験も生徒たちに話しているという。その経験というのは、「民族主義者で日本嫌い」だった自分が日本語を学び始めて日本人との交流を経験し、「韓国人より日本人の友達にもっと恵まれ」、今の自分が作られたのだというバン先生の日本語学習を通した自己変容の経験であった（語り10）。

●語り10

> バン：そういう自分の経験（（民族主義者だった自分が、日本人の友人に恵まれ、変化してきた経験））をよくしゃべると、大体理解してもらえるわけなんですから。今、あなたが知っている日本はマスコミだけでの日本だ。で、そのマスコミだけの日本も重要なんですけど、日本にはあなたが知らない普通の日本人というか、いろんないい人がいっぱいいるから、それは偏見を持って日本は嫌いということは、それもちょっと教育者にとってはよくないと僕は思っているわけなんです。
>
> ＊：もちろん日本の悪いところは悪いけど。
>
> バン：もちろん。悪いところは、それはあなたがもっとよく日本語を勉強して、日本語の実力、レベルを伸ばして、これはこうだから悪いと日本にちゃんと主張しなさいというふうに。 (2015/09/12)

　こうしたバン先生の語りからは、「日本語の使い手のモデルを示す」ということが、単に日本語が流暢な姿を生徒たちに見せるということではないことがうかがえる。バン先生は「日本や日本人を理解するツールとしての日本語」を活用しながら日本人と交流し、その経験によって自己変容を遂げてきた。その意味においてバン先生は自身の複言語・複文化を生かす人のモデルを生徒たちの前に示していると言えるのではないだろうか。

3.4 民族主義者だった自己の変容と教育者としての夢

「最初から日本語教師になりたかったわけではない」バン先生だが、教師歴を積み重ねてきた現在、教師は天職であると確信している（語り11）。

●語り11

> ＊：本当は教師になりたかったわけじゃないけど、なってみて今は
> どうでしたか。
> バン：もちろん。天職だと思っています、僕は。教師になってよかっ
> たな、ずっと。
> (2015/09/12)

　教師になって実現したかった目標の1つは日本の学校と姉妹校提携を結ぶことだった。その背後にあったのは、「自分たちの目で日本や日本人と接し、マスコミに左右されない自分の考えが持てる場を作ること、日本に対して偏見を持たずに接する生徒を育てること」を大切に考える日本語教育観である。「民族主義者」だったバン先生の考え方を変えたのは「日本語学習」を介しての韓日交流経験であった。韓日交流を重視するバン先生の教育実践は、「隣国に対する否定的な感情を持つ自分」という自己を変容させ、「日本と韓国の融和的な未来を創る人材育成に関わる教師」という自己を形成していったバン先生の個人史に強く影響を受けたものであった。

　2014年、バン先生は着任して以来ずっと希望していた、日本との提携校締結を実現させた。ずっと提携校締結をしたいと考えていたが、学校の上層部の許可を得られずに足踏みしていたという。しかし、現在の校長が外国との交流に理解があったことなどから日本の高校との提携校締結が実現した。提携校は自分が大学生の頃から交流を持ち続けてきた関東にある私立のK大学の附属高校、K高校である。

　K高校との交流は2010年、国際交流学習としてSkype[8]交流を始めたことに始まる。バン先生をK高校に紹介したのは大学時代から付き合いのあるK大学の日本人教授だった。K高校では韓国語の授業はないが、国際理解教育を推進する動きがあり、交流活動はバン先生が提案した月1回、昼休みのSkype交流から始まった。Skypeだけの交流ではあったが、教員同士、生徒同士が親しくなり、その2か月後にはバン先生の勤務校の生徒が個人的に日

本旅行をした際に K 高校を訪れた。また、その翌年にはバン先生と生徒 17 人が K 高校を訪問し、初めて交流会を行った。K 高校ではこうした交流をきっかけに韓国語講座、日本語講座、ダンス、プレゼンテーションなど教員、生徒、保護者を交えた交流会が行われるようになったという。

姉妹校締結はこうした交流を 5 年続け、実ったものであった。K 高校の校長はこの姉妹校締結の理由を「バン先生から熱心な情熱的な要請があったから」だと述べている（2016 年 8 月 8 日フィールドノーツ）。また、日韓の間に様々な問題がある中で、韓国の生徒との交流を通してアジアの中の日本というものをしっかりと学習させたいという思いがあったという。姉妹校締結はバン先生にとって着任以来の夢であったが、双方の校長が交流の意義を認識してくれたことが実現の背景にあったのである。

これからも交流活動においては 1 年に 1 回、韓国から訪問したり、日本から訪問団を受け入れたりする計画だ。現在は学校訪問が 1 日だけだが、これからは 1 週間程度のプログラムも考えているという（語り 12）。

●語り 12

> バン：これからは長期的な課題として 1 週間の滞在のプログラムを作ってみようっていう協議をしました。うちは寮がありますから寮を提供できますし、こっちも大学として寮じゃなくて、合宿所みたいなのはあるらしいんですよ。
> (2015/09/12)

お互いが持つ寮などの施設を利用することによってコストダウンを図り、少しでも長い時間生徒同士が一緒にいられる時間を作りたいという。学校訪問プログラムの中では、学校案内の他、生徒が調理をしたものをごちそうしたり、伝統芸能を披露したりするなどの企画を用意している。

生徒たちが交流するときの言語は日本語と英語である。日本側の高校には韓国語の授業がないからだ。積極的に英語を使って話す韓国の生徒たちに日本側の生徒たちは非常に驚くという。韓国側の学校訪問をした際、日本側の教師たちも生徒たちも、韓国の生徒の積極的な関わりに驚き、そのことについて質問したという（語り 13）。

234

●語り 13

> **バン**：日本の先生たちもそう言ってくれましたよ。うちは学校全部、積極的なんですから。なんでこんなに積極的ですかと言われて。(2015/09/12)

　大学生の訪問団との交流も経験しているが、高校生との訪問団との交流のほうがより「盛り上がる」のだそうだ。年齢が近く、友達として付き合えるからだという。そして、その成果は日本語学習意欲にも結びついてきている。日本語を選択したい、という生徒が８月の交流以来増え、日本語クラスの選択は非常に高い競争率となった。韓日交流の場を作ることが「教育者としての目標」だったと語るバン先生にとって、それは非常に嬉しい出来事であった（語り 14）。

●語り 14

> **バン**：今ちょうど１年生が２年生になって、日本語と中国語、どっちかを選ぶ時期なんですよ。ちょうど８月の 20 日に来てくれたじゃないですか。で、１年生から２年生に、特に女子のクラスでは文系で日本語を取れるクラスは、２つしかないんですよ。で、女性２つ、男１つ、また理系で５つなんですから、ものすごい競争率で。
> ＊：でも、心の中では嬉しいですよね、先生。
> **バン**：はい、もちろんですよ。さっきも言ったように僕はこういう交流の場をずっと作ってあげることが、一番自分の教育者としての目標なんですよ。それがやっとこれからできたなというようなことで、ものすごく嬉しい、今は。
> (2015/09/12)

　このような提携校を海外に持ったことは、生徒たちだけでなく学校側にもメリットがあるとインタビューでバン先生は話している。それは、勤務している高校が生徒を「募集」して集める学校だからだ。

　ソウルでは「平準化[9]」の政策のもと、外国語高校や一部の特別な学校を除いて受験ではなく抽選などで進学する高校が決まる。それをバン先生は「ソウルは配属」だと表現している。しかし、都市部ではないこの地域の高校は

「募集」して生徒を集める。つまり、近隣の高校と競争して生徒を集めなければならない。近隣の高校は全て提携校を持っていたが、自分の学校にはそれがなかった。しかし、やっと日本の高校と提携ができたことで、それが生徒募集の際にも PR ポイントになるだろうとバン先生は期待していた（語り15）。

●語り 15

> **バン**：生徒を募集している学校ですから。ソウルだったら募集じゃなくて、配属なんです。もちろん幾つか募集の学校もあるわけなんですけど、普通の一般高校だったら、配属なんですよ。で、うちは、N 市（（地域名））は、一応田舎としてまだ。だから募集なんですから、その募集のためには学校の PR とか必要じゃないですか。　　　　(2015/09/12)

　姉妹校締結という目標を実現したバン先生が思い描く未来の姿というのはどのようなものなのだろうか。バン先生はインタビューで「新しい夢が何か分からない」と答えている。その漠然とした不安のようなものは韓国における日本語や日本語教育の位置づけの低下があった。特に大学受験にあまり影響を与えない日本語を熱心に学ぼうとする高校生は一般的に多くはない。現在は生徒たちが多く選択してくれているが、それがいつまで続くかは不透明であると不安を吐露した。そして、今後高校の教師が生き残る道は「生徒とコミュニケーションができる教師」であると思うようになったと話している（語り16）。

●語り 16

> **バン**：まあ、正直言って、新しい夢が何かが分からないんですよ。で、新しい夢といえば、今の自分、韓国の高校で日本語教師が生徒に注目とか、人気ある人はあまりいないんですよ。というのは、特にソウルはもっと激しいかもしれないし、みんな受験向けなんですから、日本語は受験の科目じゃないじゃないですか。というのに、僕は幸いに学校でいろんな生徒たちに恵まれて、もう、それはいつもありがたいことなんですけ

ど、これがいつまで続くかは正直言ってびびっているわけなんですよ。（中略）今のように生徒とコミュニケーションのできる教師として残っていくわけなんです。僕は授業もそういうスタイルに変わりました。

(2015/09/12)

自身の中に蓄積した複言語・複文化を生かし、韓日交流を柱として生徒とのコミュニケーションを重視する日本語教育の実践は、高校の日本語教育を低く位置づける脅威や不安に対抗し、生き残るための戦略としても機能していたのである。

4. 日本人韓国語教師　田村先生の事例

4.1　高見高校の概要と田村先生が韓国語教師になるまでの過程

　日本の関東地区にある高見高校（仮名）は総合科を持つ単位制の総合高校である。この学校では生徒一人ひとりがキャリア・プランニングという取り組みを行い、多様な科目の中から自分の関心に合わせて履修することができる。地域的な理由により外国につながりを持つ生徒の数が毎年 100 名くらい在籍していることから、通訳、翻訳、日本語学習支援の他、母語による学習指導など、多文化共生に鑑みた学習支援が行われている。韓国朝鮮語は入門と発展の 2 つの科目が開設されており [10]、そのうち筆者は韓国朝鮮語の入門クラスで 2016 年 9 月から 12 月にかけて授業参与観察を行った。単位制である高見高校では、大学の授業のように一人ひとり選択した授業が行われるクラスにその都度移動する。韓国語の選択者は女子生徒が圧倒的に多い。化粧もしていて、やや大人びた感じもするが、まだ幼い女子生徒という印象もある。女子生徒たちはかなり短いスカートを履いているが、寒くなってきたこともあってか、スカートの下に半ズボンを履いている生徒もいるし、暖かそうなブランケットをスカートの上に巻き付けている生徒もいる。短いスカートを維持しつつ防寒している女子生徒たちはいまどきの女子生徒たちである。

　担当の田村先生は韓国語の教育歴が約 20 年になるベテラン教師である。公立高校の社会科の教諭として勤めていた 30 代の頃に韓国語を学び始めた。1990 年代初めのことである。学習を始める前までは韓国・朝鮮に対してはマイナスのイメージを抱いていたが、ある日突然韓国語を学ぼうと思いつき、

ラジオ講座などを活用し独学で学習を始めたという（語り1）。

●語り1

田村：教員になって8年が過ぎ、新設校だったので大変な一方で、心に
どこか隙間のようなものができたんでしょうか、何か新しいことをして
みよう、と思うようになったようです。自分では覚えていませんが、家
族に言わせると「何か外国語をやりたい」と口癖のように言っていたそ
うです。そこでよりによって選んだのが、その違和感を持っていた韓国
語だったということなんです。

＊：もともと、外国語に興味があったんですか。

田村：私は、異文化に対する興味というのはかなりありました。初任校
に赴任した82年頃は、ちょうど海外個人旅行が一般化し始めた時期で、
「地球の歩き方」のヨーロッパ編とインド編を穴が開くほど読んでいま
した。結果的に初の外遊先に選んだのはヨーロッパで、クラシック音楽
が好きだというのが最大の理由でした。味をしめて次の渡航先を考えて
いた私が書店の棚から取ったのが、地球の歩き方の韓国編だったんです
が、帰途の電車の中で買ったばかりの包みを開けて、本当に後悔しまし
た。なんで韓国なんか買っちゃたんだろうって。たぶん最新刊だったか
ら買っただけで、特に興味もなしの衝動買い。今思うと笑っちゃいます
が、ハングルの紹介ページを見た瞬間、こんなの無理無理！って本を閉
じてしまったんですよ、よく覚えてます。結局あの本はそのまま積読か
れて、数年間陽の目を見ることはありませんでした。まあ、言ってみれば、
私にとって韓国とは、気にならないわけじゃないけど、かといって自分
から近づきたいような存在では全くなかった、できれば遠ざけておきた
いものだったんですね。こんな韓国マイナスだらけの私が、何を思った
か、こともあろうか、韓国語をやろうと思ってしまったんですね。実を
言えば外国語っていっても今さら英語やってもとても追いつかないしな
あ、じゃあ、誰もやってないような言葉だったらいけるかもという、隙
間ねらいの下心もありましたね。どうです？　不純な成り行きでしょう。

hhh

(2015/08/05)

多忙な教員生活の中で行う韓国語の学習は挫折の繰り返しであったが、韓国語を韓国旅行の中で使用し、通じた経験や現地の人々との交流経験が田村先生の韓国語学習を継続させる力となっていった（語り2）。

●語り2

田村：なんか恋しくなってしまって、2、3週間したら、韓国語絶っていたのに、なんかまた始めてしまったのは、恐らくそういう韓国語の音の世界にじかに触れたからでしょうかね？　あるいは人に触れたからもしれません。ビギナーズラックみたいなことって、あるじゃないですか。屋台のおやじさんが「実は子供時代日本にいたんだ、懐かしいなあ」って言ってる韓国語が何となく聞き取れて意気投合したり、やはりちょっとした韓国語が通じて親しくなった人がロープウェイ会社の偉い人だったらしくただで乗せてもらったりとか、そんなこともありました。そういう経験が、自分の体の中に根づいてしまったらしく。　　　　（2015/08/05）

韓国語学習を始めては挫折し、また始めるという繰り返しの中、田村先生は韓国語スピーチコンテストにチャレンジすることを思いつき、そこで社会人部門で3等に入賞した。この入賞がきっかけとなり、韓国語学習にますます迷いがなくなったという。その学習プロセスは自身の韓国・韓国語観の変容プロセスでもあったと田村先生は振り返っている（語り3）。

●語り3

田村：この時からですよ、それこそ鬼のように一生懸命勉強したのは。晩酌もやめて受験生のように部屋にこもってやりましたね。そうしていろんなことが分かるようになると、「前に韓国を、韓国語を毛嫌いしていたのは、いったい何だったんだろう」と、心から後悔しましたよ。もっと早くからやっていればよかったと。　　　　（2015/08/05）

徐々に通っていた教育院の授業では飽き足らなくなってきた田村先生の目にとまったのが、現代語学塾であった。金嬉老事件[11]の公判対策委員会が

始めた「朝鮮語」講座である。「運動」のためのイデオロギッシュな言語としての「朝鮮語」のクラスに田村先生は魅力を感じ、飛び込んだという。

　韓国語学習者という立場から、徐々に田村先生は生徒たちに少し韓国語を教えるという試みを始めるようになった。しかしそれは韓国語の授業ではなく、自分が担当している地理の授業の隙間時間においてであった。この試みを通し、韓国語の授業は、生徒の知的好奇心に合うものがあるのではないかという直感を持ったと語っている（語り4）。

●語り4

> **田村**：多分この頃には、もう生徒に、ちょっと教え始めてたと思います。最初にやったのは、自分が持ってる授業の期末テストを返してから終業式までの間に空き時間がありますよね。どうでもいいというか、どうしようもない時間。そんな消化試合のときに、ハングルのことをやったんですよ。生徒に受けるかどうか、半信半疑でしたが、「こんな面白いことがあるんだけどさ」っていうような感じで生徒に言ってみたら、なかなか受けがいいんですよ、これが。覚えたてで嬉しいもんだから、自分が学習してきた過程そのままに、でもこう言ったら生徒にも分かるかもしれないなって考えながらやったんです。
> ＊：面白い切り口を、先生が面白いと感じた。
> **田村**：そうですね。どうやらあの人たちにも通じたらしく、かなり受けが良くて、これは、教育のアイテムとして行けるんじゃないかっていう直感をその時に持ったんですね。
> (2015/08/05)

　田村先生は授業の余談レベルで韓国語のことを扱いながら、たまたま県の事業として始まった地域のコミュニティ・スクールで住民対象の韓国語講座の講師も務めることになった。こうした経験を生かしながら、韓国語を教える対象は徐々に生徒に移っていった。

　後に韓国語の教員免許も取得し、高等学校韓国朝鮮語教育ネットワークの形成や『外国語学習のめやす』プロジェクトにも関わり、高校の韓国語教育の基盤形成に尽力した。さらに、近年は複数外国語必修化提言にも関わり、高校における「英語＋第二の外国語」の教育推進のための運動も行っている。

田村先生の授業参与観察のためのフィールドワークは2016年9月から12月まで合計4回の授業に筆者も必要に応じアシスタントとして参加する形で実施した。高見高校は韓国に姉妹校を持ち、姉妹校の生徒の訪問団が2016年10月に来校し、2016年12月には高見高校の生徒（有志）が姉妹校を訪問する予定となっていた。本節では10月に姉妹校の生徒との交流を終え、12月に韓国への旅行を控えた中間にある11月14日の授業の場面を取り上げ、インタビューにおける語りのデータを引用しながら田村先生の教育観の表出としての教育実践を探る。

4.2　韓国の高校生と「つながる」ための授業
■場面1　生徒指導をしながらの韓国語ウォーミングアップ
　午後1時25分、授業が開始した。黒板にはいつも通りハングルの子音と母音の一覧表が貼られ（図4-17）、田村先生の教壇の前には、自分のノートPCがある。授業前に田村先生はPCとプロジェクターをつなげる準備を行っていた。授業が始まると田村先生は一人ひとりの名前をいつものように韓国語の「～シ（～さん）」を付けて呼んでいく。いない生徒がいれば「～シ、オプソヨ？（～さん、いませんか）？」と聞きながら出席簿に記していく。また、「携帯電話はかばんに入れましたか」と韓国語で聞き、巡回しながら携帯がしまわれているかを確認していく。さらにこの日はスカートについての注意も何度かしていた。「スカートを履きましたか」と韓国語で生徒に聞いている。①寒くなるとスカートを履かずに下だけズボンというファッションの生徒が現れるからのようだ。

図4-17　韓国語のハングル文字の子音と母音の一覧表

■場面2　生徒たちの挨拶の自然さを褒める

　「じゃあ、始めたいと思います」と全体に声をかけ、「アンニョンハセヨ（こんにちは）」とみんなで挨拶をした。このとき、田村先生は「皆さんのアンニョンハセヨは一味違うんですよ」と話し始めた。一瞬のどよめきが教室に起こる。「何のこと？　どういうこと？」という目が田村先生に注がれた。田村先生は、みんなはもう半年勉強してきて、リアルな交流も経験してきている。皆さんのアンニョンハセヨはとても自然なものになっているのだ、ということを生徒たちに話した。②

■場面3　韓国語の「치마」（スカート）についての紹介

　場面2に続けて田村先生は「さっきチマ（スカート）って言ったけど、何か分かる？」と質問した。生徒たちはすぐには反応しない。田村先生は「一言韓国語（（一言韓国語フレーズ））だよ」と言って、生徒たちにファイルを開かせ、表紙の裏のカナタラ表があるところにメモしてくださいと促した。「チョゴリ」と「チマ（スカート）」「パジ（ズボン）」の簡単なイラストを描き、ハングルで文字を書いた③（図 4-18）。「そろそろこの表を見なくても読めるようになってほしいですね」と言いながら書くように促し、「チョゴリ」ってぴったりくる日本語はないですね、と言いながら、チマ、チョゴリ、という言葉を生徒たちに紹介した。

図 4-18　韓国語の「치마（スカート）」を説明する板書

■場面4　高校生同士の交流を想定したモデル会話の練習

　場面3の後、田村先生はスクリーンに前回の授業で扱った会話文をプロジェクターで映し出し、モデル会話を1人で読んでいった。生徒の放課後の過ごし方についての会話だ。会話文は自作のものである（図 4-19）。この授

業では教科書は使われていない。田村先生が作成したプリントに沿って授業が行われ、生徒は一人ひとり韓国語のファイルを持ち、その中にプリントをはさんでいた。

前回から扱っているモデル会話は高校生同士の会話場面となっている。④アルバイト、部活動をしているという内容であったため、「放課後」「休み時間」「昼休み」「授業」などの基本単語をパワーポイントにより見せながら復習し、前回勉強したという時間の言い方（～時）についてもパワーポイントのアニメーションで提示した。

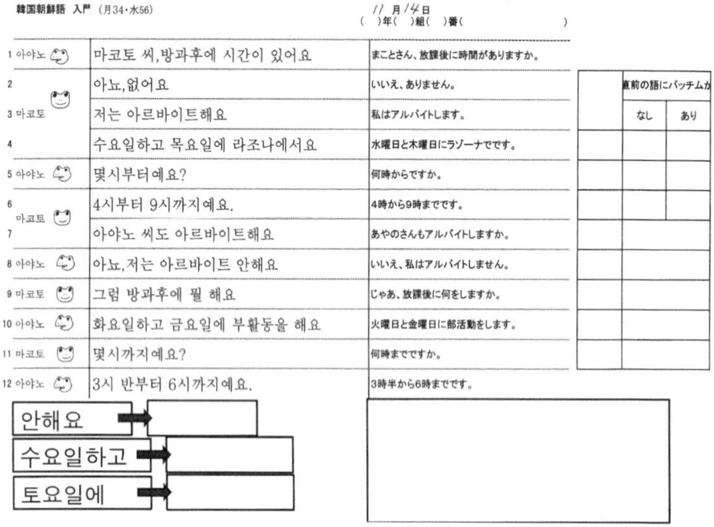

韓国朝鮮語 入門（月34・水56）　　11 月 14 日
（　）年（　）組（　）番（　　　　　　）

1 아야노	마코토 씨,방과후에 시간이 있어요	まことさん、放課後に時間がありますか。	
2	아뇨,없어요	いいえ、ありません。	
3 마코토	저는 아르바이트해요	私はアルバイトします。	
4	수요일하고 목요일에 라조나에서요	水曜日と木曜日にラゾーナでです。	
5 아야노	몇시부터예요?	何時からですか。	
6 마코토	4시부터 9시까지예요.	4時から9時までです。	
7	아야노 씨도 아르바이트해요	あやのさんもアルバイトしますか。	
8 아야노	아뇨,저는 아르바이트 안해요	いいえ、私はアルバイトしません。	
9 마코토	그럼 방과후에 뭘 해요	じゃあ、放課後に何をしますか。	
10 아야노	화요일하고 금요일에 부활동을 해요	火曜日と金曜日に部活動をします。	
11 마코토	몇시까지예요?	何時までですか。	
12 아야노	3시 반부터 6시까지예요.	3時半から6時までです。	

	直前の語にパッチムが	
	なし	あり

안해요 →

수요일하고 →

토요일에 →

図 4-19　田村先生自作のモデル会話プリント

■場面 5　寝始める生徒を励ます

授業開始から 15 分経つと、生徒 1 人が寝始めた。田村先生はすぐそれに気づき、その生徒のところへ駆けていった。トントンと背中を軽く叩いて、「はい、頑張って！」と声をかけた。⑤

次にパワーポイントの資料に沿って曜日の言い方についてカレンダーを画面に映して確認していった。この頃になると男子生徒、女子生徒の中に机に伏してしまう生徒が 1 ～ 2 人いる。しかし、その他の生徒たちは田村先生の話をよく聞き、授業に参加していた。

第4章 教育観の表出としての教師たちの教育実践　　243

■場面6　モデル会話のペア練習：寝ている生徒が起き出す

　パワーポイントを使用しての単語の復習が終わると、活動に入った。生徒たちがペアになり、モデル会話を練習してビデオカメラの前ですべてのペアが発表するのである。田村先生はペアを決めるくじをその場で作り「今日のお相手を決めますので」と言ってペアの名前を読んだ。ペアが発表されると、寝ている生徒も起き始めた。⑥

　ペアが録画をしている最中、田村先生は廊下にいて、教室の中は生徒だけになる。熱心にモデル会話の練習をしているペアもあれば、早めに練習を終えておしゃべりを始めるペアもあった。

■場面7　ビデオ録画の理由を話し、生徒の上達度を褒める

　全部のペアの撮影が終わり、田村先生が教室に入ってきた。

　「なんで毎回録画するの？　という質問があったんだけれど」と田村先生が話し出した。「言葉を使う実際を練習しているんだよ」、「ビデオに会話を撮影するとなれば、みんな真剣にやるでしょ？」と生徒たちに伝えた。⑦さらに続け、「みんな本当にびっくりするほど上手になっている、今日は100％とは言わないまでも90％以上、上手にできていた。どうでしたか？」と私にもコメントを求めた。⑧私が「吸収力がすごいですよね」と話すと、「ほらね」と田村先生は生徒たちの実力がアップしていることを強調し、生徒たちを励ました。その様子を生徒たちは真剣な表情で聞いていた。

■場面8　生徒の理解度を確認しながら文法規則を発見させる

　モデル会話を田村先生が一文一文読み、生徒がリピートする練習を行うと、助詞の整理に入った。ホワイトボードとパワーポイントをうまく使用しながら会話に出てきた助詞を表に整理していく。田村先生は授業に生徒たちがついてこられているか、注意しながら進めていく。「アオイ、大丈夫か？」「大丈夫？　ついてきてる？」と度々生徒の名前を呼んで確認した。⑨

　田村先生の文法指導は生徒とのやり取りの中で進める。例えば「안 해요＝しません」「해요＝します」を板書して、「違いは何？」と生徒たちに問いかける。生徒の1人が「안」だという。そして「안があるとどうなるの？」とまた聞く。生徒は「否定」だと答えた。「すごい！」と言って、田村先生はその生徒を褒めた。⑩

■場面9　時間の言い方の表現導入

　次に、発音についてパワーポイントのアニメーションでリエゾン（連音化）を確認していく。田村先生自作のパワーポイント資料はアニメーション機能や音声挿入機能を上手く使ったもので、生徒も集中して見ていた。⑪韓国語の発音の仕方について田村先生は「テストのとき、これ出すよ〜」と注意を促した。その瞬間、生徒たちの集中度が上がる。テストは再来週あるそうだ。

　後半授業開始から30分後、時間の言い方の導入に入った。ここでもやはりパワーポイントの資料を活用する。パワーポイントの資料の中に時計の絵を見せて、時計の針を動かし、口頭のドリルを行っていった。田村先生は、「　：10」を見せて、「これは何だ？」と生徒に問いかけた後、「シップン（10分）」と言った。これは今日の学習項目である。既習のことがらである1〜10の言い方を歌の動画を見せながら復習し、次にパワーポイントを見せながら10以上の数の言い方を導入していった(図4-20)。次にプリントを配布し、「〜分」の言い方を導入する。黒板を見ながら、生徒たちはよく集中しているように見える。「覚えましょう！」と田村先生が元気に言い、「5分」、「10分」などの言い方を練習する。田村先生は「いいね！」と励ましたり「あー、ちょっと分かんなくなってきた。もう1回行こう！」と戻ったりしながらリズミカルに口頭ドリルを進めた。こうしたドリル練習の間に寝てしまう生徒もいたが、田村先生は「はい、起きろ！」と促しながら続けた。⑫

図4-20　パワーポイントを使用しての時間の言い方ドリル

■場面10　時間の言い方を覚えるためのアクティビティー

　授業終了15分前、田村先生は「今から何時何分っていう表現をやってみます」と言い、グループでの活動が始まった。「グループを作ります」とグループを作らせ、私と田村先生と生徒とのトライアングルでの語彙習得のアク

ティビティーが始まった。⑬「1:40」など時間を書いた紙を見ながら、私が生徒に時間を韓国語でいう。それを聞いた生徒たちは自分のグループに戻って、その発音をもとに「1:40」と書いて次の生徒が田村先生のところへ行き、書いたものを見せて発音する。それが正しければ、また私の所に来て、次の時間の表現を聞く。間違っていればもう一度自分のグループに行って発音の仕方を確認し、再度トライをする、というチェーンドリルだ。生徒たちは最初、「どうやるの？」とやや混乱している様子であったが、やり方を何度か聞いて確認した後、すぐに活動に乗ってきた。私が韓国語で「〜時〜分」と生徒に小さな声で言って問題を出しても聞き返すことなくきちんと頭の中に記憶して自分のグループに帰っていき、正しい時間を書いて田村先生のところへ行った。今日習ったばかりの表現を使って、時間内にそれを理解し聞き取れて話せるようになっている。問題は8つあったが、全てのグループが8つの問題をクリアし、ちょうど授業も終了時間となった。

■場面11　姉妹校訪問事前指導

　100分の授業の終了後、12月に韓国を訪問する予定の生徒たちを集めた事前指導の特別授業(3回目)が実施された。4人ずつのグループが5つ構成され、まず生徒たちはグループで韓国について興味のあることを話しながら自己紹介し合った。次に10月に姉妹校の生徒たちが高見高校を訪問してきたときのダイジェスト版の動画を見て（図4-21）、簡単に振り返りをした後、今回のテーマである日韓歴史の授業が始まった。田村先生は「韓国が好き好きだけでいいのか？　今日はわりと深く、まじめに授業をする。韓国人の『反日』の理由はその歴史にある。このあたりのことを知らないで韓国に行くと大変なことになりますよ」と語り、日本の生徒と韓国の生徒が真に理解し合うためには歴史の理解が欠かせないと強調した。その上で日朝の近現代史をダイジェスト的にまとめたビデオとその要点を記入するワークシート（図4-22）を教材として生徒たちに提示した。⑭

図 4-21　韓国の姉妹校との交流会ダイジェスト動画を見る生徒

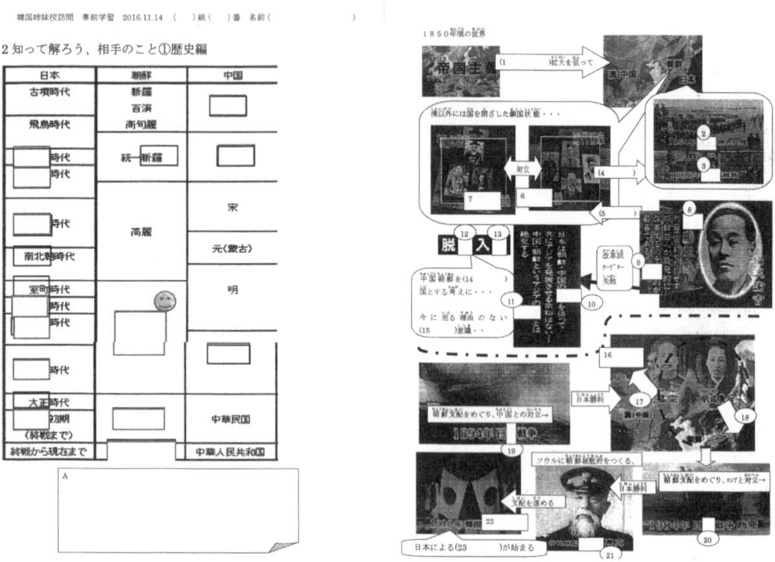

図 4-22　韓国訪問事前指導のワークシート（田村先生自作プリント）

4.3　田村先生の授業実践の特徴と実践を生み出す教育観

　田村先生の授業実践■場面1〜■場面11を活動の意図および内容別にカテゴリー化し、「積極的に韓国語を使用し、リアルな交流場面を重視した練習を行う」、「1つの授業に様々な練習形態を取り入れる」、「生徒を励まし、褒め、参加を促す」、「韓国文化や日韓の歴史への理解を促し、他教科とつながりを持たせる」の4つに分類した。以下、それぞれのカテゴリー別に田村先生の実践の背景にある教育観について考察する。

4.3.1 積極的に韓国語を使用し、リアルな交流場面を意識した練習を行う
…■場面1、■場面4、■場面7

　田村先生の授業では教師が積極的に韓国語を使用する。授業冒頭の■場面1においても、出欠確認は韓国語で行い、生徒も韓国語で応答するのが基本となっていた（①）。授業の中で田村先生は生徒の韓国語を使うコミュニケーションの相手という位置づけになっているようだった。

　授業では教科書を使用せず、毎回準備される田村先生自作のプリントが教材であり、学習すべき項目の一覧は田村先生の頭の中にある。そしてそれは、韓国の姉妹校との交流場面で使える語彙表現を念頭に置いたものであった。

　田村先生が作成したモデル会話文やビデオカメラで会話文を録画する練習の背景には、韓国の姉妹校の生徒と実際に相互交流し「つながる」イメージがあった。この「つながる」というキーワードは田村先生が前述の『外国語学習のめやす』プロジェクトに関わる中で、一緒にプロジェクトに関わった外国語教師たちと考えた外国語の学習目標のキーワードだった。『外国語学習のめやす』を作成するプロジェクトは、学習指導要領のない日本の高校の英語以外の外国語教育の現状を打開するため、新たなスタンダードを作り、韓国語、中国語教育から発信していこうという取り組みであった。田村先生は、『外国語学習のめやす』プロジェクトのメンバーに抜擢されているが、最初に行ったのが「わかる、できる、つながる」という理念作りであったという（語り5）。

●語り5

> **田村**：その時（（初めての話し合いのとき））に、僕たちせいぜい「できる」までだろう、要するに、「わかる」だけじゃなくて、「できる」ようになるべきだと、これだけでもかなり先進的な外国語教育だと思っていたんです、最初は。今でもそうですよね、恐らく。「知識だけじゃなく、実際に使えるようになりましょう」と、みんな言う。それは、自分たちとしてはとても大切だなと思っていました。でも、できたからって、一体何だよっていう話になって、言語学習の究極の理念は何なのだろう？って、メンバーみんなで頭をひねったんです。そこで、出てきたのが、「わかる」「できる」の次の「つながる」でした。究極の目的は人と「つながる」

ことだろうっていう発想で、これが初回会合で出てきたんです。

(2015/08/05)

　この「つながる」までを範囲に入れた理念は「卓見だった」と田村先生は語っている。その理念に合う中身を考える作業は苦しいものであったが、こうした作業は現在勤務している高校の韓国語授業作りと並行して行っていたので、『外国語学習のめやす』作成プロジェクトの過程で学んだ実践的知識を現場に取り入れることができた。その試行錯誤があったからこそ高校での授業を成り立たせることができたと田村先生は振り返り、「つながる」に関しては高見高校に韓国の姉妹校があったことから目標を設定しやすかったと語っている（語り6）。

●語り6

田村：「わかる」は大丈夫ですね。ちゃんと説明すればいいんですから。「できる」もまあ、アクティビティーもやればまあいいだろう。じゃあ、「つながる」をどのように実現させるか、ですが、うちの学校がたまたま、韓国の後に姉妹校になってる学校と、当時から研修旅行の行き来を始めていたので、具体的なつながるイメージがあったから、韓国の姉妹校の生徒としゃべるとか、手紙をちょっと書く機会があったので、それには助けられましたね。つながる具体的な場面が先に与えられたわけです。

(2015/08/05)

　その具体的な場面が■場面4である。姉妹校の生徒に高見高校のことを紹介したり、交流の際に話す内容をイメージして自分たちの身近な話題を韓国語で話したりできるように、そのような場面設定のモデル会話を作成し練習を行っていた（④）。
　■場面7に見られるように田村先生はほぼ毎回の授業でモデル会話の発表録画を行っている。そのことについて生徒に質問をされて、その理由についてはビデオを撮れば一生懸命取り組むようになる、リアル感も出てくるからと生徒たちに説明している（⑦）。実際のコミュニケーション場面を意識して練習を行えるようにという田村先生の狙いがあるのだと思われる。毎回の

ビデオ撮影は韓国語でのコミュニケーションの本番が教室の中にもあるのだという意識を高める仕掛けでもあったのである。

4.3.2　1つの授業の中に様々な練習形態を取り入れる
…■場面4、■場面6、■場面9、■場面10

　田村先生によると高見高校に通う生徒たちは、もともと勉強が好きなタイプの生徒が多くはないという。中には、K-POPや韓国ドラマが大好きで独学し、かなりのレベルに達しているような生徒もいるが、授業でのパフォーマンスを嫌がり、途中で退席してしまうような生徒や寝てしまう生徒もいる。田村先生はその対応として、様々な生徒を動かす活動を取り入れていた。そうした活動に取り組んでいる間に、いつの間にか韓国語ができるようになってしまっていることを目指していると授業後の私との雑談の中で話していた。ペアでの会話練習（④）、ペアを変えての会話練習、パワーポイントを使用してのドリル（⑪）、グループでのチェーンドリル（⑬）など多様な練習が1つの授業の中に組み込まれていた。

　教師による説明の時間が少し長くなると寝てしまう生徒が出てしまうが、活動が変わるタイミングで起き、一緒に活動しなければならないような状況が生み出されていた（⑥）。こうした様々な練習形態の導入は、生徒たちの多様な学習スタイルに対応するものにもなっているようだった。

　田村先生は高見高校に赴任して生徒たちの学力を前にどのように授業運営していったか困惑した経験を「授業を開講したはいいけれど、この生徒たちを前にどうしたらいいか。授業が成り立たなかったらどうしようと思っていました」とインタビューで語っていた。多様な練習を取り入れた授業方法は、目の前の生徒たちにどう対応していくかを模索する中で、田村先生自身が様々な自己研修を行い、考え出していったものだった。その中で田村先生に大きな影響を与えたのは『外国語学習のめやす』作成プロジェクトだった。このプロジェクトの中心にいたのは、高校の韓国語、中国語の現場の教師たちであったが、そのバックグラウンドは多様で、英語や中国語を教える教師たちからの影響も大きかった。それは田村先生が複言語主義の大切さを実感する経験の第一歩でもあったという（語り7）。

●語り7

田村：その中で、究極的にはこういう目標持って授業をやろうよっていうことが身につき、そのためにはどういう方法があるっていうことを、いろんなサジェスチョン受けて、現場で試して、その試したことをこのプロジェクトチームに持って帰って、いや、こうしたらいいんじゃないの、というようなやり取りしたんです。自分としては、『めやす』と高見高校の授業を一緒に作っていったようなものですね。だからできたんだと思います。ただ教科書だけをもとにやってたんだったら、『めやす』づくりの作業はできなかったと思いますね。(中略)ご存じのＭ先生((人名))、英語の人もいましたよね？　英語の先進的な事例をすごくたくさん話してくれました。あるいは中国語のチームから中国語のチームの事情も聞いていました。だから、韓国語の先生だけでやったら、こんなふうになってないですよ。韓国語の枠だけでやってたら、絶対無理だったと思います。そういう意味で、複言語主義。複言語主義っていうのはどうして大切なのかって、このとき多分、身をもって体験したんだと思います。１人の人が複数の言語に対して関心を持つ、一定の素養を持つ、そこを自分の中で共存させていくことによって高めてくっていう、まさにそういうことですよね。多分、この作業の中でそれを実践したのかなと思います。

(2015/08/05)

「韓国語の枠だけでやっていたら絶対無理だった」と田村先生は力を込めて語った。『外国語学習のめやす』作成プロジェクトは、多様な言語を学び、教える教師たちが協働で１つの目標に向かって作業する場でもあった。その過程を通し、１人の人間が複数言語について関心を持ち、その素養を実生活に生かしていく、「複言語・複文化主義」の必要性を実感を持って感じることができたという。その気づきは田村先生にとって、意外かつ重要な副産物であった。

『外国語学習のめやす』プロジェクトを通しこのような気づきを得ながら、田村先生は授業改善に取り組み、他の外国語教授法からも学ぶようになっていった。その中の１つに英語教育の教授法セミナーがある。田村先生は高見高校に勤務し始めてから、授業改善のために役に立つものには積極的に参加

するようになったと語っている（語り8）。

●語り8

> **田村**：英語教育達人セミナー[12] には多分 2006 年から 2007 年ぐらいから一生懸命、通うようになっていました。多分、この頃、ここの授業作るために少しでも役に立ちそうなことはがむしゃらに、貪欲にやってましたね。
>
> (2015/08/05)

　こうした田村先生の授業実践と語りからは、韓国語教師という枠だけに収まるのではなく、複言語・複文化を身につけるべく学び続け、それを授業の中で生かす外国語教師へと成長していく自己変容の軌跡をうかがうことができる。

4.3.3　生徒を励まし、褒め、参加を促す
　　　…■場面2、■場面5、■場面6、■場面7、■場面8、■場面9、
　　　　■場面10

　様々な練習形態を取り入れての授業展開は、生徒たちの学習モチベーションを持続させるための仕掛けとなっていたが、それと並行して顕著に見られたのが生徒を励まし、褒め、参加を促すという場面である。例えば■場面2は授業冒頭の挨拶「アンニョンハセヨ（こんにちは）」を生徒と交わす何気ない場面であるが、そこに田村先生は「みんなのアンニョンハセヨは一味違う」と生徒に言って注目させている（②）。10月に行った韓国の姉妹校の生徒を迎え、リアルな交流を経験した生徒たちにとってこの挨拶は既に身体化され、自然なものになっていると伝え、生徒たちの上達度を実感させ、さらなる学習のモチベーションにつなげていこうという田村先生の意図が感じられる場面であった。同様に■場面7では毎回行っているモデル会話のビデオ録画において、生徒たちの韓国語が非常に上達していることを活動の後に伝え、励ましている（⑧）。■場面8においては文法の説明を一方的に教師が行うのではなく、生徒が文法規則を自ら気づくように問いかけ、気づきを発表できた生徒を褒めている（⑩）。
　■場面5や■場面9に見られるように田村先生は寝ている生徒をそのまま

にしない（⑤⑫）。優しく、時に命令口調で生徒一人ひとりに声をかけ、活動への参加を促す（⑨）。ペア活動やグループ活動は集中力が途切れてしまいがちな生徒に刺激を与え、学習活動に参加させるきっかけともなっていた（⑥⑬）。

「学習モチベーションの維持」に関して田村先生はインタビューでその難しさについて語っている（語り9）。

●語り9

> **田村**：苦労した点は、生徒たちのモチベーションが長続きしないっていうことですね。部分的に見ると、気づいた、面白いなっていう、そういう瞬発的なモチベーションの高まりってあるんですけど、それを持続させていくのが非常に難しいです。
>
> (2015/08/05)

生徒を励まし、褒め、参加を促すという田村先生の行動は、生徒たちの学習モチベーションを高め、維持させることも狙いの1つとなっていたのではないかと考える。

4.3.4　韓国文化や日韓の歴史への理解を促し、他教科とつながりを持たせる …■場面3、■場面11

授業の冒頭■場面3では、「チマチョゴリ」と日本ではよく聞かれる韓国の民族衣装を表す言葉を例に、イラストを描き、どちらがチマでチョゴリなのか、日本語に対応するとどうなるかについて説明している（③）。この場面ではチマを치마というハングルのつづりを示し、読めるようになることを促す場面ともなっているが、韓国の民族衣装の名称に関する文化理解の側面も持っていた。

■場面11における日韓の歴史に関する特別授業は、生徒たちが1人の人間として「日韓の歴史をきちんと知っておかなければならない」という、田村先生の日韓交流観が反映されたものであった（⑭）。社会科の科目と韓国語の科目の複文化を身につけた教師としてのアイデンティティの具現と捉えることもできる。

田村先生はもともと、韓国語の学習を始めるまでは韓国・朝鮮に対してマ

イナスのイメージばかりを持っていたと語っていた。特に教師になった当時の 1980 年代は社会科の教師の間で韓国の歴史、戦後の在日コリアンの人権問題などを授業で扱うことが普通であり、そうしなければならないというムードがあった。それに対し田村先生自身もまじめに取り組もうとしていたが、どこかに違和感があったと語っている（語り 10）。

●語り 10

田村：周りの人たち、社会の先生たちが、日本と韓国の歴史、その侵略の歴史がちゃんと分かんなきゃいけないとか、在日韓国人差別問題一生懸命取り組まなきゃいけないって言われる時に、どうもその、韓国っていうもののイメージが暗いんですよ。なんか嫌で、近づきたくないなって思っていたんだけど、う :::ん、なんでしょうね :::、・・・・・。それでも一生懸命、自分も分かんなきゃいけないという義務感みたいのがあって、そういう在日朝鮮人の強制連行が行われた場所をフィールドワークしましょうというのが、よく行われていてですね。例えばここのダム、ここの炭鉱がその現場だから、そういうところを発掘しようっていう動きがすごく強かったですね。労働組合主催で。じゃあそこに行ってみようと、気になるからっていって行ったんです。4 月の何日だったと思います。で、行ってみたんだけど、やっぱりなんかつまんなくて、心に響くもんがなくて、これはなんか、自分が求めてあったもんじゃないなと思って、がっかりして帰ったわけですよ。ところが、その数日後でした。朝起きたら、そうか、韓国語をやろうって、起き抜けに思いついたんです。 (2015/08/05)

　その違和感や韓国・朝鮮への距離感が変容するきっかけとなったのが、ある日突然思いついて始めた韓国語の学習だった。言葉との出会いをきっかけに韓国・朝鮮への眺めが変わり、韓国・朝鮮は知らなければならないものではなく、知りたいものになっていたと田村先生は言う。田村先生は特に忘れられないエピソードとしてある生徒の話をした。その生徒は田村先生の韓国語の授業に関して提出した感想文の中に、自らの気持ちの変容を書いていた。その気持ちの変容はまさに、田村先生が韓国語を学び始めてから経験した自

らの気持ちの変容と同じだったという（語り 11）。

●語り 11

> 田村：本当に、あんまり勉強普段得意でない、こんな講座を選択するような感じの子じゃなかったんだけど、こういう子が、こういうことを正直に切々と語ってくれたのはよく覚えてますね。（中略）自分が、なぜこれが気になるかっていうと、自分も韓国語始めるまで、日韓の歴史とか在日のことをやんなきゃいけないって言われてたことの違和感は感じてたわけですよ、自分も。その子は同じことを感じてたわけですよ。朝鮮学校の子には近づきたくないと思ってたわけです。ところが、なんか勉強したら、アンニョンって聞こえてきただけで、つながっちゃったわけですよ、この生徒。そんな自分にとてもびっくりしてる感じっていうのは、自分と同じだなと思いましたね。自分の体験を追体験する子がいるんだなと。この感想文は印象的で、生徒の顔もよく覚えてますね。背景が分からないと、ちょっと分かりにくいかもしれませんが。
>
> (2015/08/05)

　その生徒は韓国語が聞きとれるようになったことで初めて朝鮮学校の生徒を意識したと、田村先生に率直な思いを伝えたのだという。印象に残ったというその感想文は次のようなものであった。（2015 年 8 月 5 日に田村先生から提供を受けた資料による）。

> 「初めて『ハングル』語を習って、書いたり話したりしているうちに、だんだん親近感がわいてきた。前までは絶対に使いたくない言葉の 1 つに入っていたと思う。（略）横浜でチマチョゴリ着てる女の子たちが「アンニョン」って言っているのを聞いたのはビックリした。何か通りすぎただけなのに耳に入ってきて、もし『ハングル』語なんかやってなかったら何も気づかずに通りすぎているんだろうな、と思う。」

　田村先生がインタビューで語ったのは、この生徒の声はまさしく田村先生が韓国語を学び始めたときに感じたことと同じことであったということで

あった。この資料の中で田村先生は自分自身も「言葉との出会いをきっかけに自分の韓国・朝鮮への眺めはすっかり変わり、韓国・朝鮮は知らなければならないものではなく、知りたいものになっていった、その開けた視界の彼方に在日の存在も見え始めていた」とも書いている。この語りや文章は自身の韓国語学習経験から認識した田村先生の自己変容を示すものであった。教室の中で田村先生が語る言葉や行動、提示する教材はその変容の姿が具現化し生徒たちの前に立ち現れたものであったと言えるだろう。

4.4　韓国語の学びの機会を作ることの価値の実感から複数外国語必修化提言へ

　本節では第二外国語教育の制度がない日本の高校において、学校設定科目として韓国語の授業を開講し、実践し続けてきた田村先生の授業事例と語りの分析を行った。繰り返し述べてきているように、日本の高校において「韓国語の学びの機会を作る」ことは「当たり前」のことではない。第二外国語教育の制度があり、教育課程で日本語に関するシラバスが示され、日本語の検定教科書があり、基本的にそれに沿って教育が行われる韓国の日本語教育とは大きく異なる点である。実際、田村先生の授業においても教科書は使用されておらず、シラバスもカリキュラムも全て田村先生の「手作り」であった。授業事例の分析と語りの分析から、その手作りの教材や教授法、田村先生の語る言葉や行動といった全てが、田村先生の自己変容や教育観の具現であることを見てきた。本節では主に教師の教育観の表出として具体的な授業実践を分析してきたが、第二外国語教育の制度がない日本の多くの高校においては「そもそも、なぜ韓国語の学びの機会を作るのか」という問いを常に持っていなければならず、「韓国語の学びの機会を作る」こと自体が韓国語教師としてのアイデンティティと深く結びつくものであると考える。ここでは、田村先生のインタビューでの語りを引用しながら、田村先生の個人史に寄り添い、「韓国語の学びの機会を作る」教育者としてのアイデンティティがいかに構築され、教室、学校、社会のレベルでどのように発揮されてきたかについてさらに考えていきたい。

　ここまで述べてきたように、田村先生の韓国語教育実践は自身の韓国語学習経験と密接に関係している。社会の授業においても韓国・朝鮮や在日朝鮮人の人権問題などを扱うことに違和感を持っていたという「韓国マイナスだらけ」の田村先生は、「よりにもよって」「こともあろうか」ある日突然韓国

語を勉強しようと思いつく。その動機は「誰もやっていない言語だったらいけるかも」という下心もあったと振り返っている。

「近づきたくなかった」敢えて避けていた韓国や韓国語に近づいてみて、見えてきた世界は自身でも意外なものだった。ラジオ講座での独学は多忙な教師生活の中で常に挫折との戦いであったが、同僚と韓国旅行へ行き、現地の人々と交流を重ねていく中で韓国語の世界に魅了されていく自分を発見していくようになる。その学習プロセスは自身の韓国・韓国語観の変容プロセスでもあったと田村先生は振り返っている（語り12）。

●語り12

> 田村：まあ、（（韓国語を毛嫌いしていたのは））食べず嫌いだったといえばそれだけなんですが、食べろって人に言われても嫌なものは嫌だ、でも自分から進んで食べてみたらこんなおいしいものはないと気づく、当たり前と言えば当たり前のプロセスを踏むのに、私の場合は何年もかかったということなんだと思います。私は、はじめこそ悔やみましたが、今ではここに至る何年かを、単に失われた時とは思っていません。逆に、今の私は、このプロセス抜きには存在しないといってもいいでしょうね。
>
> （2015/08/05）

199X年に赴任した高校においては初めて自由選択の「地理」科目の授業で韓国語を教えるということを試みている。当時は、教科の「地理」という看板はそのままで中身は「韓国語」をやるということでも問題なくでき、1年間の韓国語コースを計画した。受講生は多くて10人程度で反応は良かったが、積み上げ式の授業では途中で脱落する生徒も出始め、授業方法について悩みを持ち始めるようになっていったという。初めての試みで、田村先生は高校生たちに韓国語を教えるノウハウはなく、学習目標も設定せずに行っていた。面白いことをつまみ食いしていけば、いずれ全体像としてうまくいくのではないかと思っていたが、実践していくうちにそれは誤りであったと気づくようになったという。授業運営上の悩みはあったが、韓国語の教育アイテムとしての可能性を強く感じていた田村先生は、同様の考えや悩みを持っている教師たちがいるのではないかという思いを持ち始め、独自に韓

国語教育に関する全国調査を行った。84校回収し、回収率は75%であった。回収された調査用紙の回答から、田村先生は高校における韓国語教育の可能性をさらに強く感じるようになったと語っている（語り13）。

●語り13

> 田村：そこを見て、びっくりしたのは、本当にいろんな先生が一生懸命、こういうことで韓国語教育をやってるんだということですよ。その理念とか思いとか、そういうことがいっぱい書いてあるわけですよ、調査票に。今だったら、あんなに熱い文章はないんじゃないかなと思うけど、そういうことを返してくれて、これは自分が直感として思ったことは本当なんだと。本当に行けるんだと、いろんなことが本当にそういうふうに、人がそういうふうに思ってやってるなあっていうことが分かって。
>
> (2015/08/05)

　偶然にもこの田村先生による調査とほぼ同じ時期、国際文化フォーラムが学校の韓国語教育の実態について調べる全国調査を行っていた。このことを知り、田村先生は高校の韓国語教育に関して何か大きなものが動いていることを感じたという。1998年には高校の韓国語教育に携わる教師研修会が初めて開催され、それは高等学校韓国朝鮮語教育ネットワークの誕生へとつながっていった。田村先生はネットワークの東ブロック代表として教員たちのつながりの形成に力を尽くした。また、ブロックごと研究会を開催し、授業研究などの研究活動も積極的に行うようになった。そして、2001年から3年間、韓国語の教員免許取得のため神田外国語大学の研修に参加し、韓国語の教員免許を取得している。

　しかし、英語以外の外国語の教育が制度化されていない日本の学校制度の中では、韓国語の教員免許を生かせる場が少ない。韓国語はマイナーな立場に置かれざるを得ず、教育制度が様々なところで韓国語教育の壁となって立ちはだかる。田村先生はそのような中、複数外国語必修化提言に関わり、多言語教育推進のための働きかけを行っている（語り14）。

●語り14

> **田村**：やっぱりこうであるべきだってことは、それは何年かかろうが追求しなきゃいけないんだろうと思っています。結果として日本では複数言語必修化が制度化されなかったっていう結論は大いにあり得ると思うけども、制度化に向けた僕たちの努力とか、外国語教育の充実のためのそういったいろんな活動、努力は絶対無にはならないと思うので、制度化したって耐えられるぐらいの外国語教育を僕たちはやっていきましょうというのが、僕たちの現実的なミッションかなと思っています。大事なのは、制度化することそのものではないんです。制度化してもできるぐらいのきちんとしたものを僕たちはやろうと。だから、30年先、50年先の実現だとしても、明日からやるべき課題は僕たちにはあると、そういうふうに思いますね。
>
> （2015/08/05）

　複数外国語必修化提言は、韓国語の枠にとどまらず、英語以外の学習も生徒たちに必要なのだという思いを社会への発信という具体的な行動で示したものである。それは単なる理想であってはならず、実現されたときにそれに耐えられる実績を今から積み上げていかなければならないと田村先生は考えていた。その積み上げていく実績の１つが、ここに取り上げた日常の授業の１コマである。

　田村先生はインタビューで、「韓国・韓国語に関心を持つきっかけを作ることが大切で、それが私の仕事であると思っています」とも語った。その実践の源泉になっているのは外国語の学びが子どもたちの豊かな人間形成に資するという強い信念であり、教師としてのアイデンティティであると言えよう。田村先生は高等学校韓国朝鮮語教育ネットワークの会合において、大学院で韓国語教育を専攻し、教員免許を取得しようか悩んでいる大学院生に対し「こんなにやりがいのある仕事はない。もし高校の教師になりたいという気持ちがあったらチャレンジしてほしい。」とアドバイスしている（2017年５月28日フィールドノーツ）。第二外国語教育の制度がない日本の高校の現実を見れば、韓国語を教える近道は時間講師として教えることである。複数の学校を掛け持ちしなければ生活は成り立たないが、韓国語の教育には専念できる。しかし、田村先生は「他の教科の免許を取って、韓国語の教師にな

る前にまず高校の教師になる」という道も十分に魅力的な選択であるとこの大学院生に伝えているようだった。教育者としてのアイデンティティが韓国語の教師というアイデンティティの土台になっているようにも思われた。

田村先生の事例は、複言語・複文化経験を重視する教育者としてのアイデンティティが教室、学校や社会という様々なレベルの場において構築され、力が発揮されることを具体的に示すものであった。

5. 教師たちの教育観と教育実践の背景にある複言語・複文化経験

本章では、ナム先生、バン先生、田村先生 3 名の教師たちの実際の授業事例とインタビューにおける語りをもとに、教師たちの隣国の言語の学習や教育への意味づけ、形成していった教育観とその表出としての教育実践について考察した。

第 2 節では「日本と韓国の間の相互理解を促す」媒介者となることを目指す、ナム先生の事例を検討した。在日コリアンとして、自身のルーツの国の言語である韓国語を学び、母語である日本語を教えるという営為において「韓国人＝韓国語」、「日本人＝日本語」という日本や韓国社会における「民族＝言語」言説は「韓国籍だが母語は日本語」というナム先生に葛藤や戸惑いをもたらす要素でもあった。しかし、自らの意思で主体的に「韓国語を学び、日本語を教える資格を得、韓国に留学し、韓国で就職する」過程において蓄積してきた複言語・複文化経験はその葛藤を乗り越える力となり、日本語ネイティヴ教師として生徒たちの日本語学習を支援し、日本と韓国の相互理解を促す存在として自身を位置づけることにつながった。

ナム先生はネイティヴ教師としての役割を「日本語でコミュニケーションする必然性が感じられる存在になること」だと語り、その日本語のネイティヴとしての役割意識は実際の授業においても「日本語だけでコミュニケーションをとる」「日本のリアルな素材を活用する」「生徒同士の活発なコミュニケーション活動の機会を作る」という行動に顕著に表れていた。

韓国にルーツを持つ教師であることを生徒たちは知っていて、名前も韓国名で呼ばれている。特に「韓国語は話さない」「日本語だけでコミュニケーションをとる」というナム先生の自分の提示の仕方は、ネイティヴとノンネイティヴの教師が共に教室で指導するティーム・ティーチング授業という場だからこその戦略でもあり、そうした学習環境を教室に作ることが生徒たち

の日本語習得にとって重要だと考える教育観の表れでもあった。

　第3節においては「高校生たちに韓日交流の場を作り、マスコミに影響されない自分なりの日本観や日本人観を構築する」ことを重視する韓国人日本語教師、バン先生の事例を考察した。「韓日の文化相互理解を促す交流活動の場を作る」、「生徒同士の活発なコミュニケーション活動の機会を作る」、「遊びの要素を取り入れる」、「日本語の使い手としてのモデルを見せる」といった具体的な行動に象徴されるこの日のバン先生の実践は、民族主義者から日韓の融和的な未来の人材育成に貢献する教育者へと自分の位置づけを変えていった個人の歴史と強く結びついたものであった。その背景には、日本語の学習を媒介に日本文化や日本社会に興味を持ち、大学の内外で人的交流を積み重ね、日本に信頼できる友人、知人のネットワークを構築してきた自身の複言語・複文化経験への価値づけがあった。第二外国語の軽視傾向が強まり日本語教育が危機的状況に置かれる状況の中で、韓国と日本の学校を動かし、姉妹校締結を実現したバン先生の行動は、生徒たちの複言語・複文化経験の場の創出を重視する教育観に裏打ちされたものであった。

　第4節では日本人韓国語教師、田村先生の授業と語りを分析した。田村先生のこの日の授業からは「積極的に韓国語を使用し、リアルな交流場面を意識した練習を行う」、「1つの授業に様々な練習形態を取り入れる」、「生徒を励まし、褒め、参加を促す」、「韓国文化や日韓の歴史への理解を促し、他教科とつながりを持たせる」といった4つの象徴的な行動が抽出された。それらは「韓国の生徒とつながる」目標に導くための道筋であり、その道筋を創ろうとする教育者としての教育観が具現化した行動であると考えられる。第二外国語教育の制度がなく、韓国語の指導要領がない韓国語教育の現場で、田村先生は韓国語教育の理念作りから、授業のコースデザイン、教材の作成全て手作りで行わなければならなかった。「韓国の生徒とつながる」ことを想定しながら行われる日々の授業は、『外国語学習のめやす』プロジェクトで様々な外国語教育に携わる教師との協働作業の中で見出した理念に基づく実践であり、多様な学習スタイルを持つ生徒たちに向き合い、韓国語の学習モチベーションを高め、維持する試行錯誤の中で出来上がっていったものだった。「韓国語の学びの機会を作る」こと自体が「当たり前ではない」日本の高校においては、教師が主体的にその学習の機会を作ることも韓国語教師としてのアイデンティティ表現と考えることができる。田村先生の実践の

背後には社会科の教師をしながら韓国・朝鮮に対して「マイナスだらけ」だったという田村先生が、韓国語学習や韓国旅行などにおける人的交流を通して韓国・韓国語観を変容させた経験があり、それによって培われた「韓国、韓国語に関心を持つ場を作ることが大切」だと考える教育観があった。そのような教育観に基づき、様々なネットワークを構築しながら教室、学校、社会を変革していこうとする実践は、個人の中に蓄えられた複言語・複文化が人づくり、社会づくりに大きく結びつく可能性を示すものだった。

　こうした事例からもうかがえるように、教師たちの具体的な実践は、個人的な複言語・複文化経験、人的交流や教育経験への意味づけを通して形成されてきた教育観の具現化された姿として捉えることができる。3名の教師の共通点として、「隣国に否定的な感情を持っていた自分」から、「日本と韓国の相互理解に貢献する自分」へと自身の位置づけが変容するプロセスを経ている点があり、そのプロセスにおいては教師個人の人的交流を通した複言語・複文化経験への価値づけが重要な意味を持っていると推察される（図4-23）。このことから、個人が蓄積していく複言語・複文化経験への意味づけが教師たちの自己変容を促し、教育観形成につながり、その教育観が教室、学校、社会レベルにおける実践や活動に具体的に表れ、影響を与える可能性を示唆することができるだろう。特に本章で取り上げた3名の事例は、新人教師、中堅の教師、ベテラン教師の3名であったが、教室、学校、社会レベルへと活動の域を広げていく姿は、隣国の言語を教えてきた経験の蓄積とも重なる部分があった。つまり、教師たちの成長のベクトルが教室、学校、社会へと向かっていくことが具体的に示された事例であった。

　以上、第3章と第4章において様々な在日コリアン教師、韓国人教師、日本人教師たちの教育観の形成とその表出としての教育実践について考察してきた。ここまでの議論において示唆されることは、教師たちは日本と韓国で異なる社会的、教育的文脈において隣国の言語を学び、生徒たちに隣国の言語を教えてきたが、そのプロセスにおいて「人的交流を重視し、学校教育の中で複言語・複文化経験の場を創出する」ことを重視する教育観が形成されているということである。終章である次章では、これまでの議論を整理した上で、生徒たちに「隣国の言語を教える」という面に注目した場合の、教師たちの教育実践の資本となる要素を検討し、そうした資本を有する教師たちが隣国の言語の教育に携わる意義と可能性について考えていきたい。

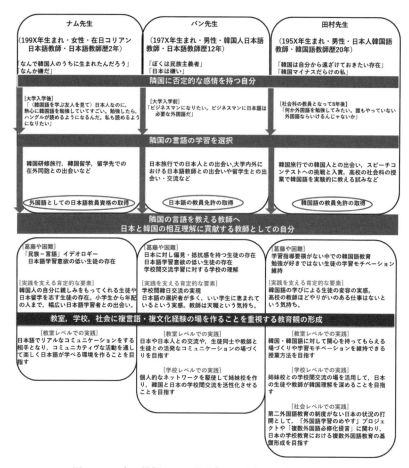

図4-23　3名の教師たちの学習者から教師への変容プロセス

1　ナム先生に見られる志向性を福岡（1993）は「帰化志向」という在日コリアンの若者世代が持つアイデンティティの1つの特徴であると述べている。若者世代の在日コリアンに対するライフヒストリー調査から彼らの生き方の選択について分析をした福岡は、彼らが持つ志向性を「共生志向タイプ」、「祖国志向タイプ」、「個人志向タイプ」、「帰化志向タイプ」の4つに分類した（p.88）。この中の「帰化志向タイプ」の中心にあるのは「日本人になりたい」、「日本人と同じになりたい」という気持ちである。成長過程で韓国・朝鮮人に対するマイナスのイメージを持つようになってきたことがこうした思考の背景にあるが、そ

れはナム先生が抱えた葛藤、悩みと重なるものであった。それは 1990 年代に生まれた若い世代のナム先生もその上の世代と同様の葛藤を抱いていたことを示すものである。

2 在日大韓民国民団が在日同胞社会の次世代育成運動の一環として実施している韓国研修旅行のこと。日本の学校に在学する在日同胞の中学、高校、大学・短大生を対象とし、夏休みなどの長期休暇期間に実施されている。

3 チェーンドリルは、教師が学習者 A に質問や問いかけをし、学習者 A がそれに答えて次の B に質問ないし問いかけをする、B はそれを答えて次の C に向かう、という練習の形式である（水谷 2007：24）。

4 バン先生はこの大学からの訪問団との交流を 2012 年、2014 年にも行っている。

5 漫画家、古舘春一による日本の漫画作品。

6 漫画家、諫山創による日本の漫画作品。

7 漫画家、尾田栄一郎による日本の漫画作品。

8 マイクロソフトが提供するインターネット電話サービス。オンラインであれば、無料でビデオ通話などが可能である。

9 「平準化」制度とは、「激しい受験競争を抑制するために導入された、一般高校における一切の競争入試の廃止と抽選による各学校への入学者配定を柱とする制度（石川 2005：85）」である。1969 年に中学校の入試が廃止され、1974 年に高校においても「平準化」制度が導入された。しかし、全国一律ではなく、「平準化」の制度の適用がある地域とない地域がある。適用がある地域の生徒は公立・私立の区別なく抽選によってその居住地内の学校に機械的に配定される。

10 他に中国語、ポルトガル語の授業が開設されている。

11 昭和 43 年 2 月 20 日、在日コリアン 2 世の金嬉老（本名・権禧老）が暴力団員 2 人をライフルで射殺し、逃走した旅館で経営者家族と宿泊客ら 13 人を人質に立て籠もった監禁事件。金は警察官による「在日朝鮮人蔑視発言」の謝罪を要求し、テレビで謝罪放送をさせた後人質 3 人を解放。4 日後に逮捕された。日本初の劇場型犯罪と呼ばれている（産経ニュース「戦後 70 年　語り継ぐ　金嬉老事件（上）日本初の劇場型犯罪」による）。

12 英語教育の情報交換のためのネットワークで、達人セミナーをはじめとする様々な研修会などを行っている。

終　章

隣国の言語の教育に教師たちが関わる意義

■1.■　隣国の言語を教える教師たちに通底する教育観

1.1　教師たちの言語学習経験と教育観

　本書ではここまで、日本と韓国の間の社会的、教育的文脈の中で隣国の言語の教育に携わる教師たちが、どのような経験から学ぶ側から教える側となり、どのような教育観を形成し、それはどのように個人の教育実践に具現化しているかに注目し、考察してきた。

　第3章では、隣国の言語を勉強したい言語として選択し、大学で専攻した後、高校の教師となった5名の語りから教育観の形成過程を分析した。第4章ではもともと隣国に対して否定的な感情を抱いていた3名の教師たちの事例を取り上げ、隣国の言語を学ぶことにした経緯から学び始めてからの自己変容の軌跡と教育観の形成、その表出としての教育実践の実際をインタビューにおける語りと授業参与観察のデータから分析した。

　本節では、最後の研究課題である隣国の言語の教育に生身の教師たちが関わる意義について検討する前に、第3章と第4章の調査の結果を振り返り、教師たちに通底する教育観がどのようなものかをまとめる。次に、その背後にある教師たちが大切だと意味づけた複言語・複文化経験の内容を分析し、そうした経験と教育観に基づいて、教師たちがどのような実践を行っているかを考察する。

1.1.1　在日コリアン教師2名の言語学習経験と教育観

　年代も生まれ育った地域も異なる在日コリアン教師、パク先生とナム先生の2名の教師たちに共通していたのは、在日コリアンとして日本で育ち、国籍が韓国でありながら家庭でも学校でも韓国語を学ぶ機会を持てず、韓国語が話せない韓国人であるということに対してある種のコンプレックスを抱いていた点、それゆえ思春期に「私は何人（なにじん）と言えるのか」というエスニック・アイデンティティの葛藤を経験していた点であった。2人は大

学生になって初めて韓国語を自らの意志で時間、労力、お金をかけて学習していった。韓国国籍を持つ韓国人なのだから当然韓国語ができなければならないという「民族＝言語」イデオロギーの下では、韓国語ができる自分自身は高く価値づけされ、できなければ低く価値づけされる。2名の教師の韓国語学習への投資はこうした自分自身と「民族＝言語」の思想を持つ他者からの価値づけに影響を受ける形でなされてきたが、学習の過程で自分なりの価値づけをするようになっていった。さらに、2名の教師たちはそれぞれ「韓国語の教員免許」（パク先生）、「日本語教師の資格」（ナム先生）という言語教育を行う資格という文化的資本を自らの努力で獲得し、「韓国語ができる自分」に付加価値をつけ、パク先生は「韓国人として日本で韓国語を教える」、ナム先生は「日本語のネイティヴとして韓国で日本語を教える」という形で自己実現を図っていた。在日コリアンとして様々な葛藤と差別を経験してきたパク先生は、そうした全ての経験が教育現場で生かされると考え、ナム先生も日本の文化の中で生まれ育ち、身につけてきた全てのものが韓国で教える際に生かされ、日本と韓国の相互理解のために役立つものになることを目指していた。2名の事例は、エスニック・アイデンティティの葛藤を個人の複言語・複文化経験の中で克服し、教師としての専門性を身につけてきた自己形成プロセスと教育観、教育実践が強く結びついていることを具体的に示していた。

1.1.2　韓国人日本語教師3名の言語学習経験と教育観

　韓国において日本語は植民地時代の「加害者の言語」であり、戦後しばらくの間は排除と警戒の対象の言語であった。70年代に日本語を学ぶことのできる大学は僅かであったが、国交正常化から数年経ち、日本との経済的な関係性が強まる中で、韓国のビジネス界で重要性の高い外国語として日本語の位置づけが高まっていった。キム先生やバン先生が「日本語の教員資格」という文化的資本を取得するために日本語関連学科のある大学に入ることを選択した事例からも、日本語が80年代以降、教師という職業やビジネスと直結する外国語として認識されるようになったことがうかがえる。

　しかし、韓国人日本語教師たち3名の語りに通底していた日本語教育の価値づけは、日本語の学習の価値は仕事に役立つという実利的な面だけにあるわけではないという点にあった。イ先生は「外国語を学ぶことは人生の幅を

広げる」、キム先生は「日本語を高校時代に勉強していたことが、卒業して
からまた勉強するときに勇気が出せる武器になる」と信じ、外国語や日本語
を学ぶ意味を生徒たちに伝え続けた。韓国の高校では第二外国語として日本
語を選択して履修する場合に、学校の都合や人数調整の都合で、不本意なが
ら履修しなければならなくなる生徒もいる。韓国と日本との歴史的、政治的
な関係性から、日本に否定的な感情を持ち、日本語を学ぶことに抵抗を示す
生徒もいる。そうした際に３名の教師たちは、自分自身が日本語を媒介にし
て人的ネットワークを広げ、良き人間関係を築いてきた経験を語り、日本語
を学ぶことの意味を伝えていた。日本語が生徒の人間形成に資する外国語と
なることを信じ、人的交流を中心とした複言語・複文化経験の場を創出する
ことを重視する教育観は、教師たちの個人的な複言語・複文化経験への意味
づけに深く根差すものであった。

1.1.3　日本人韓国語教師３名の言語学習経験と教育観

　日本人韓国語教師たちの語りからも、韓国人日本語教師たちの語りの裏返
しのように、単なる言語形式の習得の支援としてだけではない韓国語教育の
価値づけが見出された。本調査の協力者である３名の日本人韓国語教師はも
ともと、韓国語に対してマイナスの感情を持っていたり、特別に関心を持っ
ていなかったりと、その出発点から考えれば韓国語の学習動機はあまり明確
ではなかった。しかし田村先生、川野先生の語りでは、韓国語の学習をきっ
かけにそれまで近づこうとしてこなかった、あるいは意識に入ってくること
がなかった、日本と韓国、朝鮮半島との関係、日本社会の中の在日コリアン
の存在について考えずにいられなくなったという共通の経験が語られた。そ
の経験は、韓国語の教育が日本社会に対する問題意識を高める、社会的意味
を有するものと価値づけする考え方につながるものとなっていた。
　清水先生は英語と韓国語の２つの科目を同じバランスで教える日々の中
で、複言語・複文化を身につけることが個人の中に異なる文化背景を持つ人々
との相互理解を円滑に進める寛容性を身につけることにつながり、そうした
異文化に対する心のゆとりが、社会に出た時に役に立つものになるのではな
いかと考えるようになったと語った。清水先生も自分自身の異文化から学ん
だ経験を生徒たちに語り、英語とそれ以外の外国語の２つを学ぶ生徒たちが
身につけている複言語・複文化の重要性を生徒たちに伝えている。

以上のように、本研究においては教師たちが持つ、「言語の形式の習得支援にとどまらない日本語／韓国語の教育の価値がある」という認識が見出された。それはすなわち生徒たちが日本語／韓国語の学習をきっかけに異文化、自文化に気づきを得、自身の偏見を変容させ、相互理解のための寛容性を身につけることができるという認識であり、言語教育を通して生徒一人ひとりの社会参加への認識を深化させられるという確信であった。それは複言語・複文化経験を創出し、人的交流と文化理解を重視する教師たちの教育観を作るものとなっていた。こうした教育観は本研究における調査協力者において、在日コリアン教師、韓国人日本語教師、日本人韓国語教師といった属性の違いによって異なるものではなく、共通したものとして捉えることができた。

1.2 教師たちの複言語・複文化経験の内容別の分類

本書ではここまで、教師たちの教育観を生み出す要因として、教師たちの個人的な複言語・複文化経験への意味づけがあると考察してきた。ここでは、第3章、第4章において個別の事例の中で言及してきた、教師たちの教育観を形成し、教育実践を行う上で影響を与えたと思われる象徴的な言語文化との出会いや学びの経験の内容を考察していく。

分析にあたっては、教師たちの経験を国の移動を伴う経験と伴わない経験とに分けて整理して考察する。その理由は、本研究における調査協力者は全て日本と韓国の国の移動の経験を持つが、複言語・複文化経験は必ずしも国という空間の移動を前提としているわけではないこと、また、出身国にいながらどのような経験が可能であったかを整理するためである。また、ここで整理する経験は日本語と韓国語の学習と教育に関わる中で、教師になる前となってから現在に至るまでに経験したものを扱っているが、インタビューの中で語られた事例のみを挙げている。

表 5-1　教師たちの複言語・複文化経験の例

	経験の種類
国の移動を伴う経験	日本／韓国旅行、仕事（教師以外）での滞在、日本／韓国留学、ホームステイ、学校の研修旅行の引率、教師研修への参加
国の移動を伴わない経験	製品との接触、メディアとの接触、一般向け書物との接触、教材との接触、家族との接触、大学・大学院での言語習得・研究、大学以外の場での言語習得、授業の担当、日韓交流プロジェクト、教師間の協働プロジェクト、教師研修への参加

終章　隣国の言語の教育に教師たちが関わる意義　　269

1.2.1　国の移動を伴う経験

　インタビューの中では、日本／韓国旅行、仕事上の滞在、日本／韓国留学、ホームステイ、学校の研修旅行引率、教師研修への参加といった国の移動を伴う経験が語られた。

　1990 年以降に言語学習を始めた教師は全て、日本／韓国への旅行を学習者であった時代に経験しているが、それ以前は必ずしも容易に旅行には行けない時期もあった。軍事政権下の 70 年代、イ先生が日本を訪れたのは、船の通信長という仕事に就いていたための特別なケースだった。イ先生が 1970 年代の日本の様子を見て、非常に良い印象を持ったと語ったことと対照的に、1980 年代に韓国を個人旅行した経験を持つ川野先生は、軍事政権下の韓国の印象が良くないイメージであったと語っている。しかしそれから 12 年後、川野先生が 1990 年代に再び韓国を旅行で訪れた際には民主化された韓国がいい意味で変化していると肌で感じ、韓国へのイメージを再構築している。

　韓国留学をしているのは、韓国の国際教育振興院への母国修学という形で留学をした在日コリアン教師のパク先生とナム先生の 2 名である。パク先生は学生時代に韓国の一般家庭へのホームステイを経験しており、韓国の留学時代には国際教育振興院の他にも民間の語学学校で韓国語を学んでいる。既に述べてきたように、在日コリアンの教師たちにとって、長期の母国修学は「韓国籍なのに韓国語が話せない」という葛藤と強く結びついた行動であり、韓国語が学びたいという強い学習動機に支えられたものだった。

　教師になってからの日本／韓国訪問の経験としては、生徒を引率した研修旅行や、教師研修のための訪問があった。生徒引率の研修旅行は生徒たちの学びの様子を見ながら日本語や韓国語の教育の意義を教師たちが実感する機会となっていた。また、日本または韓国を訪問しての教師研修の機会は、それまでの教授法を改善したり、その場で出会った教師とのつながりから新しい生徒間交流の機会を作ったりすることにもつながっていた。

1.2.2　国の移動を伴わない経験

　教師たちの複言語・複文化経験は、国の移動を伴う経験に限らず、自身の住む国においても多種多様な様々な場で可能となっていた。教師たちの語りにあった国の移動を伴わない複言語・複文化経験は、製品との接触、メディ

アとの接触、一般向け書物との接触、教材との接触、家族との接触、大学・大学院での言語習得と研究、大学以外での言語習得、授業の担当、日韓交流プロジェクト、教師間の協働プロジェクト、教師研修への参加などであった。

製品との接触、メディアとの接触、一般向けの書物との接触、教材との接触は、大きくまとめれば「物との接触」である。教師の語りからは、「物との接触」が隣国に対し良いイメージ、興味を抱く要因になることもあれば、否定的なイメージを抱く要因になることもあることがうかがえた。特に、メディアとの接触に関しては、バン先生が高校時代までマスコミの影響で民族主義者であった経験や、生徒たちの多くもそのような影響を受けていると語った。一方、日本や韓国のドラマ、映画などの大衆文化に接触した経験についての教師たちの複数の語りからは、その経験が良い記憶として残っていることがうかがえた。

家族との接触経験も複言語・複文化経験の1つであると言える。家庭での言語使用経験が語られたのは、在日コリアン教師のパク先生とナム先生の2名のインタビューにおいてであったが、どちらも家庭での使用言語は日本語だけであったと述懐している。しかし、幼い時には家族で韓国を訪問した経験があり、両親の仕事の関係で親が韓国語を話している場面を見た経験がある。特にナム先生は、幼い頃韓国人の母親の実家を訪れた時に、日本語が上手な祖母がいつも日本語で話してくれたことや、いとことは言葉が通じなくても一緒に遊べた経験、母親が家で日本語を勉強していた様子を語った。家庭は韓国語を使う場として語られてはいなかったが、2名の教師にとっては後に韓国語を習得しようと志すことにつながる潜在的な言語文化経験として大きな意味を持っていたと言えるだろう。

在日コリアンの教師たちを含め、日韓の教師たちの語りの中で、自身の言語習得が進められた場として多く語られたのは、大学である。独学で学習をスタートした田村先生以外、全ての教師たちが大学で専攻、または教養科目として隣国の言語を学んでいる。その経験は、在日コリアン教師のパク先生が「初めて韓国語が魅力ある言語だと気づいた」、日本人韓国語教師の川野先生が「朝鮮語の学習が日本の社会を考えることと無関係に進められないことだと気づいた」と語ったように、自身の中の言語観を変える重要な経験と意味づけられていた。また、韓国人日本語教師バン先生の「大学時代に受けた韓国人の先生の日本文化に関する授業が自身の日本文化への関心を高め

た」という語り、キム先生の「大学時代に日本語ネイティヴ教師や日本の提携校の日本人学生と自身の日本語の部分的能力で楽しくコミュニケーションした」という内容の語りから、大学という「場」で出会う人々との接触が重要な意味を持っていたことがうかがえる。

　一方、大学でではなく、言語習得を完全に独学からスタートしたのは田村先生である。1990年代、韓国語が学べる学習機関は今ほど多くはなく、田村先生は知り合いの先生から紹介されたNHKラジオ講座を活用して学習を開始している。完全な独学で挫折を繰り返す学習過程であったが、学習を始めてすぐに韓国語の面白さに気づき、それまで韓国や韓国語を毛嫌いした自分を後悔したと語っている。この事例は、ラジオ講座のような生身の人間との直接的な接触がない学習媒体を通しても、言語に対する価値観を変容させることがあることを示すものであった。

　次に、教師になってからの複言語・複文化経験としては、学校での授業担当、日韓交流プロジェクト、教師間の協働プロジェクトの経験が語られた。

　外国語を教える教師たちにとって、授業はその言語を使う場でもあり、複言語・複文化経験の場の1つであると考える。特に、日本人韓国語教師の3名は、いずれも他の科目を教えながら兼任で韓国語を教えていたが、その語りの中には、英語科や社会科の教育をしながら、その素養と韓国語、日本語の言語文化の素養が有機的に結びつき、自身の教育実践に生かされているという教師の認識が共通して見られた。

　教師たちは担当する授業とリンクさせ、ビデオレター交流やオンラインのSkype交流、SNS交流などの日韓交流プロジェクトを行うケースもあったが、そうした経験は複言語・複文化経験の場を創出し、生徒たちの学びの様子から複言語・複文化の価値を実感する経験となっていた。

　田村先生の語りにあった、様々な外国語を専門とする教師間の協働プロジェクトの経験も自身の教育観に影響を与えるハイブリットな、複言語・複文化経験であった。田村先生はプロジェクトを通し「1人の人が複数の言語に対して関心を持ち、一定の素養を持ってそれを自分の中に共存させ高めていく、複言語主義がなぜ大切なのかを身を持って体験した」と語っている。自身が複言語主義の大切さや価値を実感する経験もまた、1つの複言語・複文化経験と言えるだろう。

　国内における教師研修経験も、自身の中の複言語・複文化を豊かにし、そ

の素養を現場の教育実践に生かす重要な経験として複数の教師の語りに見られたものである。韓国側の日本語教師たちは日本から派遣された日本語教育の専門家から影響を受けた経験、日本側の韓国語教師たちからも、他の外国語の教授法セミナーや、教師研修における他の教師の発表に触発されて新たな教育実践を生み出す契機になったことを述べる語りが聞かれた。これも教師としての専門性を高めることに強く結びつくと意味づけられた複言語・複文化経験と言えると考える。

　以上、国の移動を伴う経験と国の移動を伴わない経験とに分けて、教師たちの教師になる以前から現在に至るまでに、大切だと意味づけられてきた複言語・複文化経験を整理してきた。ここまでの整理で明らかになったことは、国の移動を伴わなくても、複言語・複文化経験の場は十分にあるということであろう。しかし、「メディアとの接触」において否定的な隣国イメージを抱く事例を挙げたように、複言語・複文化経験は必ずしも良いイメージだけを付与するものではない。では、ニュースなどのメディアの影響から否定的なイメージを強く持つようになった人が、どのようなきっかけでそのイメージを変容させることになったのだろうか。その具体的な一例としては、バン先生の事例が挙げられるだろう。バン先生が、「民族主義者だった自分が、いい人に恵まれて、今は韓国人よりも日本人の友人のほうに恵まれているくらいだ」と語り、そうした「普通の、いい日本人との出会いの場を作ってあげたい」と自身の教育者としての夢を語ったように、「人との出会い・交流」の経験は、教師たちに深く印象づけられ、様々な人生の選択にも結びついていた。表5-2に教師たちの語りの中に出てきた、人的交流に関わる人々を例示する。

表5-2　人的交流に関わった人々の例

	例
国の移動を伴う人的交流経験	旅行や仕事先で出会った現地の人々、提携校や交流校のネイティヴの学生・教師、ホームステイ先の家族、教師研修のネイティヴ講師、教師研修参加者
国の移動を伴わない人的交流経験	家族や親族、大学の授業担当教員、提携校や交流校のネイティヴの学生・教師、クラスメートや親しい友人、大学以外の教育機関の教師、外国語に関心を持つ同僚、様々な外国語を専門とする教師

こうした人々との出会い、交流の経験は個別の事例で詳述しているが、ここでは教師たちの人的交流の経験からどのようなことが読み取れるかについて、これまでの教師たちの個別の経験の語りで紹介できなかった語りの引用も含めながら、次の2点を指摘したい。

まず1点目として、教師たちは国の移動を伴う経験、国の移動を伴わない経験どちらにおいても人的交流の中で個人の中の複言語・複文化を充実させる経験をしてきたということが言える。国の移動を伴わない経験において、特に印象深い存在として語られたのは、言語習得の主な場所となった大学や大学以外の言語教育機関で出会った教師や学生、提携校や交流校の教師や学生との出会いや交流の経験であった。ネイティヴ教師や学生との交流だけでなく複言語・複文化の素養を持つノンネイティヴ教師との出会いや交流も影響を受けた経験として、複数の教師たちに認識されていた。その例として、バン先生の語りを引用する。

●語り1　民間の語学塾で出会った韓国人講師についての語り

> バン：学院（（語学塾））に通い始めたんですよ。それでそこで会った韓国人の講師さん、とちょっと基礎があったというか、いろいろあったんですよ。で、授業が終わってからも食事を取りながらいろいろ話し合ったりとかしていて、そこから日本語に興味ができ始めたというか。
> ＊：その先生はどんな先生だったんですか。
> バン：一応韓国人で、その時代に日本で大学卒で、男の先生が。それはちょっと、う::んっていうか、変わり者のほうに見られた時代なんですから。そのとき30何歳だったんですよ。（中略）で、ここ（（韓国））に戻って、ヒョンデデパートとロッテデパートの文化センターみたいのがあるじゃないですか。そこで日本語を教えたり、ここの学校で、学院の授業とかを取ったりとかしていた人で、結構日本の生活とかいろいろ、だから韓国人が感じられる日本での生活とか、日本語だけじゃなくていろんなことの話があったりしたので、そこから興味を持つことになりました。
> ＊：そうか。生の生活の。まだその時に日本に行ったことはないんですもんね。
> バン：日本に行く前だったんです。それで、それがきっかけになって2

学期に日本に行ったりとかしたんですね。　　　　　　　　　　（2015/09/12）

　バン先生は大学の日本語教育学科に入学したものの、高校時代はドイツ語を選択していたために日本語の既修者が多い大学のクラスについていくのが難しく、民間の語学塾に通い始めたのだが、その時に出会った韓国人講師との出会いが、バン先生が日本語に興味を持つ大きなきっかけになったと振り返っていた。「一応韓国人で」と話していることからも、そのきっかけを与えた人物が自分と同じ韓国人であったことを強調している語りと読み取れる。それは、日韓という文脈の中で複言語・複文化の素養を持つ人のモデルとの出会いであったとも言えるだろう。ここに挙げたのは一例であるが、ネイティヴ・ノンネイティヴにかかわらず、自身が複言語・複文化を持つモデルとして生徒の前に立ち、国を移動しなくとも複言語・複文化経験を生徒たちのために創り出すことができるという可能性を、教師たちは自身の経験から無意識にでも感じていたのではないかと考える。

　次に2点目として、国を移動し、旅先で偶然出会った人々との交流経験も教師たちに影響を与えるものになっているということが挙げられる。その例として1990年代後半、バン先生、清水先生がそれぞれ大学1年生だった時に初めて日本、韓国を旅行した際のエピソードとして語った語りの部分を引用する（語り2、語り3）。

●語り2　初めての日本旅行についてのバン先生の語り

＊：初めて行った日本はどうでしたか、印象は。

バン：その時東京だったんですよ。バックパックで行ったんですから、結構東京、初めては韓国とあまり変わりはないかなと思ったんですけど、ソウルと。でもわりと面白かったですよ。道端の人の姿とか、ファッションとかも。

＊：違う。

バン：ロフトとか、そのときショックだったんですよ。ロフトに行ってこれは韓国にもほしいなと思ったんですよ。なんでこういうスタイルのお店が韓国にはまだできていないのという。

（中略）

＊：このとき誰かとしゃべってみたりとかありましたか。店の人以外に。

バン：そのときはあまり。だから、旅行で行ったんですから、そういう計画はなかったんです。一番面白かったのは、箱根に行ったんですよ。冬に行ったんですけど箱根に行って、帰りのロープウェーの時間に間に合わなかったんですね。その時にめちゃくちゃショックを受けました。どうやって東京まで戻れるっていうことになっていて。で、駅員さんとかに聞いてみたらバスがあるよとか言って、小田急の東急バスみたいなのがあって、その時間まで2時間ぐらいちょっと余ったので、駅員さんと周りの人と話し合ったりする機会があったんですよ。

＊：サバイバルですね。

バン：面白かったですけど、それが。　　　　　　　　　　（2015/09/12）

●語り3　初めての韓国旅行についての清水先生の語り

清水：友達となんかこう、「こうやって言えばいいんだよね」とかって言いながら、コミュニケーションはとれて。「トイレどこですか」って通じたとか。

＊：それ結構、向こうの人たちすごいっていう反応じゃなかったですか。できるんですね、みたいな。

清水：そうですね。英語ができる店員さんは、韓国語ができるって思わないから英語で話しかけてきたりとか。

＊：じゃあ、英語と韓国語をうまく織り交ぜながら・・・。

清水：タクシーの運転手さんが、今、多分名前がPJホテルとかに変わってるんですけど。漢字で書くと豊田って書いて、プンジョンっていう、そのプンの激音とプンっていうのと、その発音をタクシーの運転手さんにすごい直されてhhh（中略）あと空港に迎えに来てくれたガイドさんは、日本語しゃべれる人だったんですけど、私たちが勉強してるって知って、ちょっと韓国語で話し掛けてくれたりとか。　　　　（2017/06/10）

　これらは現地で異文化を感じながら、習ったばかりの日本語や韓国語を使って初めてリアルなコミュニケーションを経験したり、問題解決できたりした経験であり、「面白い」エピソードとして教師たちの記憶に刻まれ

ていた。教師たちは自身のこうした様々な場における人的交流の経験から、大学や学校以外の場にも学習を促進する場があることを認識していったと考える。教室内外に複言語・複文化経験の場を創出することを重視し、その場への参加が生徒の言語の習得にとどまらない学びにつながると考える教育観は、こうした教師個人の複言語・複文化の経験への価値づけから構築されていったと言えるのではないだろうか。

1.3 社会の中で複言語・複文化経験を生かし、成長する教師

次に、第3章、第4章における教師たちの事例と教育実践に関する調査の結果から、隣国の言語の教育に関わる教師たちがいかに自身の複言語・複文化経験を生かし、教師として成長しているかという軌跡をモデルにして示したい。教師たちの語りからは、自己、教室、学校、社会という様々なレベルにおいて様々な外力に立ち向かう取り組みが見出された。

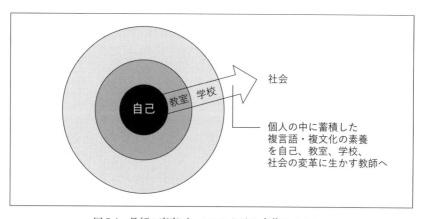

図5-1　教師の変容プロセスにおける変革のベクトル

図5-1は教師たちの隣国の言語の学習経験が、学習者から教師への変容に結びつき、変革のベクトルが自己から教室、学校、社会へと向かっていく様子を表している。その核には自身の隣国の言語の学びに関わる複言語・複文化経験への価値づけがあり、その経験の場を重視する教育観がある。

自己の変革の例として、第4章で取り上げた「隣国に対し否定的な感情を持っていた自己」を隣国の言語の学習を通じて変容させ、言語教師となった3名の教師たちの事例を再び取り上げてみる。

イ・ヨンスク（2009：11）は、学ぶ言語の選択に社会や家庭による言語への価値づけ、「社会的な」言語秩序、「言語イデオロギー」というべきものが影響すると述べているが、教師たちはこうした言語イデオロギーとの葛藤の中で、隣国の言語を学ぶことの価値を自ら見出し、自分の中の何かを克服し、自己変革していったという共通点がある。ナム先生の事例は「民族＝言語」イデオロギーとの葛藤の中での日本語と韓国語の2つの資本の活用、「韓国という出自を嫌い、韓国語ができない自分」から「日本語と韓国語の2つを生かし日本と韓国の相互理解に貢献する自分」への変容の例を示した。また、バン先生の事例は、「民族主義者で日本嫌いだが、ビジネスの世界では高く価値づけされている日本語を学ぶ自分」から「人的交流の中での日本語の学びを通して民族主義的な思考を克服し、日韓の相互理解に貢献する自分」への変容の例を示した。さらに、田村先生の事例は、「韓国や韓国語に対して低い価値づけをし、距離を置きたいと思っていた自分」から「人的交流を通した韓国語の学びを通して韓国・朝鮮への眼差しが変化し、韓国・韓国語に関心を持ってもらえる場を創ることを重視するようになった自分」への変容の例を示した。これらは教師たちのアイデンティティの再構築とも言える自己変革の具体的な例だと言える。

　こうした自己変革は、学ぶ側から教える側への変容に結びつき、教師たちは隣国の言語を教える教師として「教室」という場に入った。その教室という場では、また新たな葛藤や困難が教師たちの前に立ちはだかる。教師たちの語りの中には、勉強がもともと好きではない生徒、学習モチベーションを維持できない生徒、大学受験において重要ではない第二外国語を学ぶ意欲が低い生徒、日本に対し否定的な感情を持ち日本語学習に抵抗を示す生徒、不本意ながら人数調整の関係で日本語を選択し履修することになった生徒たちに対して、いかに向き合い、日本語学習の意味を伝え、学習意欲を高めていけるか、試行錯誤する教師たちの姿が溢れていた。教師たちは教師研修を受けたり、様々な外国語教育の教授法を学んだり、教師同士で学び合ったりしながら授業を改善し、教室を変革していった。韓国の日本語教師の語りの中には、教師中心型の授業から学習者中心の授業への教室改革や、スパルタ式の日本語教育の方法から、日本文化や遊びの要素を取り入れて適度な「息抜き」を入れながらの日本語教育の方法への改革についての語りが多く見られたが、このような語りが多く現れるのは、韓国の高校には第二外国語教育

の制度があり、多様な数多くの生徒に向き合う必要性があるという事情や、苛酷な大学受験制度により受験にあまり重要ではない科目が周辺化される傾向にあるという事情が背後にあると言える。

　教室の変革から学校の変革へとつながった例としてはバン先生の事例が挙げられる。バン先生は自身が担当する日本語のクラスの中で、個人的なネットワークを活用し、日本の高校の生徒とSkype交流を始めたが、後にそれがその日本の高校と姉妹校締結をすることに発展している。姉妹校締結を強く希望していたのはバン先生個人であり、日本の高校の管理職、自身の高校の管理職と交渉して、積み上げてきた交流の実績を認めてもらい、姉妹校締結にこぎつけたのである。先に述べたように、この姉妹校締結は自身の学校が周辺の学生を募集する際にも大きなメリットとなった。一方、第二外国語教育の制度がない日本においては、学校設定科目として韓国語を設置するために、教師個人の働きかけが重要になることがある。第3章第4節第1項の川野先生の事例は、教師個人の熱意が公立学校の普通科を動かし、韓国語の科目が設置された例を具体的に示した。しかし、第二外国語の科目は、教育課程において制度化されている韓国においても、学習指導要領において存在していない日本においても、英語教育重視の教育政策の中で周辺化され、（韓国の文脈においては「周辺化され始め」）脆弱な基盤の上にある。そのため、常に弱い立場に置かれる英語以外の外国語教育の現在の状況を変えるために、韓国の教師も日本の教師も社会レベルへの働きかけを行っていた。韓国においては第二外国語教育正常化推進連合による運動、日本においては複数外国語必修化提言の運動が挙げられる。

　このように、教師一人ひとりの自己改革が、教室や学校レベルにおける学校内の生徒や保護者、管理職、同僚に日本語教育、韓国語教育の意義を伝えながらの教育実践に結びついている。さらに社会レベルにおいては政策を決める政府に対し、英語以外の外国語教育の意義を伝える運動が、他の外国語の教師たちと協働する形で行われている。こうした取り組みからは教師たちに影響を与える様々な力に対し、決して受動的なだけではない日韓の教師たちの主体的な姿を見出すことができる。

　以上、本節においては隣国の言語の教育に携わる教師たちに通底する教育観、その背後にある教師たちの複言語・複文化経験の内容を分析し、そうした経験と教育観に基づいて教師たちがどのように主体的な実践を行っている

かについて考察した。次節においては、教師たちが隣国の言語教育を行う上での資本となる要素について考察する。

■2.■ 教師たちの資本となる要素

　本節ではここまでの議論を踏まえ、教師たちが隣国の言語の教育に携わるにあたっての資本となる要素について考察する。ここで述べる資本とは、経済的資本以外の文化的資本や社会関係資本のことであり、教師たちの強みとなり得るものである。

2.1　資本となる要素に関する概要

　本研究における教師たちの語りや教育実践の実際から、日韓の言語教師たちが持つ資本となる要素を図式化したものが図5-2である。ここではまず、図5-2が表す内容について文章で説明する。

　3つの円の外側にある大きな潮流は、教師たちの持つ資本が日本と韓国の間の社会的な文脈の中で形成されていることを示している。日本と韓国は国交正常化以来、観光やビジネス、学術などの多様な面において人的交流が始まった。特に90年後半以降の韓国の日本大衆文化の開放に始まる日本ブーム、いわゆる「日流」や2000年代の日本における「韓流」に象徴されるように、互いの文化への関心は、日韓の草の根レベルの人的交流の裾野を広げた。韓国の高校の「日本語」の教育課程もこうした韓日関係の流れに沿う形で、日本語教育の目的を言語知識や言語運用能力を高めることだけでなく、日本文化を理解し、韓日間の友好的な関係に寄与できる人材を育てることへと目標を変化させてきた。日韓の教師たちはこうした大きな歴史的な潮流の中に位置づけられていると言える。

　また、外国語教育の世界的な傾向としては、ヨーロッパに発した複言語・複文化主義の理念が世界各国に影響を与え始めている。母語に加えて複数の言語を学び、個人の中に多層的な言語能力と文化能力を持つことが、豊かな人間形成につながり、それがひいては、地域間の平和や融和につながるという考え方が重視されつつあるこの時代に、日韓の言語教師たちは位置づけられている。

　次に、図中の真ん中の3つの円は、本研究における教師の語りと具体的な教育実践の分析から見出せる日韓の言語教師たちの資本となる要素である。

「エスニシティ・母語」、「教育者としての専門性」、「複言語・複文化能力」の３つの文化的資本となる要素を抽出した。これらの要素は教師を取り巻く状況、環境によって変化していくものであり、教育実践の上で資本となり得るものである。それぞれの円には矢印でその要素に影響を与える外部要因を挙げた。３つの円の中心にあるのが、複言語・複文化経験の場の創出を重視する教師たちの教育観である。教師たちは隣国の言語を学習する学習者という立場の時から、教師となってからも様々な複言語・複文化経験を積み重ねている。隣国の旅行や留学、異なる文化背景を持つ人々との出会いはその顕著な例であり、多くの教師たちの語りの中に見られた。こうした複言語・複文化の経験への価値づけは個人の中に蓄積され、教育観の形成につながり、教師個人の「エスニシティ・母語」、「教育者としての専門性」、「複言語・複文化能力」という要素にも影響を与え、それぞれを変容させ続けている。さらに、このような教師たちの資本となる要素と密接に関わり合っているのが、教師の持つネットワークであり、教師一人ひとりのアイデンティティ構築に関わる共同体である。教師たちは日本と韓国の生徒たちをつなぎ、また、生徒だけでなく教師たちもつなぐネットワークを構築していた。このようなネットワークあるいは共同体に参加する過程で変容していく自身のアイデンティティも、教師の資本と影響を与え合う関係にある重要な要素である。

終章　隣国の言語の教育に教師たちが関わる意義　281

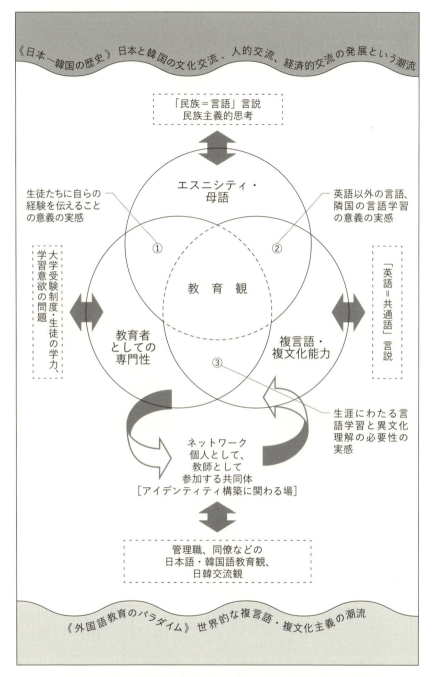

図 5-2　日韓の言語教師の資本となる要素と実践に影響を与える外力

3つの要素を構成する原動力となっているものに、教師として生徒と関わり合う中で得られた「実感」がある。以下に3つの「実感」を挙げる。

①生徒たちに自らの経験を伝えることの意義の実感
　「エスニシティ・母語」と「教育者としての専門性」の要素が交わる部分に位置づけた。これは、教師たち自身が自覚するエスニシティや母語と関連を持つ経験を、教育者として生徒たちに伝えることを重視する考え方が教師たちの語りや授業実践から顕著に見られたことによるものである。

②英語以外の言語、隣国の言語学習の意義の実感
　「エスニシティ・母語」と「複言語・複文化能力」の要素が交わる部分に位置づけた。教師たちは自らが複言語・複文化を身につけ、それが自身の自己形成にも有益であったことを認識していた。さらに、母語や英語に加え、英語以外の外国語、特に隣国の言語を学ぶことが生徒たちの自己実現にプラスになるということを生徒たちの学びの様子からも実感していた。複数の言語文化を身につけることの意義の実感は、教師たちの隣国の言語教育を行う原動力の1つとなっている。

③生涯にわたる言語学習と異文化理解の必要性の実感
　「複言語能力・複文化能力」と「教育者としての専門性」の要素が交わる部分に位置づけた。教師たちは学校教育の枠にとどまらない生涯にわたる言語学習や異文化に対する寛容性を身につけることが生徒一人ひとりの人生を豊かにするという教育観を持っていた。その背後には、外国語を学ぶことによってこれまで関心を持たなかった世界に視野を広げ、個のネットワークを広げ、日本、韓国に信頼できる友人関係を構築し、そうした人的ネットワークをもとに自己実現してきた教師たちの複言語・複文化経験への価値づけがあった。
　次に、隣国の言語を教える教師たちが持つ資本となる要素、「エスニシティ・母語」、「教育者としての専門性」、「複言語・複文化能力」とそれに影響を与える外力についてさらに詳しく述べ、様々な外力とのせめぎ合いの中で「ネットワーク」が生み出されていることについて述べる。

2.2　エスニシティ・母語

　本書では韓国人日本語教師、日本人韓国語教師、在日コリアン韓国語教師、在日コリアン日本語教師に対するインタビューと教育実践現場のフィールドワーク調査から、それぞれの教師の実践が自身のエスニシティや母語と関係するアイデンティティに影響を受けたものであることを見てきた。「エスニシティ・母語」は、生まれ育った環境、出自に根差すものであり、どこに生まれ、何が母語となるかといった問題はいわば偶然の所産とでもいうべきものである。ともすれば本質主義的な議論になる恐れがあるが、これらの要素は教師たちの語りの中にアイデンティティを形作る重要な一側面として現れ、それが隣国の言語を教える教師としての文化的資本ともなっていることがうかがえた。

　今回の調査においては複雑な韓日の歴史や政治に影響を受けながら、在日コリアン[1]として、韓国人として、日本人として、あるいは韓国に生きる人として、日本に生きる人として生徒たちにどう向き合うかを考え、教育の道に進み、実践している教師たちの姿が見られた。その具体的な事例として、パク先生、イ先生、川野先生の例を挙げる。

■ パク先生（第3章　第2節）

在日コリアンとして生きる過程において日本社会で理不尽な経験を数多くしてきた。韓国語の教員免許の取得と、韓国語担当の高校教師という職業選択は、そうした理不尽な社会を変えていきたいという気持ちに支えられていた。教師になってからは一貫して、在日コリアンの教師として、多様な出自の生徒に寄り添う教育をしている。

■ イ先生（第3章　第3節　第1項）

70年代における自身の日本人との直接的な交流経験から「日本から、日本人から学ばなければならない」と考え、まだ日本語が警戒と排除の対象であった時期に日本語学習を開始し、生徒たちに日本のことを伝えなければならないという思いで高校の日本語教師を志した。韓国人の教師として、生徒たちに伝えられることがあると思い、教師人生を送ってきた。

■■■川野先生（第3章　第4節　第1項）

自身の韓国語学習の経験から、日本に暮らす人々にとって韓国語を学ぶこと
が日本社会における在日コリアンの課題や日本と朝鮮半島との関わりについ
て考えることにつながり、それが学校教育において韓国語を教える社会的意
味だと考え韓国語の講座を開設した。さらに、韓国の日本語クラスと自身の
韓国語クラスをつなぎ、日本と韓国にいる生徒たちがリアルな生活や気持ち
を理解し合える機会を作り出した。

　次に、母語を資本とする例としては、在日コリアン日本語教師のナム先生
の事例が挙げられる。韓国の高校でネイティヴ補助教師として日本語を教え
るナム先生は、「ネイティヴに期待されている役割」を常に意識しながら教
育実践を行っていた。在日コリアンであるナム先生は韓国人としてのアイデ
ンティティを本名である韓国名で生徒たちと向き合うことで示し、韓国人日
本語教師とのティーム・ティーチングにおける日本語ネイティヴ補助教師と
いう立場から日本語を母語とする自分を前面に出すという戦略を用いてい
た。

　この裏返しにあった事例は清水先生の事例である。清水先生は周りの外国
語教師にネイティヴ教師が多いという環境にいるために、母語ではない韓国
語を日本人である自分が教えていることに対し、常に意識的であった。「韓
国人＝韓国語」、「日本人＝日本語」と捉える「民族＝言語」イデオロギーの
存在は、教師たちの母語に根差すアイデンティティに影響を与える要素と
なっていた。在日コリアンのナム先生は日本語のネイティヴ教師として初め
て教室に入った時に韓国名の本名で自己紹介をして一瞬教室がざわめいた経
験や日本名を尋ねられた経験を語った。また、日本人韓国語教師である清水
先生は生徒に「なんで日本人なのに韓国語を教えているんですか」と問われ、
「ネイティヴじゃなくてごめんね」と感じる時があると語った。このような
語りは、「民族＝言語」イデオロギーが言語教師たちに時に葛藤をもたらす
ことがあることを示した。しかし、2名の教師の事例は同時に「ネイティヴ
としての強み」、「ノンネイティヴとしての強み」を強く意識し、自身を位置
づけ、価値づけし教育実践に臨む姿を浮き彫りにしていた。このような事例
から、母語はネイティヴ、ノンネイティヴ教師の双方にとって、資本となる
要素になり得ると考えた。

2.3 教育者としての専門性

本書では、当該外国語の教員免許を持ち、日本語や韓国語を教える教師たちと、大学で日本語教員養成課程を修了して日本語教師としての資格を持って教えているナム先生の事例を扱った。全ての教師たちが教育者として教える資格を持つ専門職にある。こうした教師たちが持つ背景と密接なつながりがあると思われるが、今回の調査からは教師たちの教育者としてのアイデンティティが教師たちの語りや、授業参与観察における分析において見出されている。

教育者には「生徒たちの人間形成、成長を支援する教育者」という面と「教科教育のプロとしての教育者」という面がある。この2つの面は互いに重なり合いながら教師としての成長を促しているものと考える。

大学受験制度、生徒の学力や学習意欲の低さの問題はこうした教師たちの専門性に影響を与える要因として挙げられる。韓国における日本語、日本における韓国語は大学受験において修学能力試験（韓国）や大学入試センター試験（日本）の外国語の科目の1つとしてそれぞれ位置づけられている。しかし、韓国の大学受験制度においては第二外国語の重要度が高くないこと、日本においては第二外国語の受験が必要なくほとんど英語を選択することなどから、韓国においても日本においてもそれぞれの教育現場において日本語や韓国語は「受験において学ぶ必要度が低い」ものとして周縁化されている。日本においては、進学希望者が多い普通科に英語以外の外国語の科目を設置することは現実的に困難であると語る教師もいた。生徒たちの人間形成を促す上で日本語や韓国語の学習が重要な意味を持つという意義を感じている教師たちも、大学入試への対応を優先せざるを得ないという葛藤を抱いていた。そして、大学受験のための勉強に追われる生徒たちにとって、日本語や韓国語の授業時間が「息抜き」となる現実を受け入れ、生徒たちが日本語や韓国語に肯定的な気持ちを抱き、生涯にわたる学習につながるような楽しく活動的な言語学習の場を作ろうと努力していた。

教師としての力量が問われるのは、特に勉強が苦手な生徒が集まり、教育が困難な学校で教えることになった時である。韓国のキム先生、日本の田村先生に共通していたのは、学力の低い生徒が集まる学校への異動がそれまでの自身の授業方法を省み、改善の方法を模索し始めた契機となったことである。2名の教師たちは、学習意欲が低く、寝たり、教室からいなくなってしまっ

たりする生徒が多くいる中で、どのように生徒たちの学習モチベーションを
高め、持続させることができるかという課題を抱えていた。そうした中で教
師たちは様々な教師研修に参加し、独自の授業方法を考案し、知識伝達型の
教師からの脱却を図ったという共通点がある。こうした事例は、教育者とし
ての専門性が教師の外部にある様々な外力との相互作用の中で変容していく
ことを具体的に示すものでもあった。

2.4　複言語・複文化能力

　複言語・複文化能力という概念は、個人の中に複数の言語と文化が有機的
に結びつきながら存在し、異なる文化背景を持つ人と接する際にそれらの能
力をもって円滑にコミュニケーションでき、相互理解が進められる力のこと
をいう。

　韓国人日本語教師の例としてバン先生の事例を挙げる。

■■■ バン先生（第4章　第3節）

韓国のバン先生は民族主義者であった自分が日本語を学び日本人と交流する
中で日本観や日本人観を変容させていった経験を生徒たちに語り、韓国と日
本との関係性の深さを引き合いに出しながら日本語学習の意義を生徒たちに
伝えていた。日本人ゲストを招いての日本語授業や交流プログラムでは、バ
ン先生が韓国語と日本語、韓国文化と日本文化を往還しながら、双方の言語
と文化に配慮した実践を行っている。

　一方、日本人韓国語教師たちの事例は、全ての教師たちが英語と韓国語、
社会と韓国語、のように複数の教科を担当しているものだった。このような
事例においては、韓国人日本語教師の事例とは異なる形で自身の複言語・複
文化を生かす姿が見られた。

■■■ 川野先生（第3章　第4節　第1項）

英語教育一辺倒の社会の風潮の中で、英語と韓国語の2つの言語文化を身に
つけた教師としてのアイデンティティを社会的発信力の強い教科書という媒
体を利用し、韓国理解のための英語教材を執筆、出版した。

■■■ 清水先生（第3章　第4節　第2項）

英語と韓国語の2つを教えている清水先生は複数の言語を学び、「下手でも
コミュニケーションをとろうとする態度」を体現するモデルに自分はなれる
と考え、複言語・複文化の部分的能力を生かすモデルとして自分を位置づけ
ていた。

■■■ 田村先生（第4章　第4節）

もともと社会科の教員であり韓国語を学び教えるようになった田村先生は、
社会と韓国語という2つの教科を往還しながら、この2つの科目を有機的に
結びつけながら授業実践を行っていた。また、『外国語学習のめやす』プロジェ
クトや他教科のセミナーに積極的に参加し、その素養を自身の教室の授業改
善、複数外国語必修化提言という政策提言の行動につなげた。

　また在日コリアン教師であるパク先生とナム先生は、日本社会で育ち、韓
国留学の経験を持つ。2人の韓国語学習の経験は、日本や韓国で生活する中
で生じてきた葛藤の克服の経験でもあった。それらの葛藤を克服し、身につ
けてきた複言語・複文化は自信となり、隣国の言語を教える教師というアイ
デンティティを支える重要な部分となっていた。教師たちがそれぞれの教育
現場で韓国名を名乗り、在日コリアンとして生徒たちの前に立つこと、それ
は複言語・複文化を生かして社会に生きる人のモデルとして生徒たちの前に
立つこととほぼ同義のように思える。

　こうした教師たちの資本に影響を与える外力として、「英語＝共通語」言
説がある。英語は個人の複言語・複文化に関わる1つの言語であるが、日本
と韓国の学校教育現場の問題は「外国語＝英語」であるかのように、英語以
外の外国語が軽視される傾向にあることである。その傾向は第二外国語の制
度がない日本において特に顕著である。日韓の言語教師たちは「英語＝共通
語」言説に根差す教育政策に影響を受けつつ、自身の中の複言語・複文化を
職業と結びつけて価値化することに成功した人々であるとも言える。

2.5　ネットワーク

　調査協力者の日韓の教師たちに通底する教育観として、生徒たちが日本語
や韓国語を生涯にわたって学び続けることを支援し、教室の内外に「複言

語・複文化経験の場を創出する」ことを重視する教育観が挙げられる。その教育観は「日本語／韓国語の学習は、単なる言語の学習にとどまらない」という考えとともにあるものだった。そのような教育観のもと、人的交流の中に学習を埋め込むことを目指し、構築してきた生徒同士、教師同士のネットワークあるいは共同体は、「エスニシティ・母語」「教育者としての専門性」「複言語・複文化能力」といった要素が関連し合いながら生まれ出たものであると考える。

　韓国の日本語教師の例で言えば以下の例がそれを顕著に示している。

■■■ バン先生（第4章　第3節）

交流の機会を作ることが教育者としての夢だったと語り、大学時代から築いてきた個人的なネットワークを土台として、勤務校と日本の高校との間で姉妹校の提携を結び、定期的な交流活動を行うことを実現した。

■■■ キム先生（第3章　第3節　第2項）

勤務する高校で国際交流活動を行うことは実際的に困難であると判断し、自分の学校以外の生徒たちにもその範囲を広げて、さらに、韓日だけでなく中国や台湾の生徒も含めた東アジアの生徒たちが学び合う交流プロジェクト活動を、自ら発足に関わったNPO法人の事業において行っている。

　日本においても田村先生、川野先生、清水先生、パク先生全ての教師たちが韓国と学校やクラスとつながりを持つことを重視し、オンライン、オフラインの交流活動を行っていた。

　生徒たちのつながりの場を創出しようとする教師たちの実践に影響を与えるのは管理職や同僚の価値判断である。教師たちがインタビューにおいて語ったのは、次のような認識であった。

■■■ イ先生（第3章　第3節　第1項）

交流活動を長年継続できている要因として、日本の姉妹校の理事長や校長が、生徒たちが韓国に直接訪問して学ぶことが大切だという考えを持っていたことが大きいと認識している。

■■ バン先生（第 4 章　第 3 節）

現在の校長に変わってようやく学校のトップの理解が得られ、着任以来ずっと夢に抱いていた日本の学校との姉妹校締結が実現したと考えている。

■■ 川野先生（第 3 章　第 4 節　第 1 項）

韓国語の授業開設が可能となったのは、周囲の教員の反対がありつつも認め、理解してくれた校長の存在があったからこそだと考えている。

■■ 清水先生（第 3 章　第 4 節　第 2 項）

韓国の生徒との SNS 交流に熱心に取り組んでいる英語教師がいること、周囲の英語の教師たちが英語以外の外国語の授業に協力的であることが自身の実践において大きな力になっていると感じている。

　こうした事例からもうかがえるように、同じ学校の管理職や同僚が日韓の交流活動を支援してくれるかどうかは教師たちに影響を与える重要な要素となっていた。

　教師たちのつながり創出の志向性は生徒たちのネットワークを広げる実践だけに表れるものではなく、教師たち自身のネットワークを構築する活動にも表れていた。日本の田村先生、川野先生は高等学校韓国朝鮮語教育ネットワークという、高校の韓国朝鮮語教師たちの全国的なネットワークの構築、初代のブロック代表という任務を担った。研究会の発足により、それぞれの現場で孤軍奮闘していた教師たちをつなぎ、協働して教材を作成して出版したり、研修会を実施したりしながら高校の韓国語教育の土台を築くことに貢献した。こうした日本の韓国語教師たちのネットワーク構築の動きは、韓国の日本語教師たちにも影響を与え、全国ネットワークの組織化の動きにつながっている。韓国のイ先生、キム先生は中等日本語教師の全国的な研究会である韓国日本語教育研究会の発足にあたり、発起人、初代会長として韓国全土を奔走し、それまで地域ごとバラバラに活動していた地方の日本語教師の研究会をまとめた。こうしたネットワークの構築は日本においても韓国においても複数外国語必修化や第二外国語正常化に関する政策提言という社会レベルでの働きかけを行う原動力となり、日本語教師、韓国語教師としてのアイデンティティを支える重要な役割を果たしていると言えるだろう。

本節において分析した隣国の言語を教える教師たちの資本となる要素は、これまで述べてきた通り、個人の中に積み重ねられ、価値づけられる複言語・複文化経験、様々な外力、葛藤とのせめぎ合いの中で常に変容し続けている。ここでの分析は現時点における教師たちの変容過程の一局面を考察したにすぎないが、隣国の言語を教える教師たちのアイデンティティに深く関わる資本を整理したという点で意味があると考える。

次節では、ここまでの議論を踏まえて、このような資本を持つ教師たちが隣国の言語の教育に関わる意義と可能性について考察していきたい。

3. 日韓の言語教育に教師たちが関わる意義と可能性
3.1 複言語・複文化の素養を生かす人のモデルとして

調査協力者の日韓の言語教師たちの事例からは、一人ひとり異なる隣国との関わり、葛藤の中における自己形成の過程を読み取ることができたが、その多様性の中にも教師たちに共通して見られたのが、様々な外力に影響を受けながらも主体的に生徒たちの相互理解の場を作り、生涯にわたる言語学習の道筋を作ろうとする、複言語・複文化の素養を生かす人のモデルとしての教師たちの姿であった。生身の人間である教師が隣国の言語の教育に関わる意義は、隣国の言語を学び、自分の中の何かを克服し、自己実現を図ってきた自分の経験、生き方を生徒たちに教育実践の形で示すことができる点にあるのではないかと考える。

複言語・複文化主義の考え方において外国語学習は、学校教育にとどまるものではなく、生涯にわたって自律的に進められていくべきものである。教師たちも、生徒たちが高校を卒業したその先の人生に隣国の言語文化の学習経験が力を与えるものになり、自律的に学び続ける素地となるように願いながら日々の教育実践を行っていた。日韓の生徒間の交流の中に学習を埋め込む実践は、そうした教育実践の具体的な例の1つである。教室の中だけに学習の場を作るのではなく、社会、教室の外に複言語・複文化経験の場を作り、その場への参加を思い描きながら隣国の言語文化を学ぶ場を作ることができるのも、教師たちが教育に携わる意義であると考える。

韓国の日本語教師、日本の韓国語教師、在日コリアン教師のアイデンティティに関する研究は少なく、その中でも注目されてきたのは「ネイティヴ／ノンネイティヴ」の二項対立的な議論の中でのアイデンティティの捉え方

であった。日本語教育の研究の中でもこの議論はあったが、従来の研究はノンネイティヴ教師が持つ資質とネイティヴ教師が持つ資質を区別して考えたり[2]、それぞれの「言語教育上の利点」を検討したりするものであった。英語教育での議論も含め、「ネイティヴ教師／ノンネイティヴ教師」の二項対立的な議論の中ではノンネイティヴは複数の言語ができる話者であるという考え方は見られたが、一方でネイティヴは母語しかできない教師という捉え方がされがちだったのではないかと思われる（Ellis 2016）。しかし、ネイティヴ教師が必ずしも母語のみ、一言語のみの言語使用者ではないことは、ナム先生の事例においても示されている[3]。

　確かに、本研究の事例においても清水先生にはノンネイティヴ教師として、ナム先生にはネイティヴ教師としてのアイデンティティと役割意識があることを見てきたが、本研究で得られた知見に照らして考えてみれば、それは教師を捉える1つの側面でしかない。教師が持つ言語経験は多様で個別的なものであり、その個別的な経験の中に「言語教育上の利点」は存在している。ネイティヴ、ノンネイティヴにかかわらず、そうした個人の多様な言語経験に裏づけられ、個人の中に蓄えられた複言語・複文化が言語教育に関わる教師の存在意義になってくるのではないかと考える。

　教師の複言語・複文化経験への価値づけによって形成された教育観は具体的な教師の教育実践として表出し、その教育は人を作り、人々によって社会は変えられ、構築されていく。複言語・複文化主義の担い手として、隣国の言語を学び、教える教師の存在意義を見つめていくことも今後の隣国の言語教育と教師に関する議論を進める一助になるのではないかと考える。

　以上を踏まえ、本書においては個人のアイデンティティの様々な要素が有機的に結びつき、「隣国の言語を教える」という実践にかかわっているということを改めて強調したい。教師たちは、複言語・複文化を生かす、日韓の融和的な関係構築に寄与するモデルとして、その生き方を具体的な教育実践の中で生徒たちに伝えることができる存在だと言えるだろう。

3.2　教室レベル・学校レベル・社会レベルにおける教師たちの役割

　本研究では、日韓の教師たちが教室レベル（ミクロレベル）、学校レベル（メゾレベル）、社会レベル（マクロレベル）のそれぞれのレベルにおいて、様々な外力に影響を受けながらも主体性を発揮し教育実践を行っていく教

師の変容と成長のプロセスを見てきた。教師たちの主体性が発揮されるこれらの場は、「隣国の言語の教育に携わる教師たちが持つ資本が生かされる場」と換言することもできる。本研究における調査協力者の教師たちの語りや授業観察データから見出された、教師たちが持つ資本が生かされる場を教室、学校、社会レベルで振り返ると、図5-3のようになる。ここから示唆される「隣国の言語を教える」教師たちの役割を以下に述べたい。

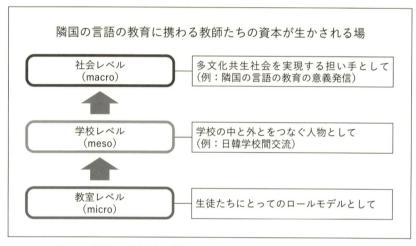

図5-3　隣国の言語教育に携わる教師たちが持つ資本が生かされる場

　まず、教室レベルにおいて教師たちは隣国の言語文化を生涯にわたって学び続け、複言語・複文化能力を高め続ける人間としての姿を示すことができる。それは繰り返し述べてきたように、生徒たちにとって日韓の融和的な関係を構築するモデルとなる。義永（大平）（2005：70）は「完全な能力をもつネイティヴスピーカー」はあくまでも理論上の産物にすぎないと指摘した大平（2001）を踏まえ、言語を学ぶ時の目標は「ネイティヴ並みの能力を習得すること」ではなく、「目標言語を用いる共同体の有能な成員になること」であると述べている。そして学習者が関わる実際の共同体を基盤として学習者が心地よい居場所を確保するための支援をする教育活動を行うべきだと主張した。このような役割は、言語教師たちの存在意義に関わる重要なものだと考える。隣国の言語教育に携わる教師たちは、ネイティヴ、ノンネイティヴにかかわらず、「目標言語を用いる共同体の有能な成員」の身近なロール

モデルとして、生徒たちが「目標言語を用いる共同体」に参加していくプロセスを支援する役割を果たすことができると考える。

　次に、学校レベルにおいては、隣国の言語を教える教師たちは主に日本と韓国の学校をつなぐ人物としてその資本を生かすことが期待される。学校では姉妹校関係が締結されていることもあれば、されていないこともあるだろう。本研究における調査協力者たちにとっても「姉妹校、交流校があるか」は大きな関心や課題となっていた。姉妹校がない学校の教師の中には、個人的なネットワークによりそうした関係性を構築しようと努力をしていたケースもあった。種々の事情からどうしても学校での学校間交流が難しいと判断した教師は、東アジアの中高生や教師たちを結ぶNPO法人を設立し、その中で生徒間の交流を促していた。日本と韓国という国を越えた交流が難しい場合には日本の中で同じく韓国語を学ぶ高校生との間で交流学習を行うケースもあった[4]。学校間交流に限らず、個人が持つネットワークを学校のレベルで発揮し、学校の中と外とをつなぐ実践を行っていくことは教師たちに期待される重要な役割の1つになると考える。川野先生の『火垂るの墓』を題材とした日韓交流授業の実践が日本と韓国の生徒たちの歴史観、社会観の変容、国を越えた生徒たちの相互理解を促したように、このようなつながりの形成は、言語の知識やスキルの習得にとどまらない生徒たちの学びをもたらす大きな可能性を持つのである。

　さらに、社会レベルにおいて隣国の言語を教える教師たちは多文化共生社会を実現する重要な担い手として存在する。日本においても韓国においても多文化化が進み、教室の中にいろいろな出自を持つ生徒たちが集まるケースは増えている。英語以外の外国語を学ぶことができる学校教育の実現は、様々な母語や母文化を持つ生徒たちをエンパワーすることにもつながるのである。こうした状況において、教師たちは自身の学習経験、教育経験に基づいて英語以外の外国語の学習、教育の必要性を社会に伝える存在にもなれるだろう。隣国の言語の学習、教育の意義を誰よりも実感している教師たちに求められる役割であるとも言える。佐藤（2016）が述べるように文化、社会や制度の前において「個人は無力なのではなく、一人一人の個人の行動、発話、言動によって文化、社会や制度は作り出され、維持されている。そして、それは変えられる」(p.230)。隣国の言語を教える教師たちの役割や可能性は、単に隣国の言語や文化の知識を与え、学習を支援するだけではないというこ

とも示唆される。「言語を使って創造的に社会にかかわる」こと（佐藤・熊谷 2011；佐藤 2016）、それによって既存の枠組みを見直し、必要があれば変えて行こうとする意識、視点、姿勢、態度を持つこと（佐藤・高見・神吉・熊谷編 2015）は教育者に求められる重要な役割である。第2章でも述べたように、韓国の日本語教育、日本の韓国語教育どちらにおいても、マクロレベルにおいて第二外国語教育正常化や第二外国語必修提言などの政策提言が実際に行われており、そうした「運動」に積極的に関わっている教師たちがいる。そのような運動に関わらなくとも、自身の小さな日々の教育実践が未来の社会を創るために貢献できるかを考えて何らかの行動を起こしていくことは、これからの日韓の言語教師たちが果たせる役割の1つだと考える。理想とする未来の社会の構築に、一人ひとりの行動、その教育実践が深く関わっているのである。

　ここで述べた教師たちの役割は、既に本研究の調査協力者が果たしてきた役割でもある。太田（2010：6）はオーストラリアの初等中等教育機関で教える日本語教師たちのライフストーリー研究を通して、教師たちが「学校内外での経験を通して形成した個性的な意味世界に基づいて、政策、理論、状況を意味づけ、選択的に実践を行う」主体的に実践する存在であるとして、教師たちの「声」を言語政策者や研究者が聞き、学ぶべきだと指摘しているが、同様のことが日韓の言語教育にも言えるだろう。今後の教師教育や教員養成にも生かされる視点になると考える。

3.3　日韓の言語教師たちの共同体の可能性

　本章では、日韓の言語教師たちが持つ教育観や共有する資本について考察し、それらが生かされる場はどのようなものかについて論じてきた。ここでは次に、隣国の言語を教える教師たちが連携し、日韓の生徒たちと教師たちが学び合える場としての共同体を構築していく可能性について述べたい。

　筆者が 2016 年に韓国の中等日本語教師と日本の高校の韓国語教師、合計 86 人を対象にして行ったアンケート調査[5]の結果によれば、韓国の日本語教育と日本の韓国語教育との関連性について尋ねた項目において、「内容や方法の面で学ぶことがあると思う」と答えた回答が、韓国の高校日本語教師で 96.7%（58 人）、韓国の中学日本語教師（14 人）と日本の韓国語教師（12 人）がそれぞれ 100% であり、互いに学び合える点があると期待していることが

分かった。

　実際に、日韓の教師たちの交流は始まりつつある。2017 年度から韓国の韓国日本語教育研究会、日本の高等学校韓国朝鮮語教育ネットワークは互いの全国研修大会に教師を派遣し、韓国の日本語教育の実践、日本の韓国語教育の実践について報告し合う研究会交流を開始したばかりである[6]。

　2017 年度高等学校韓国朝鮮語教育ネットワーク東ブロック代表の山下誠教諭によると、日本と韓国の高校の言語教師たちの交流は今から 20 年前に遡るという。1997 年、当時の橋本総理と金泳三大統領間における首脳会談で合意された日韓青少年交流ネットワークフォーラム事業（1997 年～ 1999 年）において、日本と韓国の言語教師たち 4 名が出会うことになる[7]。本研究の調査協力者である、キム先生と田村先生がこの中の 2 人である。2000 年には、高等学校韓国朝鮮語教育ネットワークの第 1 回目全国研修会の開催中に、大韓民国中等教育日本語教師研修のために訪日していた韓国の日本語教師の研修生たちが表敬訪問し、日韓の言語教師たちの合同ワークショップが初めて開催された。この時の韓国の教師側の団長がキム先生であり、田村先生らが中心となり形成された高等学校韓国朝鮮語教育ネットワークを目の当たりにしたことが、韓国日本語教育研究会発足の大きなきっかけになったとキム先生自身も回想している（2016 年 8 月 10 日フィールドノーツ）。

　しかしその後は目立った日韓の言語教師の共同事業は行われておらず、個々に活動が行われていた。その状況が変化してきたのは、2014 年頃からである。大韓民国中等教育日本語教師研修のために訪日した中等日本語教師たちと日本の高校で韓国語を教える教師たちの合同ワークショップと交流会が開催され[8]、その場は偶然にも 1997 年の日韓青少年交流ネットワークフォーラム事業で出会った日韓の言語教師たちの再会の場ともなった。この再会が、2017 年から開始された韓国日本語教育研究会と高等学校韓国朝鮮語教育ネットワークの研究会交流につながるきっかけとなったのである。

　図 5-4 は 2017 年 11 月 25 日に東京の韓国文化院において開催された高等学校韓国朝鮮語教育ネットワークの全国研修会で韓国日本語教育研究会から派遣された発表者（クォン・ガヨン教諭）の授業発表の後、高等学校韓国朝鮮語教育ネットワークの会員と質疑応答のやり取りがなされている場面の写真である。

図 5-4　2017 年度高等学校韓国朝鮮語教育ネットワーク全国研修会における
韓国の日本語教師と日本の韓国語教師の意見交換

　クォン・ガヨン教諭は発表の中で、特に男子クラスの学生の日本語学習意欲を掻き立てることに困難を感じながら、日々の授業に様々な工夫を凝らし、生徒たちの学習動機を高める努力をしていると話し、その実践の内容を報告した。また、現在中断しているという日本の姉妹校との交流活動を復活させることが課題であると述べていた。こうした実践報告の後、日本の韓国語教師からの質問に答える形で活発な質疑応答のやり取りが行われた。このような日韓の言語教師の研究会間における相互交流活動からもうかがえるように、日韓の言語教師の間の対話を中心とした「隣国の言語教育を実践する教師の共同体」は、今、まさに生まれつつあると言える。舘岡（2016：85）は、教師が学び続けるために、従来の知識やスキルを獲得する形の個体能力主義的な教師研修から、対話を中心として関係性を構築できるような教師研修、すなわち「対話型教師研修」が必要であり、その先に、教師たちが互いの課題を持ち寄って場を形成していくような「学び合いコミュニティ」の生成が期待されるとしている。日韓の言語教師たちの間においても、こうした学び合いコミュニティの生成とその共同体に参加する参加者たちの関係性の構築は同時に行われ得るものではないかと考える。

　日韓の言語教師の共同体[9]の中で、教師たちが学び合える点には様々なことがあるだろう。韓国の学校教育の日本語教育には、1970 年代に始まってから現在に至るまでの教育課程の歴史と、その教育課程の下でその時々の文脈に応じながら主体性を発揮し、その場の状況に応じた実践を行ってきた経験値がある。一方、日本の韓国語教師はトップダウン的な教育政策がなく、教育内容も方法もほぼ学校に一任されながら、それぞれが教育の理念や目標

を見出し、その場に適した教育実践を行ってきた試行錯誤の経験がある。近年、社会言語学の言語政策に関する研究では、言語政策そのものの定義が広がりを見せ、公布されたトップダウン的な言語政策 *"de jure policy"* だけが言語政策といえるのではなく、与えられた個別の文脈の中で教師たちがその場に適した選択や行動をしていく過程を実質的な政策 *"de facto policy"* だとみなす考え方も出てきている[10]（Shohamy 2006; Hornberger & Johnson 2010 など）。*"de facto policy"* とはいわば個々の実践の中の言語政策である（Johnson 2013）。日韓の言語教師たち一人ひとりにもそれぞれの教育の現場の文脈に応じて多層的に、流動的に、ダイナミックに創ってきた実質的な言語政策のプロセスがある。それを共有し、複言語・複文化主義時代の日韓の言語教育をともに考え、実践をしていくことには意義があるだろう。

　2018 年 2 月には新たな試みとして、日本（東京）と韓国（ソウル）の会場を結んで日本と韓国の言語教師たちをつなぐ交流学習のワークショップが国際文化フォーラムの主催で開催された。高校、大学、民間の教室で教える言語教師が参加し、日韓の言語教師たちによる交流学習実践コミュニティが形成され、そのつながりから新たな教育実践を生む模索が始まっている（澤邉・中川・岩井・相澤 2018）。このような共同体の形成は国家や政府を単位としたマクロレベルのものではないが、ミクロレベルにおいて実現できる複言語・複文化主義を考えていく上で、大きな可能性を持つものではないかと考える。

4.　本書の学術的意義と今後の課題

　本書は複雑な日韓関係の狭間で言語教師たちがどのように隣国の言語を教える価値づけをしているのかをフィールドワークとインタビュー調査から探り、英語教育が重視される日韓の外国語教育の中における教師たちのアイデンティティ、教育観の形成とその表出としての教育実践のありように迫った。そこから高校で教える日韓の言語教師たちの教育観や経験、資本となる要素を考察し、教師たちが隣国の言語の教育に関わる意義や可能性について論じた。

　韓国で日本語を、日本において韓国語を学び、教えてきた教師たちは「隣国の言語を教える」ということに対し、言語の知識・技能の習得以上の意味づけ、価値づけをしていた。それは隣国の言語を学ぶことによって日本、韓

国、東アジアといった地域社会の一員としての姿勢、態度、人格の形成が促されるという、言語教育の意味づけであり、価値づけであった。そしてその教育実践は、複雑な日韓の歴史、イデオロギー、教育制度など様々な外部の力に揺さぶられながら、時にアイデンティティの葛藤にもがきながら、自分の中の何かを克服し、社会の中で自己実現を図るという教師たちの生き方と隣り合わせにあるものであった。本研究では様々な力に影響を受けながらも主体的に生徒たちの相互理解の場を作り、生涯にわたって言語学習の道筋を作ろうとする、複言語・複文化を生かすモデルとしての教師たちと彼らによる教育実践の可能性を論じた。

　本研究の学術的意義として、以下の３点を挙げたい。

1）日韓の学校教育においては、実質的に「外国語＝英語」という状況が強まりを見せている。一部の研究において東アジア地域における複言語・複文化主義を構想する議論は出始めているものの、「隣国の言語」教育というテーマで具体的な事例を考察した研究は管見の限りない。そのような現状において本書は、日韓の言語教師の事例を通し、隣国の言語学習と教育が人間形成において持つ意味を考えることを促した。本書で論じた教師一人ひとりのライフストーリーは、今後、東アジア地域における複言語・複文化主義を考える上で貴重な事例になるだけでなく、より広く、言語学習と言語教育の意味を考える際にも重要な視点を提示するものになるだろう。

2）本研究は、従来、日本語教育、韓国語教育、在日コリアンの研究領域の中で個別に行われてきた韓国の日本語教師、日本の韓国語教師、在日コリアン教師に関する研究を、「隣国の言語教育に携わる教師の研究」という大きな視座からまとめた初めての研究になる。教師たちが共有できる教育観や資本があることを知ることによって、教師間の協働的な学び合いや連携が促され、日本語教育と韓国語教育をつなぐ新たな教育実践が開発されることも期待される。

3）言語教師のアイデンティティ研究は第二言語習得研究分野において近年特に注目をされている研究テーマである。しかしながら韓国人、日本人、在日コリアンという様々な属性を持つ高校教師たちを対象とした研究はこれま

でほとんどなされていなかった。本研究は隣国の言語教育に関わる教師のアイデンティティ構築のプロセスにも注目したものであり、言語教師のアイデンティティを探求する上で参照できる事例を示した。

　このような学術的意義があると考える一方で、本研究には次のような限界と課題があると考える。まず、本書の結論はあくまでも変容過程にある教師という人間の一部のリアリティを捉えたものでありこの結果を普遍的なものだと捉えることはできない。本書で述べた教師たちの教育観も様々な人・物・コトとの相互作用の中でこれからも変容を続けていくであろう。本書で考察できたのは教師たち一人ひとりのライフのほんの一部であり、あくまでも筆者の解釈を通したものであること、固定的で不変なものではないということは本研究の前提でもあり、人間の複雑な局面に迫ろうとする本研究テーマの限界でもある。この限界を常に頭に置きながら、今後も言語教育と人間形成の関係性について追究していきたい。時代が移り変わっていく過程において、言語教育が果たす意味というものはこれからも探求され続けていくことだろうが、生身の教師が教育に関わっていく意味は何か、未来の社会を創っていく生徒一人ひとりの学びの場をいかに創っていくことができるか、生徒たちはそこで何を学び得るのか、教師を含め様々な分野の人々とともに問い続け、議論していくことができればと考えている。

　また、本研究の背景となり、研究テーマ全体を包括する考え方ともなった複言語・複文化主義という概念において、本研究が扱った「日本語」や「韓国語」という言語は、多種多様な言語変種の１つに過ぎない。複言語・複文化能力とは生涯にわたって言語文化のレパートリーを増やし、構築していく中で培われていく能力である。本研究で考察できたのは言語教師が「日本語」「韓国語」「英語」の学習・教育を媒介にしながら蓄積していった複言語・複文化能力の一部にすぎないという限界を踏まえ、他の外国語や、一言語として扱われにくい言語変種も含めて言語教師が持つ複言語・複文化能力、その能力が生かされる教育実践について今後も考えていきたい。

　さらに、本書では学校教育において日本語教育や韓国語教育に携わる教師たちの教育観と教育実践について探求したが、これまで繰り返し述べてきたように、言語の学習は学校教育の場に限られるものではない。日韓の相互理解が促される学びの機会が、学校教育以外の社会のどのようなところにある

のか探っていくこと、また、言語学習と教育に関わる当事者だけでなく、その周辺にいる人々の意識を探る調査などを通し、言語を学ぶということの意味と可能性についてもより深く考え続けていきたい。

---

1 前田達朗（2005：96）は「在日」の少なくとも若い世代においては「日本人か朝鮮人か」という単線的な距離で自分の位置をはかることが難しくなってきており、「在日である」というエスニック・アイデンティティとエスニシティが必要とされていると述べている。

2 例えば平畑（2014：232）は、海外で働くネイティヴ日本語教師の資質について検討し、必要な資質として「教育能力」、「人間性」、「職務能力」、「現地語能力」を挙げている。

3 これは本研究では扱っていない課題であり、調査に基づいているわけではないが、筆者の経験からは、日本で韓国語を教えるネイティヴ教師、韓国で日本語を教えるネイティヴ教師はかなり高い割合で日本語、韓国語の両方の習得経験のある使用者であるのではないかと考えている。

4 2017年現在、韓国の日本語学習者と日本の韓国語学習者間における交流学習の事例を扱った研究としては澤邊（2007、2010a、2010b）が挙げられる。大学での交流学習の事例を扱った研究としては、阪堂（2004）や中川（2016）などがある。

5 調査期間は韓国では2016年8月〜9月、日本では2016年11月である。韓国では毎年8月に韓国日本語教育研究会の全国研修会、日本では毎年11月に高等学校韓国朝鮮語教育ネットワークの全国研修会が開催される。調査は主にその場において質問紙を配布し、協力を依頼した。韓国ではさらに多くの回答を得るために、京畿道の中等日本語教師一級正教師研修においても調査を依頼した。回答数は、韓国側が74名（高校60名、中学校14名、回収率70%）、日本側が12名（回収率60%）であった。日本側の教師の勤務形態は専任が4名、時間講師などの非常勤講師が8名であった。

6 2017年度は、8月に開催された韓国日本語教育研究会の全国研修会に、高等学校韓国朝鮮語教育ネットワークの会長と東ブロック代表の2名が参加し、11月に開催された韓国朝鮮語教育ネットワークの全国研修会に、韓国日本語教育研究会の会長、事務局長と授業発表者1名の計3名が参加した。

7 日韓文化交流基金、韓国国際交流財団、国際文化交流推進協会などが共催で行った事業。第1回目は1997年5月4日〜10日に大阪国際交流センターで、第2回目は1999年10月29日〜11月3日、韓国ソウルのアカデミーハウスと、江原道のホテルにおいて交流事業が開催された。

8　国際交流基金と国際文化フォーラムの共催事業として実施された。2014 年と 2015 年に実施されている。また、2015 年、2016 年、2017 年、2018 年には日韓教師・校長交流会が開催され、姉妹校締結などの動きにつながっている。

9　日韓の教師たちのつながりを作ろうとする動きは、国際交流基金や国際文化フォーラムにおける共催事業において実施が始まっている。

10　日本の高校ロシア語教育に関しては、横井（2015）や泉ほか（2017）において横井が "de facto policy" の考え方を研究の枠組みとし、第二外国語教育制度がない環境下において教師たちが創り出す実質的な言語政策のプロセスを分析している。

参考文献

【日本語文献（五十音順）】

相澤真一（2005）「戦後教育における学習可能性留保の構図―外国語教育を事例とした教育運動言説の分析」『教育社会学研究』76、pp.187–205.

朝日新聞社「百年の明日　ニッポンとコリア」取材班（2012）『新聞記者が高校生に語る　日本と朝鮮半島100年の明日』彩流社

綾部保志（2009）「戦後日本のマクロ社会的英語教育文化―学習指導要領と社会構造を中心に」綾部保志（編）『言語人類学から見た英語教育』（pp.87–193）、ひつじ書房

李貞榮・李ユミ・今給黎俊伸・遠藤正承・林久美子・方政雄・松浦利貞・李智子（2015）『韓国語・朝鮮語教育を拓こう―定時制高校からの発信』白帝社

李智子（2015）「「シジャギパニダ」―横浜市立横浜総合高校「韓国・朝鮮語」の出発」李貞榮・李ユミ・今給黎俊伸・遠藤正承・林久美子・方政雄・松浦利貞・李智子『韓国・朝鮮語教育を拓こう―定時制高校からの発信』（pp.83–88）、白帝社

李徳奉（2007）「韓国の日本語教育における文化・連結・コミュニティ」『日本語教育』133、pp.11–14.

李錬（2016）「1998年韓日首脳共同宣言以後の情報・文化交流について」奥野昌宏・中江桂子（編）『メディアと文化の日韓関係―相互理解の深化のために』（pp.174–194）、新曜社

イ・ヨンスク（2009）『「ことば」という幻影―近代日本の言語イデオロギー』明石書店

飯野令子（2017）『日本語教師の成長―ライフストーリーからみる教育実践の立場の変化』ココ出版

石川裕之（2005）「韓国の才能教育における科学高校の受験名門校化に関する研究―「平準化」制度との関連に注目して」『比較教育学研究』31、pp.83-100.

石川良子・西倉実季（2015）「ライフストーリー研究に何ができるか」桜井厚・

石川良子（編）『ライフストーリー研究に何ができるか―対話的構築主義の批判的継承』（pp.1–20）、新曜社

石黒広昭（編）(2004)『社会文化的アプローチの実際―学習活動の理解と変革のエスノグラフィー』北大路書房

泉文明・長江春子・横井幸子（2017）「日ロ言語教育交流小考」『国際文化研究』21、pp.3–15.

稲葉継雄（1986）「韓国における日本語教育史」『日本語教育』60、pp.136–148.

今給黎俊伸（2015）「高校に韓国語を―韓国語学習のすすめ」李貞榮・李ユミ・今給黎俊伸・遠藤正承・林久美子・方政雄・松浦利貞・李智子『韓国語・朝鮮語教育を拓こう―定時制高校からの発信』（pp.89–94）、白帝社

任榮哲（1993）『在日・在米韓国人および韓国人の言語生活の実態』くろしお出版

磐村文乃（2007）「日本語教育の深化と多様化」纓坂英子（編）『韓国における日本語教育』（pp.33–50）、三元社

植田晃次（2002）「言語呼称の社会性―日本語で朝鮮語、韓国語、ハングル…と呼ばれる言語の呼称再考」『社会言語学』2、pp.1–20.

上野千鶴子（2005）「脱アイデンティティの理論」上野千鶴子（編）『脱アイデンティティ』（pp.1–41）、勁草書房

ウェンガー，E・マクダーモット，R・スナイダー，W.M、野村泰彦（監修）、野中郁次郎（解説）、櫻井祐子（訳）(2002)『コミュニティ・オブ・プラクティス―ナレッジ社会の新たな知識形態の実践』翔泳社

内山政春（2004）「言語名称「朝鮮語」および「韓国語」の言語学的考察」『異文化　論文篇』5、pp.73–107.

欧州評議会言語政策局（2016）『言語の多様性から複言語教育へ―ヨーロッパ言語教育政策策定ガイド』山本冴里（訳）、くろしお出版

大木充（2011）「『ヨーロッパ言語共通参照枠』(CEFR) に学ぶ外国語学習の意義」大木充・西山教行（編）『マルチ言語宣言―なぜ英語以外の外国語を学ぶのか』（pp.3–19）、京都大学学術出版会

太田裕子（2010）『日本語教師の「意味世界」―オーストラリアの子どもに教える教師たちのライフストーリー』ココ出版

大平未央子（2001）「ネイティブスピーカー再考」野呂香代子・山下仁（編）

『「正しさ」への問い―批判的社会言語学の試み』(pp.85–110)、三元社

小川佳万・姜姫銀（2017）「韓国における「多文化教育」支援に関する一考察―多文化予備学校の実践を中心に」『学校教育実践学研究』23、pp.139–145.

奥村三菜子・櫻井直子・鈴木裕子（編）（2016）『日本語教師のためのCEFR』くろしお出版

小倉紀藏（2001）『韓国、ひき裂かれるコスモス』平凡社

小倉紀藏（2011）「朝鮮語―思考停止の外国語」大木充・西山教行（編）『マルチ言語宣言―なぜ英語以外の外国語を学ぶのか』(pp.21–41)、京都大学学術出版会

小栗章（2011）「日本における韓国語教師研修の現状と課題」『韓国語教育研究』1、pp.177–190.

生越直樹（1991）「韓国における日本語教育概観」上野田鶴子（編）『講座日本語と日本語教育 16―日本語教育の現状と課題』(pp.49–67)、明治書院

生越直樹（2005）「在日コリアンの言語使用意識とその変化―ある民族学校でのアンケート調査結果から」真田信治・生越直樹・任榮哲（編）『在日コリアンの言語相』(pp.11–52)、和泉書院

金田尚子（2005）「日本の中学校教科書にみる異文化理解―題材の観点からの教科書分析」『英語英米文学研究』33、pp.129–149.

神吉宇一・佐藤慎司・熊谷由理（2015）「未来を創ることばの教育をめざして」佐藤慎司・高見智子・神吉宇一・熊谷由理（編）『未来を創ることばの教育をめざして―内容重視の批判的言語教育（Critical Content-Based Instruction）の理論と実践』(pp.1–10)、ココ出版

川上郁雄（2014）「あなたはライフストーリーで何を語るのか―日本語教育におけるライフストーリー研究の意味」『リテラシーズ』14、pp.11–27.

河先俊子（2013a）『韓国における日本語教育必要論の史的展開』ひつじ書房

河先俊子（2013b）「韓国人日本語教師のライフストーリー―「日本語に関わる自己」の変容を中心として」『Asia Japan Journal』8、pp.41–57.

川又正之（2009）「日本の異言語教育政策を考える（1）－新学習指導要領から見た問題点について」『敬和学園大学研究紀要』18、pp.139–150.

外務省北東アジア課（2016）「最近の日韓関係」（PDF）

http://www.mofa.go.jp/mofaj/files/000033344.pdf

（2017 年 9 月 26 日閲覧）

外務省（2016）「最近の日韓関係年表」（PDF）

http://www.mofa.go.jp/mofaj/files/000005987.pdf

（2017 年 9 月 26 日閲覧）

外務省アジア大洋州局日韓経済室（2017）「韓国経済と日韓経済関係」（PDF）

http://www.mofa.go.jp/mofaj/files/000005986.pdf

（2017 年 9 月 26 日閲覧）

金義泳（2012a）「韓国の日本語教科書に関する研究—高等学校の教科書にみる日本観を中心に」早稲田大学大学院日本語教育研究科博士論文

金義泳（2012b）「高等学校の日本語教育に関する研究—教育現場の問題に立ち向かっている教師の語りを中心に」『日本語學研究』35、pp.93–105.

金義泳（2014）「6 名の高校日本語教師の語りからみられる教育観」『日本語學研究』41、pp.3–16.

金義泳（2016）「韓国の日本語教科書における記述内容の変遷」吉岡英幸・本田弘之（編）『日本語教材研究の視点—新しい教材研究論の確立をめざして』（pp.26–46）、くろしお出版

金時鐘（2001）『「在日」のはざまで』平凡社

金淑子（1995）「韓国における日本語教育—1993 年 – 1994 年」『世界の日本語教育　日本語教育事情報告編』3、pp.1–14.

金賢信（2008）『異文化間コミュニケーションからみた韓国高等学校の日本語教育』ひつじ書房

金泳徳(2016)「日本における韓流の経緯と現状」奥野昌宏・中江桂子(編)『メディアと文化の日韓関係—相互理解の深化のために』（pp.50–62）、新曜社

金榮敏（2015）「韓国における日本語学・日本語教育の現状と展望」『比較日本学教育研究センター研究年報』11、pp.223–228.

クォン・ヨンソク（2010）『「韓流」と「日流」—文化から読み解く日韓新時代』NHK ブックス

窪田光男（2011）「「状況的学習論再考」—教育実践と研究への新たな可能性」『言語文化』14-1、pp.89–108.

熊谷優一（2011）「高等学校における第 2 外国語としての『韓国語』開設の

必要性と諸問題―要求調査を通じて」『韓国語教育研究』1、pp.99–108.

黒澤眞爾（2013）「韓国語学習の高大接続を考える―関東国際高等学校韓国語コースの 13 年を振り返りつつ」『複言語・多言語教育研究』1、pp.63–70.

小泉聡子（2011）「多言語話者の言語意識とアイデンティティ形成―「ありたい自分」として「自分を生きる」ための言語教育」細川英雄（編）『言語教育とアイデンティティ―ことばの教育実践とその可能性』（pp.138–158）、春風社

高等学校韓国朝鮮語教育ネットワーク西日本ブロック「好きやねんハングル」編集チーム（2004）『高校生のための韓国朝鮮語 I　好きやねんハングル』白帝社

古賀正義（2004）「「プラクティショナー・リサーチ」のすすめから」古賀正義（編）『学校のエスノグラフィー―事例研究から見た高校教育の内側』（pp.2–9）嵯峨野書院

国際交流基金（2005）『海外の日本語教育の現状―日本語教育機関調査・2003 年―概要』凡人社
https://www.jpf.go.jp/j/project/japanese/survey/result/dl/2003gaiyou.pdf
（2017 年 7 月 10 日閲覧）

国際交流基金（2010）『海外の日本語教育の現状　2009 年日本語教育機関調査より　概要』
https://www.jpf.go.jp/j/project/japanese/survey/result/dl/survey_2009/gaiyo2009.pdf　（2017 年 7 月 10 日閲覧）

国際交流基金（2013）『海外の日本語教育の現状　2012 年日本語教育機関調査より』くろしお出版

国際交流基金（2017）『海外の日本語教育の現状　2015 年度日本語教育機関調査より』
https://www.jpf.go.jp/j/project/japanese/survey/result/dl/survey_2015/all.pdf　（2017 年 7 月 10 日閲覧）

国際文化フォーラム（2003）『国際文化フォーラム通信』60
http://www.tjf.or.jp/newsletter/pdf_jp/F60_TOC.pdf
（2018 年 7 月 28 日閲覧）

国際文化フォーラム（2013）『外国語学習のめやす―高等学校における中国

語と韓国語教育からの提言』ココ出版

小林多寿子（編）（2010）『ライフストーリー・ガイドブック―ひとがひとに会うために』嵯峨野書院

西條剛央（2007）『ライブ講義　質的研究とは何か　SCQRM ベーシック編』新曜社

境一三（2009）「日本における CEFR 受容の実態と応用可能性について―言語教育政策立案に向けて」『英語展望』117、pp.20–25、p.80.

桜井厚（2002）『インタビューの社会学―ライフストーリーの聞き方』せりか書房

桜井厚（2004）「「インタビューの社会学」書評論文リプライ」『社会学評論』55（3）、pp.374–377.

桜井厚（2005）『境界文化のライフストーリー』せりか書房

桜井厚・小林多寿子（編）（2005）『ライフストーリー・インタビュー―質的研究入門』せりか書房

佐藤郁哉（1992）『フィールドワーク―書を持って街へ出よう』新曜社

佐藤郁哉（2008）『質的データ分析法―原理・方法・実践』新曜社

佐藤慎司・熊谷由理（2011）『社会参加をめざす日本語教育』ひつじ書房

佐藤慎司・高見智子・神吉宇一・熊谷由理（編）（2015）『未来を創ることばの教育をめざして―内容重視の批判的言語教育（Critical Content-Based Instruction：CCBI）の理論と実践』ココ出版

佐藤慎司（2016）「学習者のアイデンティティと社会・コミュニティ参加をめざすことばの教育」本田弘之・松田真希子（編）『複言語・複文化時代の日本語教育』（pp.211–234）、凡人社

澤邉裕子・金姫謙（2005）「韓国の中等教育における日本語母語話者参加の実際とその意義」『国際交流基金日本語教育紀要』1、pp.115–129.

澤邉裕子（2007）「日本語教育と韓国語教育の協働による日韓交流授業―高校生を対象とした実践の事例から」『日本文学ノート』42、pp.91–75.

澤邉裕子（2010a）「韓国語教育と日本語教育の連携の可能性―活動型授業の実践報告」『朝鮮語教育―理論と実践』5、pp.36–55.

澤邉裕子（2010b）「韓国の日本語学習者と日本の韓国語学習者間における交流学習」『日本語教育』146、pp.182–189.

澤邉裕子・中川正臣・岩井朝乃・相澤由佳（2018）「教室と社会をつなげる

交流学習実践コミュニティは何を目指すのか—外国語教育における〈拡張型交流学習〉の可能性」『日本語教育研究』44、pp.115–133.

嶋津百代（2016）「日本語「ノンネイティブ」教師の専門性とアイデンティティに関する一考察」『関西大学外国語学部紀要』14、pp.33-46.

志水宏吉（2005）「エスノグラフィー—私と世界との対話」秋田喜代美・恒吉僚子・佐藤学（編）『教育研究のメソドロジー—学校参加型マインドへのいざない』(pp.139–162)、東京大学出版会

申昌洙（2005）「民族教育の歴史と朝鮮学校における朝鮮語教育」真田信治・生越直樹・任榮哲（編）『在日コリアンの言語相』(pp.271–297)、和泉書院

鈴木淳子（2005）『調査的面接の技法［第2版］』ナカニシヤ出版

総務省（2006）『多文化共生の推進に関する研究会報告書～地域における多文化共生の推進に向けて～』(PDF)
http://www.soumu.go.jp/kokusai/pdf/sonota_b5.pdf（2017年9月21日閲覧）

ソーヤーりえこ（2006）「社会的実践としての学習—状況的学習論概観」上野直樹・ソーヤーりえこ（編）『文化と状況的学習—実践、言語、人工物へのアクセスのデザイン』(pp.41–89)、凡人社

舘岡洋子（2015）「日本語教育における質的研究の可能性と挑戦—「日本語教育学」としての自律的な発展をめざして」舘岡洋子（編）『日本語教育のための質的研究入門—学習・教師・教室をいかに描くか』(pp.3–25)、ココ出版

舘岡洋子（2016）「対話型教師研修」の可能性—「教師研修」から「学び合いコミュニティ」へ」『早稲田日本語教育学』21、pp.77–86.

田中里奈（2011）「日本語の学習はどのように選択され、意味づけられたのか—1960 − 70年代に日本語を学び始めた韓国人日本語教員のライフストーリーからの一考察」『日本語教育史論考第二輯』刊行委員会（編）『日本語教育史論考第二輯』(pp.147–160)、冬至書房

田中里奈（2016）『言語教育における言語・国籍・血統—在韓「在日コリアン」日本語教師のライフストーリー研究』明石書店

崔鉉弼（2011）「ベテラン高校日本語教師のライフヒストリーから見る教育観の変容と実践への影響—「ライフイベント」と「ルーティンとして

の授業中の『事件』」に焦点を当てて」『日語日文學研究』76、pp.439–465.

崔鉉弼（2016）「日本語教育実践はどのように改善されるか─韓国での「ピア・サポート」の試みから」早稲田大学大学院日本語教育研究科博士論文

塚本勲（2001）『朝鮮語を考える』白帝社

恒吉僚子（2005）「国際比較研究　比較フィールドワークのすすめ」秋田喜代美・恒吉僚子・佐藤学（編）『教育研究のメソドロジー─学校参加型マインドへのいざない』（pp.217–235）、東京大学出版会

鄭俊坤（2015a）「いま、なぜアジア共同体なのか」李鋼哲（編）『アジア共同体の創成プロセス』（pp.23–37）、日本僑報社

當作靖彦（2014）「グローバル人材育成のために─社会と教育の果たすべき責任とは」西山教行・平畑奈美（編）『「グローバル人材」再考─言語と教育から日本の国際化を考える』（pp.20–47）、くろしお出版

友沢昭江（2008）「日本と韓国における自国語普及施策の比較（試論）」『桃山学院大学総合研究所紀要』33（3）、pp.35–45.

鳥飼玖美子・大津由紀雄・江利川春雄・斎藤兆史（2017）『英語だけの外国語教育は失敗する─複言語主義のすすめ』ひつじ書房

中川正臣（2016）「学習者は交流学習を通じて何を学んでいるのか─学習者の自己評価から学習の意義を探る」『朝鮮語教育─理論と実践』11、pp.70–88.

中村正（2016）「社会問題研究における社会構築主義と批判的実在論」『立命館産業社会論集』51(4)、pp.191–211.

中山亜紀子（2016）「韓国人日本語教師の現状理解と日本語教育の課題」『佐賀大学全学教育機構紀要』4、pp.71–83.

西口光一（1991）「コミュニカティブ・アプローチ再考─伝統的アプローチとの融合をめざして」『日本語教育』75、pp.164–175.

西口光一（1999）「状況的学習論と新しい日本語教育の実践」『日本語教育』100、pp.7–18.

西口光一（2001）「状況的学習論の視点」青木直子・尾﨑明人・土岐哲（編）『日本語教育学を学ぶ人のために』（pp.105–119）、世界思想社

西口光一（2002）「日本語教師のための状況的学習論入門」細川英雄（編）『ことばと文化を結ぶ日本語教育』（pp.31–48）、凡人社

西澤俊幸・室井美稚子・Sarah Brock（2001）『アンニョン！コリア』三友社

西澤俊幸（2005）「ハングルの授業はいつもちょっぴりドキドキ―長野県松本蟻ケ崎高等学校で韓国語を学んだ生徒たち」
http://home.a08.itscom.net/jakehs/nisizawaronbun.html
（2017 年 7 月 11 日閲覧）

西山教行（2009）「『ヨーロッパ言語共通参照枠』の社会政策的文脈と日本での受容」『言語政策』5、pp.61–75.

西山教行（2010）「複言語・複文化主義の受容と展望」細川英雄・西山教行（編）（2010）『複言語・複文化主義とは何か―ヨーロッパの理念・状況から日本における受容・文脈化へ』（v-ix）、くろしお出版

野津隆志（2009）「フィールドと書斎の往復プロセス―タイ農村における国家・学校・子どもの研究から」箕浦康子（編）『フィールドワークの技法と実際 II　分析・解釈編』（pp.208–222）、ミネルヴァ書房

野間秀樹・中島仁（2007）「日本における韓国語教育の歴史」野間秀樹（編）『韓国語教育論講座』1、（pp.69–93）、くろしお出版

長谷川由起子（2013）「日本の中等教育機関における英語以外の外国語教育の実情―「英語以外の外国語教育の実情調査」結果分析」『九州産業大学国際文化学部紀要』55、pp.113–139.

長谷川由起子（2016）「韓国―理念と現実のはざまで―」森住衛・古石篤子・杉谷眞佐子・長谷川由起子（編）『外国語教育は英語だけでいいのか―グローバル社会は多言語だ！』（pp.101–118）、くろしお出版

濱嶋朗・竹内郁郎・石川晃弘（編）（1997）『社会学小辞典』（新版）有斐閣

ブルデュー、P.（1990）『ディスタンクシオン―社会的判断力批判 I・II』石井洋二郎（訳）、藤原書店［原文：フランス語］

阪堂千津子（2004）「発信型コミュニケーションと相互理解をめざしたビデオ交流授業」『言語文化』7、pp.167–187.

朴正義（2014）『大久保コリアンタウンの人たち』国書刊行会

朴熙泰（1994）「韓国の日本語教育状況」『世界の日本語教育　日本語教育事情報告編』1、pp.21–35.

朴浩烈（2016）「在日コリアンにおける言語アイデンティティと言語生活の諸相」『人文・自然研究』10、pp.197–227.

平畑奈美（2014）『「ネイティブ」とよばれる日本語教師―海外で教える母語

話者日本語教師の資質を問う』春風社

福岡安則（1993）『在日韓国・朝鮮人―若い世代のアイデンティティ』中公新書

保坂敏子・本廣田鶴子・大川たかね（2018）「言語教師に求められる知識・能力への一考察―日本語と韓国語の教師養成の枠組みの比較から」『東アジア日本語教育・日本文化研究』21、pp.237–256.

星（佐々木）摩美（2016）「韓国中等教育日本語教師の実践とビリーフ―変化とその要因を中心に―」『日本語教育』165、pp.89–103.

細川英雄（2011）「はじめに　今、なぜ言語教育とアイデンティティか」細川英雄（編）『言語教育とアイデンティティ―ことばの教育実践とその可能性』（pp.3–4）、春風社

細川英雄（2012）『「ことばの市民」になる―言語文化教育学の思想と実践』ココ出版

前田真彦（2005）「韓国系民族学校の事例―白頭学院建国幼・小・中・高等学校の場合」真田信治・生越直樹・任榮哲（編）『在日コリアンの言語相』（pp.227–269）、和泉書院

前田達朗（2005）「「在日」の言語意識―エスニシティと言語」真田信治・生越直樹・任榮哲（編）『在日コリアンの言語相』（pp.87–114）、和泉書院

水口景子・長谷川由起子（2016）「高等学校の多言語教育の現状―政策の貧困と現場の努力」森住衛・古石篤子・杉谷眞佐子・長谷川由起子（編）『外国語教育は英語だけでいいのか―グローバル社会は多言語だ！』（pp.172–189）、くろしお出版

水谷信子（2007）『日本語の教室作業―プロ教師を目指すための 12 章』アルク

箕浦康子（1988）「仮説生成の方法としてのフィールドワーク」志水宏吉（編）『教育のエスノグラフィー―学校現場のいま』（pp.31–47）、嵯峨野書院

箕浦康子（1999）「フィールドワークと解釈的アプローチ」箕浦康子（編）『フィールドワークの技法と実際―マイクロ・エスノグラフィー入門』（pp.2–20）、ミネルヴァ書房

宮脇弘幸（1993）「在日朝鮮学校子女の言語生態・民族意識に関する調査」『人文社会科学論叢』2、pp.1–63.

宮脇弘幸（1998）「植民地・占領地と言語政策―日本と近隣諸国の経験」『平

成 9 年度科研費報告書（研究代表者：渡部宗助）日本植民地教育史研究』（pp.153–161）

三代純平（2015）「日本語教育学としてのライフストーリーを問う」三代純平（編）『日本語教育学としてのライフストーリー―語りを聞き、書くということ』（pp.1–22）、くろしお出版

文嫌珠・白承燮（2016）「インターネットを通した日本大衆文化の受容現況と特徴」奥野昌宏・中江桂子（編）『メディアと文化の日韓関係―相互理解の深化のために』（pp.88–114）、新曜社

本廣田鶴子・保坂敏子（2017）「言語教師に求められるものとは何か―韓国語教師の場合―」『東アジア日本語教育・日本文化研究』20、pp.59–74.

森住衛・古石篤子・杉谷眞佐子・長谷川由起子（編）（2016）『外国語教育は英語だけでいいのか―グローバル社会は多言語だ！』くろしお出版

森田芳夫（1985）「韓国における日本語教育」『日本語教育および日本語普及活動の現状と課題』総合研究開発機構、pp.527–545.

森田芳夫（1991）「戦前朝鮮における日本語教育」木村宗男（編）『講座日本語と日本語教育』15（pp.109–126）、明治書院

森山新（2013）「複言語・複文化主義と東アジアの共生―日本学研究と多文化共生の共通の課題の解決のために」（第 7 回国際日本学コンソーシアム 多文化共生社会に向けて）、『比較日本学教育研究センター研究年報』9、pp.185–192.

文部省（1998）『中学校 学習指導要領（平成 10 年 12 月）』
http://www.mext.go.jp/a_menu/shotou/cs/1320061.htm
（2017 年 6 月 11 日閲覧）

文部科学省（1999）『高等学校 学習指導要領（平成 11 年 3 月）』
http://www.mext.go.jp/a_menu/shotou/cs/1320144.htm
（2017 年 6 月 11 日閲覧）

文部科学省（2002）「平成 14 年度高等学校における外国語多様化推進地域事業一覧」（PDF）
http://www.mext.go.jp/b_menu/shingi/chousa/shotou/020/sesaku/image/020402b.pdf（2017 年 10 月 10 日閲覧）

文部科学省（2003）「「英語が使える日本人」の育成のための行動計画」（PDF）
http://e-jes.org/03033102.pdf （2017 年 6 月 11 日閲覧）

文部科学省（2013）「グローバル化に対応した英語教育改革実施計画」（PDF）
　　http://www.mext.go.jp/b_menu/houdou/25/12/__icsFiles/afieldfi
　　le/2013/12/17/1342458_01_1.pdf　（2017 年 6 月 11 日閲覧）

文部科学省（2017）「外国語教育強化地域拠点事業」（PDF）
　　http://www.mext.go.jp/b_menu/shingi/chousa/shotou/123/shiryo/__
　　icsFiles/afieldfile/2017/05/16/1384980_010.pdf（2017 年 7 月 11 日閲覧）

文部科学省（2018）『高等学校　学習指導要領解説（平成 30 年 7 月）』
　　http://www.mext.go.jp/a_menu/shotou/new-cs/1407074.htm　（2018 年
　　10 月 10 日閲覧）

文部科学省初等中等教育局国際教育課（2013）
　　「平成 23 年度高等学校等における国際交流等の状況について」（PDF）
　　http://www.mext.go.jp/component/a_menu/education/detail/__icsFiles/
　　afieldfile/2015/04/03/1323948_02.pdf　（2017 年 7 月 11 日閲覧）

文部科学省初等中等教育局国際教育課（2015）
　　「平成 25 年度高等学校等における国際交流等の状況について」（PDF）
　　http://www.mext.go.jp/component/a_menu/education/detail/__icsFiles/
　　afieldfile/2015/04/09/1323948_03_2.pdf　（2017 年 7 月 11 日閲覧）

文部科学省初等中等教育局国際教育課（2017）
　　「平成 27 年度高等学校等における国際交流等の状況について」（PDF）
　　http://www.mext.go.jp/component/a_menu/education/detail/__icsFiles/
　　afieldfile/2017/07/06/1386749_27-2.pdf　（2017 年 7 月 11 日閲覧）

文部科学省中央教育審議会（2016）「幼稚園、小学校、中学校、高等学校及
　　び特別支援学校の学習指導要領等の改善及び必要な方策等について（答
　　申）」（PDF）
　　http://www.mext.go.jp/b_menu/shingi/chukyo/chukyo0/toushin/__icsF
　　iles/afieldfile/2017/01/10/1380902_0.pdf　（2017 年 7 月 11 日閲覧）

八木真奈美（2015a）「質的研究の認識論―言葉を使う人間とその世界を理解
　　するために」舘岡洋子（編）『日本語教育のための質的研究入門―学習・
　　教師・教室をいかに描くか』（pp.27–48）、ココ出版

八木真奈美（2015b）「ナラティヴとの融合が示すエスノグラフィーの展開」
　　『日本語教育』162、pp.50–65.

山川智子（2010）「「ヨーロッパ教育」における「複言語主義」および「複文

化主義」の役割―近隣諸国との関係構築という視点から」細川英雄・西山教行（編）（2010）『複言語・複文化主義とは何か―ヨーロッパの理念・状況から日本における受容・文脈化へ』（pp.50–64）、くろしお出版

山下誠（2016）「教育課程編成―学習指導要領上の位置づけ」森住衛・古石篤子・杉谷眞佐子・長谷川由起子（編）『外国語教育は英語だけでいいのか―グローバル社会は多言語だ』（pp.204–219）、くろしお出版

山下誠（2017）「神奈川多言語教育ネットワークの活動」『複言語・多言語教育研究』4、pp.159–168.

山田寛人（2004）『植民地朝鮮における朝鮮語奨励政策―朝鮮語を学んだ日本人』不二出版

やまだようこ（2007）「ナラティブ研究」やまだようこ（編）『質的心理学の方法―語りをきく』（pp.54–71）、新曜社

山本冴里・新井久容・古賀和恵・山内薫（2010）「『JF 日本語教育スタンダード試行版』における複言語・複文化主義―日本の言語政策の「異なる可能性」を探る」細川英雄・西山教行（編）『複言語・複文化主義とは何か―ヨーロッパの理念・状況から日本における受容・文脈化へ』（pp.107–118）、くろしお出版

横井幸子（2015）「日本の高校のロシア語教育政策について―教師の学びと主体性」『複言語・多言語教育研究』3、pp.53–68.

義永（大平）未央子（2005）「伝達能力を見直す」西口光一（編）『文化と歴史の中の学習と学習者―日本語教育における社会文化的パースペクティブ』（pp.54–78）、凡人社

李暁博（2004）「日本語教師の専門知についてのナラティブ理解」『阪大日本語研究』16、pp.83–113.

李東哲（2015）「アジア共同体構築と多言語教育」李鋼哲（編）『アジア共同体の創成プロセス』（pp.39–55）、日本僑報社

渡邉吉鎔・鈴木孝夫（1981）『朝鮮語のすすめ―日本語からの視点』講談社現代新書

【韓国語文献（가나다라順）】

교육부（2007）「2007 개정교육과정 외국어과 (II)- 일본어」
（教育部（2007）「2007 改訂教育課程外国語科（Ⅱ）日本語」

교육부 (2009)「2009 개정교육과정 [별책 16] 제 2 외국어과 + 교육과정 (최종수정)」

(教育部 (2009)「2009 改訂教育課程別冊 16　第 2 外国語科教育課程（最終修正）

교육부 (2015)「2015 개정교육과정　별책 16_ 제 2 외국어과 + 교육과정 (제 2015-74 호)」

(教育部 (2015)「2015 改訂教育課程別冊 16 第 2 外国語科教育課程（第 2015-74 号）

교육부 (2017)「다문화지원센터보도지료 2017 다문화교육지원계획

(教育部 (2017)「多文化教育センター報道資料」2017 多文化教育支援計画) www.nime.or.kr/news/news/view/6828　(2017 年 7 月 11 日閲覧)

김의영 (2016)「일본어학습자 K 와 한국학습자 J 의 상대국에 대한 인식 조사 : 인터뷰 내용을 중심으로」『日本語教育研究』36、pp.17–32.

(金義泳 (2016)「日本語学習者 K と韓国語学習者 J の相手国に対する認識調査：インタビュー内容を中心に」『日本語教育研究』36、pp.17–32.)

송만익・이수철 (2013)「고등학교 일본어교육의현황과 과제 : 2009 개정교육과정 적용의 전후를 중심으로」『日本文化學報』、56、pp.37–57.

(ソン・マニク、イ・スチョル (2013)「高等学校日本語教育の現況と課題：2009 改訂教育課程適用の前後を中心に」『日本文化學報』、56、pp.37–57.)

相澤由佳 (2004)「한국 원어민 일본어 교사 수업 실태와 개선방안 연구 ―교사의 언어、사용 교재、수업 방법을 중심으로」『日本學報』60、113–131.

(相澤由佳 (2004)「韓国の日本語母語話者日本語教師の授業実態と改善方法に関する考察―教師の言語、使用教材、授業方法を中心に」『日本學報』60、113–131.)

李徳奉 (1998)『日本語 教育의 理論과 方法』시사일본어사

(李徳奉 (1998)『日本語教育の理論と方法』時事日本語社)

鄭俊坤 (2015b)「지금、왜 아시아공동체인가？―그 필요성과 개념에 대해」鄭起永 (編)『아시아공동체론 강연시리즈① 아시아공동체와 다언어 다문화 커뮤니케이션』솔과학)、pp.3–51.

(鄭俊坤 (2015b)「 今なぜアジア共同体なのか？―その必要性と概念に

ついて」鄭起永（編）『アジア共同体論　講演シリーズ①　アジア共同
体と多言語多文化コミュニケーション』ソルカガク、pp.3–51.）

최은혁（2011）「中等日本語教育의 活性化 方案에 대한考察―2009 개정 교
육과정과 中等日本語教育」『일본문화연구』38、pp.525–545.

（崔殷爀（2011）「中等日本語教育の活性化方案に関する考察―2009 改
訂教育課程と中等日本語教育」『日本文化研究』38、pp.525–545.）

한국교육개발원（2014）『고등학교　선택과목』

（韓国教育開発院（2014）『高等学校選択科目』）

http://cesi.kedi.re.kr/index　（2017 年 7 月 10 日閲覧）

한국교육개발원（2016）『2016 교육통계연보』

（韓国教育開発院（2016）『2016 教育統計年報』）

http://kess.kedi.re.kr/index（2017 年 9 月 20 日閲覧）

【英語文献（アルファベット順）】

Anderson, B.（1983）*Imagined Communities: Reflections on the Origin and Spread of Nationalism.* London: Verso Edisons.（アンダーソン , B.　白石隆・白石さや（訳）（1987）『想像の共同体―ナショナリズムの起源と流行』リブロポート）

Barkhuizen, G.（2017）　Language Teacher Identity Research: An Introduction. In G.Barkhuizen(Ed) *Reflections on Language Teacher Identity Research.* (pp.1–11) New York: Routledge/Taylor & Francis.

Bourdieu, P.（1977a）*Outline of a Theory of Practice.* Translated from the French by Nice. R., Cambridge: Cambridge University Press.

Bourdieu, P.（1977b）The Economics of Linguistic Exchanges. *Social Science Information,* 16(6) pp.645–668.

Bourdieu, P. & Passeron J.C.（1977）*Reproduction in Education. Society, and Culture.* Translated from the French by Nice, R., Beverley Hills, CA: Sage Publications.（ブルデュー , P. & パスロン , J.C.　宮島喬（訳）（1991）『再生産―教育・社会・文化』藤原書店）

Bourdieu, P.（1986）The Forms of Capital. Translated from the French by Nice, R., In J.G. Richardson's *Handbook for Theory and Research for the Sociology of Education.* (pp.241–258) Westport, CT: Greenwood.

Cook, V. (1999) Going Beyond the Native Speaker in Language Teaching. *TESOL Quarterly*, 33(2) pp.185–209.

Council of Europe (2001) *Common European Framework of Reference for Languages: Learning, Teaching, Assessment.* Cambridge University Press.
<https://www.coe.int/t/dg4/linguistic/source/framework_en.pdf> （PDF 版）（吉島茂・大橋理枝（訳編）、奥聡一郎・松山明子（共訳）（2004）『外国語教育 II　外国語の学習、教授、評価のためのヨーロッパ共通参照枠』朝日出版社）

Council of Europe (2018) *Common European Framework of Reference for Languages: Learning, Teaching, Assessment. Companion Volume with New Descriptors.*
<https://rm.coe.int/cefr-companion-volume-with-new-descriptors-2018/1680787989> （PDF 版）

Darvin, R. & Norton, B. (2015) Identity and a Model of Investment in Applied Linguistics. *Annual Review of Applied Linguistics*, 35, pp.36–56.

De Costa, P. & Norton, B. (2017) Introduction: Identity, Transdisciplinarity, and the Good Language Teacher. *The Modern Language Journal*, 101(S1) pp.3–14.

Denzin, N. & Lincoln, Y. (Eds.) (2000) *Handbook of Qualitative Research*, second edition. London: Sage. （デンジン , N.K. & リンカン , Y.S. （編）、平山満義（監訳）、岡野一郎・古賀正義（編訳）(2006)『質的研究ハンドブック―質的研究のパラダイムと眺望 1 巻』北大路書房

Ellis, E.M. (2016) "I May Be a Native Speaker but I'm Not Monolingual" : Reimagining All Teachers' Linguistic Identities in TESOL. *TESOL Quarterly*, 50(3) pp.597–630.

Erikson, E.H. (1959) *Identity and the Life Cycle.* New York: International Universities Press. （エリクソン , E.H.　西平直・中島由恵（訳）(2011)『アイデンティティとライフサイクル』誠信書房）

Geertz, C. (1973) *The Interpretation of Cultures.* New York: Basic books, Inc. （ギアーツ , C.　吉田禎吾・柳川啓一・中牧弘允・板橋作美（訳）(1987)『文化の解釈学 1 』岩波書店）

Hall, S. (1996) Introduction: Who Needs 'Identity'? In S. Hall & P. Gay (Eds.) *Questions of Cultural Identity.* (pp.1–17) London: Sage Publication. (ホール, S. 宇波彰（訳）(2001)「誰がアイデンティティを必要とするのか？」ホール, S. & ゲイ, P.（編）宇波彰（監訳）『カルチュラル・アイデンティティの諸問題—誰がアイデンティティを必要とするのか？』(pp.7–35) 大村書店)

Hornberger, N.H. & Johnson, D.C. (2010) The Ethnography of Language Policy. In T.L. McCarty (Ed.) *Ethnography and Language Policy* (pp.273–289) New York, NY: Routledge.

Johnson, D.C. (2013) *Language Policy.* New York: Palgrave Macmillan.

Kanno, Y. & Norton, B. (2003) Imagined Communities and Educational Possibilities: Introduction. *Journal of Language, Identity, and Education.* 2(4) pp.241–249.

Lave, J. & Wenger, E. (1991) *Situated Learning: Legitimate Peripheral Participation.* Cambridge: Cambridge University Press. (レイヴ, J. & ウェンガー, E. 佐伯胖（訳）・福島真人（解説）(1993)『状況に埋め込まれた学習—正統的周辺参加』産業図書)

Medgyes, P. (1992) Native or Non-native: Who's Worth More? ELT Journal, 46(4) pp.340–349.

Norton, B. (1997) Language, Identity, and the Ownership of English. *TESOL Quarterly*, 31(3) pp.409–429.

Norton, B. (2000) *Identity and Language Learning: Gender, Ethnicity and Educational Change.* Harlow, England: Lomgman / Pearson Education.

Norton, B. (2001) Non-participation, Imagined Communities and the Language Classroom. In M. Breen (Ed.) *Learner Contributions to Language Learning: New Directions in Research.* (pp.159–171) Harlow, England: Pearson Education Limited.

Norton, B. (2013) *Identity and Language Learning: Extending the Conversation, second Edition.* Bristol, UK: Multilingual Matters.

Norton, B. (2017) Learner Investment and Language Teacher Identity. In G. Barkhuizen (Ed.) *Reflections on Language Teacher Identity Research.* (pp.80–86) New York: Routledge/Taylor & Francis.

Norton, B. & McKinney, C. (2011) An Identity Approach to Second Language Acquisition. In D. Atkinson (Ed) *Alternative Approaches to Second Language Acquisition.* (pp.73–94) New York: Routledge.

Norton Peirce, B. (1995) Social Identity, Investment, and Language Learning. *TESOL Quarterly*, 29(1) pp.9–31.

Shohamy, E. (2006) *Language Policy: Hidden Agendas and New Approaches.* London and New York: Routledge.

Varghese, M., Morgan, B., Johnston, B. & Johnson, K. (2005) Theorizing Language Teacher Identity: Three Perspectives and Beyond. *Journal of Language, Identity and Education*, 4(1) pp.21–44.

Vygotsky, L.S. (1980) *Mind in Society: The Development of Higher Psychological Processes.* Cambridge: Harvard University Press. (ヴィゴツキー, L.S. 柴田義松（訳）(2001)『思考と言語』新読書社)

【参考 URL（五十音順）】
英語教育達人セミナー
　　http://www.g-education.com/tatu-semi.html（2018 年 8 月 8 日閲覧）
韓国観光公社　韓国統計資料
　　http://kto.visitkorea.or.kr/kor/notice/data/statis/tstat/profit/notice/inout/popup.kto　（2017 年 9 月 13 日閲覧）
韓国教育課程評価院
　　2011-2018 학년도 대학수학능력시험 채점결과 보도자료
　　(2011-2018 年度大学修学能力試験採点結果報道資料)
　　http://www.suneung.re.kr/boardCnts/list.do?boardID=1500230&m=0302&s=suneung（2018 年 7 月 27 日閲覧）
言語 NPO　第 6 回日韓共同世論調査結果
　　http://www.genron-npo.net/world/archives/6941.html（2018 年 7 月 26 日　閲覧）
高等学校韓国朝鮮語教育ネットワーク
　　http://home.a08.itscom.net/jakehs/（2018 年 8 月 3 日閲覧）
神戸韓国教育院　教育支援活動
　　http://kobe.kankoku.or.kr/icons/app/cms/?html=/jp/sub/sub_edu_info.

html&shell=/jp/layout.shell:612（2018 年 8 月 3 日閲覧）

国際交流基金　日本語教育国・地域別情報　韓国（2017 年度版）

　　https://www.jpf.go.jp/j/project/japanese/survey/area/country/2017/

　　korea.html#RYAKUSHI（2018 年 7 月 27 日閲覧）

国際文化フォーラム　日韓のことばを学ぶ中高生交流プログラム 2018

　　http://www.tjf.or.jp/dance3/（2018 年 9 月 4 日閲覧）

産経ニュース　「戦後 70 年　語り継ぐ　金嬉老事件（上）日本初の劇場型犯
　　罪」

　　http://www.sankei.com/region/news/151208/rgn1512080034-n1.html

　　（2018 年 8 月 8 日閲覧）

大学入試センター　試験問題評価委員会報告書（平成 23 年度〜平成 30 年度）

　　http://www.dnc.ac.jp/data/index.html（2017 年 7 月 28 日閲覧）

中国帰国者支援・交流センター

　　http://www.sien-center.or.jp/（2018 年 8 月 8 日閲覧）

日本政府観光局　統計データ

　　https://www.jnto.go.jp/jpn/statistics/visitor_trends/index.html

　　（2018 年 7 月 26 日閲覧）

北海道教育委員会　外国語教育多様化推進地域事業のページ

　　http://www.dokyoi.pref.hokkaido.lg.jp/hk/kki/russia/russia-kyozai.htm

　　（2017 年 10 月 10 日閲覧）

文部科学省初等中等教育局教職員課（2017）

　　「中学校・高等学校教員（その他の言語）の免許資格を取得することの
　　できる大学」

　　http://www.mext.go.jp/a_menu/shotou/kyoin/daigaku/1286948.htm（2018
　　年 7 月 28 日閲覧）

文部省（1992）第四章　教員及び教員養成『学制百二十年史』

　　http://www.mext.go.jp/b_menu/hakusho/html/others/detail/1318366.htm

　　（2018 年 8 月 3 日閲覧）

読売教育賞

　　https://info.yomiuri.co.jp/contest/edu/kyoiku.html（2017 年 11 月 24 日
　　閲覧）

【参考 URL　アルファベット順】

CEFR － J（新しい日本の英語教育のための汎用枠）

　　http://www.cefr-j.org/cefrj.html（2017 年 7 月 13 日閲覧）

JALP 多言語教育推進研究会（2014）「グローバル人材育成のための外国語
　　教育政策に関する提言—高等学校における複数外国語必修化に向けて」
　　http://jalp.jp/wp/?page_id=1069（2017 年 7 月 13 日閲覧）

JET プログラム　参加国
　　http://jetprogramme.org/ja/countries/（2018 年 7 月 28 日閲覧）

JF 日本語教育スタンダード
　　https://jfstandard.jp/top/ja/render.do（2017 年 7 月 13 日閲覧）

NCIC（国家教育課程情報センター）韓国の教育課程
　　http://ncic.go.kr/mobile.kri.org4.inventoryList.do　（2017 年 7 月 13 日閲
　　覧）

서울특별시교육청중등교육과「2016 서울 제 2 외국어교육 내실화 계획」
　　（ソウル特別市教育庁中等教育課「2016 ソウル第 2 外国語教育充実化推
　　進計画」）
　　http://see.sen.go.kr/130824/subMenu.do（2018 年 7 月 27 日閲覧）

【新聞記事】

朝日新聞　2010 年 4 月 1 日　朝刊記事　百年の明日　ニッポンとコリア言葉
　　（中）「日本語　警戒と好奇心　漫画・アニメ　若者に浸透」

朝日新聞　2017 年 10 月 28 日　朝刊記事　私の視点「韓国語の教員不足
　　異文化を知る「触媒」広げて」（武井一）

日本経済新聞　2009 年 4 月 25 日　NIKKEI PLUS1「裏読み WAVE」

한겨레 신문（ハンギョレ新聞）2012 年 10 月 11 日

【英語・日本語教科書】

平成 29 年度用高校英語教科書『JOYFUL English Communication I』三友
　　社出版（執筆者：室井美稚子、瀧口優、室井明、柏村みね子、安部直子、
　　川村雅則、Sarah Brock）

2009 改訂教育課程用高校日本語教科書『고등학교 일본어 I』미래엔　（『高
　　等学校日本語 I』韓国：ミレエン、執筆者：オ・ヒョンジョン、キム・

テホ、相澤由佳、石井奈保美、キム・ヘギョン、キム・ミンジョン、ヤン・ヒジュン）

第7次教育課程用中学日本語教科書『중학교 생활 일본어　こんにちは』교육 인적자원부

（『中学校生活日本語　こんにちは』韓国：教育人的資源部、執筆者：イ・ドッポン、森山新、キム・テホ）

【辞書】

『デジタル大辞泉（第二版)』小学館

巻末資料

［巻末資料①］
インタビュー調査の協力依頼文

調査協力のお願い

　私は、宮城学院女子大学／東北大学大学院教育学研究科博士後期三年の課程の澤邉裕子と申します。私の専門は言語教育で、日本と韓国における隣国の言語教育の意味に関する研究を行っております。本研究を行うことで、韓国の日本語教育および日本の韓国語教育の発展につなげていきたいと思っております。お忙しい中、大変恐れ入りますが、何卒ご協力の程、よろしくお願い申し上げます。

・調査の具体的な方法
１．XX さんと XX 語との関わりについてインタビューさせていただきます。インタビューの過程は録音させていただきます。
２．データ収集後、会話は文字化されます。もし、ご希望があれば、その文字化資料を差し上げます。その後、文字化資料に基づいて XX さんの人生における XX 語との関わりについて文章を執筆します。その文章の内容に間違いはないか、XX さんにご確認をお願いしたいと思います。発言内容を部分的に削除したい箇所がありましたら、ご遠慮なくお知らせください。
３．調査の結果を論文などに公表する際には、改めてご連絡申し上げます。

・調査の日時　　20XX 年 X 月 X 日（X）XX:XX ～

・調査データの使用方法
１．インタビューデータは、研究以外の目的では決して使用しません。私は現在、博士論文を執筆中であり、また、日本学術振興会からの科学研究費補

助金を受給しております（2015 年〜 2017 年度　基盤研究（C）「日本と韓国の中等教育機関における隣国語教育の意味と課題に関する研究」（研究課題番号 15K04370、研究代表者：澤邉裕子）。X 年度中に日本学術振興会への報告書を提出し、博士論文を執筆いたします。今回調査させていただくインタビューデータは、主にこれらの研究で使用いたします。

２．論文中に、この調査のインタビューデータを例として示す場合がありますが、固有名詞等、個人が特定できる個所は全て仮名を使いますので、プライバシーは保たれます。また、XX さんの XX 語や XX 語に関わったこれまでの実績について間違いを指摘したり、その能力を評価したりすることはございません。

・録音データは厳重に保管し、保管の必要がなくなりましたらすべて廃棄いたします。

私は、以上の約束を誠実に守ることを誓います。
ご不明な点は、いつでもお問い合わせください。

　　　　　　　　20XX 年 XX 月 XX 日
　　　　　　　　研究代表者　澤邉裕子
　　　　　　　　宮城学院女子大学　学芸学部　日本文学科／
　　　　　　　　東北大学大学院教育学研究科
　　　　　　　　博士課程後期三年の課程
　　　　　　　　［連絡先］住所：XXXXXXXXXXXXXXXXXXXXXXX
　　　　　　　　　　　　　携帯電話：XXXXXXXXX
　　　　　　　　　　　　　E-mail: XXXXXXXXXXXXXX

［巻末資料②］
インタビュー調査の協力承諾書

調査協力承諾書

　澤邉裕子氏は、日本と韓国における隣国の言語の教育の意味に関する研究を行っており、その一環として韓国における日本語教師、日本における韓国語教師を対象としたライフストーリー調査を実施しています。私は、個人情報・匿名性などの人権が保護されることを条件として澤邉氏の研究論文や報告書の中で私の話した内容が引用されたり記述されたり分析されたりすることを承諾します。調査はあくまでXX語教師のXX語学習経験、教育経験を中心とした人生について記述することであり、能力や実績の評価を目的としたものではありません。

　この承諾書への署名によって、澤邉氏の調査計画が十分に説明されたことを認めます。

20XX 年　X 月　X 日

氏名　　　　　　　　　　（自署）

［巻末資料③］

調査協力者のライフストーリー概要

表 6-1　在日コリアン教師のライフストーリー概要

教師	ライフストーリー概要
パク先生 （40 代、女性） 第 3 章第 2 節第 1 項	在日コリアンが多く住む関西地区に生まれる。在日への差別・偏見を避けるために、高校時代まで通名を使い、出自を隠して学生生活を送った。青年期に入ってアイデンティティの葛藤にもがくようになり、韓国人なのに韓国語が使えない自分を克服したいと考えるようになる。大学では「朝鮮語」を専攻し、教員免許も取得。卒業後は韓国へ長期留学をし、韓国語に自信が持てるようになった。国籍のために様々な理不尽な思いをした経験から、韓国語教育を通して在日コリアンや韓国人への理解を促したいと考えるようになる。在日コリアンの生徒が多く通う高校で、韓国語を実際に使う場、交流の場を作る教育実践を常に目標としている。
ナム先生 （20 代、女性） 第 4 章第 2 節	在日 2 世の父親とニューカマーの韓国人の母親のもとに東北地方に生まれる。周囲からは「ハーフ」だと認識され、ナム先生も日本名と韓国名の 2 つを持つ自分を自慢に思っていた時期もあるが、思春期になり、韓国にルーツを持つ自分をマイナスに考えるようになった。韓国語も使えない自分にアイデンティティも揺らいだ。しかし、韓流ブームの時代を迎え、韓国好きな日本人の親友、韓国語を学ぶ多くのクラスメートとの出会い、韓国研修旅行などをきっかけに、ネガティブな思いが変化し、積極的に韓国語を学び、韓国に関わるようになる。大学時代に日本語教師の資格を得て、韓国留学後、韓国の C 道教育庁に日本語ネイティヴ補助教師として採用された。学校現場では日本語のネイティヴとしての自分の価値を前面に出す戦略を使用する。日本と韓国の境界にいる自分が、日韓の相互理解に役立てればという思いを持つ。

表 6-2　韓国人日本語教師のライフストーリー概要

教師	ライフストーリー概要
イ先生 （60 代、男性） 第 3 章第 3 節第 1 項	1970 年代、船の通信長の仕事をしていた 10 代の時期に、初めて日本を訪れる。その時に同年代の日本の青年たちと交流した経験から、「日本に学ばなければならない」という気持ちを強くし、夜間大学で日本語学習を開始する。私立高校の日本語教師として、定年まで勤め上げた。韓国日本語教育研究会の初代会長。日本の姉妹校との交流プログラムを長年継続させてきた。生徒たちに伝え続けてきたのは「日本について学ぶこと」「外国語を学ぶこと」の重要性であり、外国語の学びが人生を豊かにするということであった。
キム先生 （50 代、男性） 第 3 章第 3 節第 2 項	もともとは電気工学を専門としていたが、自分の適性を考え直し、80 年代に日本語を学ぶために大学へ入る。日本での仕事から帰った姉家族の影響で、日本のものが身近にあったことが日本への関心を高めた。教職への憧れもあり、高校日本語教師を目指した。教師になってからは、教育が困難な学校に勤めながらいかに日本語に興味を持たせ、学習の意味を感じさせられるかを常に問い続け、教授法を工夫していった。また、韓国日本語教育研究会の立ち上げ、東アジアの高校生や教師たちをつなぐ NPO 法人の設立など、教師や生徒たちのネットワーク形成に尽力している。

バン先生 （30代、男性） 第4章第3節	90年代に大学で日本語教育を専攻したバン先生のもともとの夢はビジネスマンになることだった。当時、日本語は韓国のビジネス界で重要な外国語の価値を持っていた。高校での日本語学習経験のないバン先生は、大学での日本語学習に挫折しかけたが、、日本旅行や日本人教授との出会いなどをきっかけに、日本文化への興味が目覚め、日本人との交流を積極的に行うようになる。大学卒業時、日本語ブームが起きていたことから日本語教師の需要が高まっており、バン先生も日本語教師の道を選択した。教育者の夢として、交流の場を作ること、教科書を作ることを挙げた。近年は日本語教師の位置づけが弱まっていることに危機感を抱いている。

表6-3　日本人韓国語教師のライフストーリー概要

教師	ライフストーリー概要
田村先生 （50代、男性） 第4章第4節	公立高校の社会科の教諭として勤めていた30代の頃に韓国語を学び始める。学習を始める前まで韓国に対してはマイナスのイメージを抱いていたが、「よりにもよって」韓国語を学ぼうと思いつき、独学で学習を始めた。韓国語を学びながら、自身のマイナスばかりであった韓国へのイメージは変容していった。授業の雑談レベルに始まり、韓国語の授業を学校で行うようになった。後に韓国語の教員免許も取得。高等学校韓国朝鮮語教育ネットワークの形成や、『外国語学習のめやす』プロジェクトにも関わり、高校の韓国語教育の基盤形成に尽力している。
川野先生 （50代、男性） 第3章第4節第1項	80年代、大学の朝鮮語学科で学んだ。積極的な学習動機を持っていたわけではなかったが、教職課程を取りながら、韓国語を学校教育の中で行う社会的な意味について考えるようになった。英語と韓国語の2つの教員免許を取得後、英語の教諭として採用される。公立高校の普通科に勤めている時に、周囲の教員を説得して韓国語の授業を開設した。韓国の日本語を学ぶ高校生との交流授業や韓国訪問などの交流活動を積極的に実施し、生徒たちの学びの様子から高校生が韓国語を学ぶ意義を実感していく。しかし、高校の異動に伴い、川野先生が開設した韓国語の授業は閉鎖されてしまう。現在は英語のみを教えているが、社会との接点を考える契機となる韓国語教育が果たす役割は大きいと現在も考えている。
清水先生 （30代、女性） 第3章第4節第2項	公立高校で英語と韓国語の2つの外国語を教えている。大学では朝鮮語学科に進んだが、もともとは中国語を希望しており、第二志望だった。韓国語について強い学習動機を持っていたわけではなかったが、新しい東アジアの言語を学ぶことに興味を覚え、大学時代は必死に学び、英語と韓国語の2つの教員免許を取得した。東北地方の故郷の高校で、韓国語の授業が開設されることになり、清水先生は卒業と同時にその高校で教えることになる。ノンネイティヴ教師としての強みと弱みを常に意識しながら、複言語・複文化の素養を生かすモデルとして生徒と向き合っている。

おわりに

　振り返ってみると、私は朝鮮半島に対してほとんど関心がない子どもだった。幼い頃の記憶にあるのは、テレビで韓国におけるデモの報道がされていたことである。韓国に対してはその映像が影響してか、どこか怖い印象を持っていた。日本と韓国の関係は歴史の授業でも習ったが、教科書でもあまり多く紙幅がとられておらず、授業でも歴史の後半にあたる近現代史の学習にはあまり時間が割かれていなかったため、なぜ韓国がその頃混沌とした政治状況にあったのかも知らなかった。1988年のソウルオリンピックで韓国には明るいイメージが加わったが、その頃私の関心の方向性は欧米の言語文化だけに向けられていた。そうした東アジアへの無関心は大学を卒業するまで続いた。そんな私が変わるきっかけは、日本語教師になってアジア出身の留学生たちと出会ったことである。

　大学院を修了して地元に戻り日本語学校で専任教員として勤め始めたのは2000年のことであったが、その当時私が勤めた学校はスタッフに韓国人職員がいたこともあって、学生の9割以上が韓国人留学生だった。法務省の外国人登録者数の統計（平成12年度末）によると、2000年末時点での「就学」の資格で滞在していた韓国・朝鮮籍の学生数は全国に7,432人で、中国人の学生に次いで多かった。そのような時期だったことも背景にあるだろう。私は2001年までその日本語学校で教えたが、年の近い、韓国人留学生との教室内外における交流によって、韓国は心理的にどんどん身近な国になり、親しみを感じるようになっていった。しかし、私は韓国についてほとんど何も知らず、韓国人留学生との会話の中でその無知ぶりをさらし、恥ずかしい思いを何度もした。留学生が、「『バイト先の子が韓国ってどこにあるの？』と聞いてきて本当に驚いた」と怒りと悲しみが混じった表情で話してくることもあり、申し訳ない気持ちになったこともある。そういう話を聞くたびに、私も非難されているその一人のように感じていた。留学生との交流を通して、私（を含め日本人）がいかに韓国を含め、東アジアについて無知であるかを痛烈に自覚することとなった。その自覚が、韓国へ渡る大きなきっかけとなっ

たとも言える。

　第1章において述べたように、私は2002年6月から2007年2月まで縁あって韓国で日本語教育に携わり、数多くの日本語学習者、日本語教師、韓国で暮らす人々と出会った。その出会いやそこで生まれた問題意識が本書の出発点となっていることは既に触れた。私自身も常に社会の人・物・コトとの相互作用を受けながら自己変容している存在である。その意味において本書は、常に更新し続ける〈いま〉の私のアイデンティティを表す表現となっているかもしれない。

　本書は2018年1月に東北大学に提出した博士論文「隣国の言語の教育と人間形成に関する研究―日本と韓国における言語教師を事例として―」に加筆・修正を加えて書籍化したものである。調査協力者となってくださった高校の先生方には、だれよりも深く、この場をお借りして深く御礼申し上げたい。先生方はどなたもみな多忙を極めていらっしゃり、その中で貴重な時間を私とのインタビューに割いてくださった。また、授業参与観察を希望した際にも快く受け入れてくださった。インタビューの文字化資料や授業観察報告のレポート、ライフストーリーの文章、博士論文全てにお目通しいただき、その都度貴重なフィードバックをいただいた。先生方の想いに応えられる論文を書きたいという気持ちが私の本書執筆の最大のモチベーションとなった。本当にありがとうございました。

　論文執筆の過程では東北大学の李仁子先生、池尾恭一先生をはじめ、たくさんの方々のご協力、ご指導を賜った。李先生は私の研究内容を文化人類学の広い視野から見つめることを促してくださり、フィールドワーカーとしての研究姿勢を惜しむことなく見せてくださった。池尾先生には研究の様々な過程で細かな点からキーワードに至る大きな点まで重要な指摘をいくつもいただいた。常に私を信頼し、温かなまなざしで研究生活を支援してくださった李先生、池尾先生、人間形成論研究コースの先生方に感謝申し上げる。調査においては公益財団法人国際文化フォーラムの職員の皆様、独立行政法人国際交流基金ソウル日本文化センターの職員の皆様に日本の韓国語教育、韓国の日本語教育の状況について資料を提供していただいたり、事業への参加をお許しいただいたりして、様々な面でご協力いただいた。深く感謝申し上げたい。ありがとうございました。

　なお、本研究は次の研究助成を受けて実施され、書籍として刊行に至った。

・日本学術振興会科学研究費補助金「日本と韓国の中等教育機関における隣
　国語教育の意味と課題に関する研究」（2015 年～ 2017 年度　基盤研究（C）
　研究課題番号 15K04370、研究代表者：澤邉裕子）
・宮城学院女子大学 2017 年度研究助成「日韓両国における隣国の言語学習
　とアイデンティティ形成に関する研究」
・宮城学院女子大学 2018 年度出版助成

　また、2017 年度には宮城学院女子大学より 1 年間の国内研修休暇をいた
だき、論文をまとめることができた。これらの研究助成や研修休暇というご
支援をいただいたからこそ、日本と韓国をフィールドとする本研究を遂行す
ることができたと心から感謝している。
　不惑の年齢となり、これまでの迷いを全て断ち切って 2015 年 4 月に宮城
学院女子大学の教員をしながら東北大学大学院教育学研究科に社会人入学し
た。新たな挑戦をする上で、常に心の支えとなっていたのは学部、修士時代
の恩師、上野田鶴子先生と西原鈴子先生の存在である。先生方は私を日本語
教育の世界に導いてくださり、日本語教育、言語教育の研究の幅広さと奥深
さを教えてくださった。博士課程進学の際に「計画を立てて行えば何事も成
し遂げられる」と励ましてくださった上野先生の言葉は、新しい挑戦をする
上で強く背中を押してくれた。修士を出てからも、変わらず私の研究生活を
温かく見守ってくださっている先生方に厚くお礼を申し上げたい。ありがと
うございました。
　出版に先立ち、長谷川由起子先生、早矢仕智子先生には博士論文に貴重な
コメントをいただいた。また、一人ひとりの名前を挙げるのは控えさせてい
ただくが、草稿段階においても多くの方々に貴重なコメントをいただいた。
お忙しい時間を割いて本研究テーマについてともに考えてくださった方々
に、心より感謝申し上げる。ありがとうございました。なお、当然のことな
がら、本書の記述内容に誤りや誤解があった場合、その責任は全て筆者が負
うものである。
　本書の刊行にあたっては、多数の研究者の方々のご高著を参考にし、学ば
せていただいた。先人たちの優れた知見の蓄積の上に、本書のアイデアは生
まれている。思想家の内田樹氏は「論文」とは先人から受け取った「贈り物」
であり、受け取った「贈り物」を次の世代にパスするものだという[1]。贈り

物を受け取ったら、自分の身体と自分の知性を通して、私の「リボン」をつけて次の世代に「パス」する。論文において書いていることの99％は先人から教えてもらったことであり、残り1％が私の「リボン」。このわずか1％の「リボン」がしかし大事で、次世代への「贈り物」にするために必要な自分のオリジナリティであると内田氏は言う。言い得て妙である。本書においても日韓の言語教師たちのライフストーリーを含め、その内容はほぼ先人に教えてもらったことである。本書が先人たちの知見を束ねるリボンのような役割を果たし、読者の方に「贈り物」としてお渡しすることができたら、また、その「贈り物」が言語教育の未来に少しでも貢献するものになったら、とても嬉しく思う。本書を手に取り、お読みくださった方々に感謝申し上げたい。

　本書を刊行するためにご尽力くださった出版社、ひつじ書房の松本功氏と編集担当の相川奈緒氏にも感謝申し上げたい。言語学の出版社として数々の優れた書籍を世に出し続けている出版社から本書を刊行できたことを大変光栄に思っている。ありがとうございました。

　最後に、常に私の研究生活を支えてくれている家族に改めて感謝の気持ちを伝えたい。仕事や研究のために不在にする際、私に代わり、保育園に通う息子の世話をしてくれた両親、中国に単身赴任中ではあったが、一時帰国した際に家族のために多くの時間を作ってくれた夫、そしていつも明るい笑顔で私を元気づけてくれている息子に心からお礼を言いたい。

2019 年 1 月

仙台にて　澤邉裕子

1　内田樹（2010）『街場の大学論―ウチダ式教育再生』角川文庫、pp.210–211.

索引

A-Z

JALP 多言語教育推進研究会 101

あ

アイデンティティ
23, 26, 28, 30, 31, 38, 114, 127, 128,
262, 280, 283, 290

い

一級正教師 84, 135

イデオロギー 29

え

「英語＝共通語」言説 281, 287

エスニシティ 127, 280–283, 300

エスニック・アイデンティティ 265, 300

エスニック・アイデンティティの葛藤 202

エスノグラフィー 48, 49, 51

お

欧州評議会 6, 8

大阪外国語大学 41, 87

か

『外国語学習のめやす』
92, 239, 247–250, 260

学習指導要領 2, 4, 89, 107, 195

学習者中心 149, 194, 277

学校設定科目 89, 105, 168, 278

学校の変革 278

構え（志向性） 33, 58

韓国外国語大学 75, 102

韓国日本語教育研究会
50, 85, 99, 137, 151, 295

韓流
69, 70, 73, 87, 102, 109, 124, 202, 203,
279

き

金時鐘 42–44

教育者としての専門性 280, 282, 286

教員採用試験 116, 165, 180, 181

教員免許
84, 93, 94, 106, 116, 120, 164, 179,
181, 183, 190, 191, 217, 257, 285

教室の変革 278

共同体
154, 195, 280, 281, 288, 292, 294, 296,
297

共同体（コミュニティ） 25

教諭 17, 93–95, 183

教諭（指導専任） 21, 128

け

経済的資本 63, 279

『言語教育政策策定ガイド』 8, 12, 20

言語変種　　　　　　　　　　　12, 20

言語レパートリー　　　　　　　13, 19

こ

高等学校韓国朝鮮語教育ネットワーク

　　　50, 88, 91, 92, 94, 99, 152, 239, 258,

　　　　　　　　　　　　　　289, 295

皇民化教育　　　　　　　　　　75

国際交流基金

　　　9, 20, 58, 65, 84, 136, 152, 301

国際比較フィールドワーク　　　49

国際文化フォーラム

　　　3, 65, 91, 93, 94, 257, 297, 301

コミュニカティヴ・アプローチ　136

さ

『参照枠』　　　　6, 8, 9–11, 13, 19

し

自己変革　　　　　　　　　　　277

実証主義的アプローチ　　　　32, 47

実践共同体　　　　　　　　　　25

質的研究　　　　　　　31, 32, 47, 55

資本　　　29, 118, 128, 213, 279, 290

資本が生かされる場　　　　　　292

社会関係資本　　　　　　　　63, 279

（社会）構成主義　　　　　24, 30, 64

（社会）構成主義的アプローチ　32, 33

修学能力試験　　　　　　　　98, 285

状況的学習論　　　　　　　　26, 63

せ

生活・教養領域　　6, 79, 82, 100, 104

正統的周辺参加　　　　　　　　24

そ

ソウルオリンピック　87, 146, 163, 194

た

第1次教育課程　　　　　　　5, 75

第2次教育課程　　　　　　　75, 77

第3次教育課程　　　　　　76, 77, 80

第4次教育課程　　　　　　　76, 80

第5次教育課程　　　　　76, 81, 103

第6次教育課程　　　　　76, 81, 104

第7次教育課程

　　　5, 19, 59, 66, 76, 78, 79, 81, 137

大学修学能力試験（修能試験）　78

大学入試センター試験　87, 88, 98, 188, 285

大韓民国中等教育日本語教師研修

　　　　　　　　　　84, 104, 295

大衆文化開放後　　　　　　　　109

第二外国語正常化推進連　　　　100

代表性　　　　　　　　　　　　54

多文化共生　　　　11, 90, 92, 236

多文化共生社会　　　　　　　　293

単一性志向　　　　　　　　39, 214

ち

地域共同体　　　　　　　　152, 153

つ

通名　　　　　　　　112, 115, 122

索引　337

て

ティーム・ティーチング

59, 95, 96, 98, 106, 205, 259, 284

定時制高校　　　　　　　　105, 124

天理大学　　　　　　　86, 87, 93, 107

と

東京外国語大学　　　　　　　　9, 87

投資　　　27, 29, 128, 146, 191, 266

投資モデル　　　　　　　　　　　28

な

ナラティヴ　　　　　　　31, 32, 47

ナラティヴアプローチ　　　　　　33

に

二級正教師　　　　　　　　84, 135

2009 改訂教育課程

6, 76, 79, 82, 83, 85, 100, 104, 155

2015 改訂教育課程　5, 77, 82, 83, 152

2007 改訂教育課程　76, 82, 83, 152

日流　　　　　　　　　　102, 109

日韓関係　　　　　　　　　　　68

日韓関係の悪化　　　　140, 150, 156

日韓共同宣言　　　　　　　70, 109

日本語ネイティヴ教師としての役割意識

210, 211, 213

日本語ブーム　　　　　60, 103, 219

日本大衆文化の開放　69, 71, 150, 279

日本ブーム　　　　　　　　　　279

日本文化の段階的な開放　　　　　70

ね

ネイティヴ

16, 38, 58, 64, 84, 98, 104, 118, 185,
186, 200, 205, 210, 212, 214, 222, 273,
284, 291, 300

ネットワーク

280, 281, 288, 293

の

ノンネイティヴ

16, 38, 40, 59, 64, 185, 186, 192, 210,
259, 273, 284, 291

は

バイアス　　　　　　　　　　　32

排除と警戒の対象　　72, 132, 157, 266

ハビトゥス　　　　　　　　　25, 63

半構造化面接法　　　　　　　56, 65

ひ

東アジア共同体　　　10, 11, 83, 153

非常勤講師　　　　　95-98, 120, 121

ビリーフ　　　　　　　　　　　37

ふ

分厚い記述　　　　　　　　　　57

フィールドノーツ　　　　　　　50

フィールドワーク　　　　　　47, 51

複言語・複文化　　　　　　　　276

複言語・複文化経験

18, 261, 268, 269-272, 282, 291

複言語・複文化主義

8, 10, 39, 154, 250, 279, 290, 291, 298, 299

複言語・複文化能力

9, 19, 280–282, 286, 292

複言語主義　　　　　　　　1, 6, 7

複言語能力　　　　　　　　1, 7, 13

複数外国語必修化提言　101, 239, 257, 258

複数専攻教師　　　　　　59, 79, 205

複文化主義　　　　　　　　1, 7, 13

文化的資本　　27, 29, 63, 266, 279, 283

ほ

母語　　　　　　　　　16, 280–284

母国語　　　　　　　　　　　17

本名　　　　　　　　112, 115, 122

み

湊川高校　　　　　　　　43, 90, 99

民族＝言語

111, 127, 128, 185, 193, 214, 216, 259, 266, 281, 284

も

文字化資料　　　　　　　　　56

ら

ライフストーリー　　　52, 53, 57, 65

ラポール　　　　　　　　　　55

り

理想のアイデンティティ

27, 31, 128, 146, 193, 194

【著者紹介】

澤邉裕子 （さわべ　ゆうこ）

宮城県石巻市生まれ。宮城学院女子大学学芸学部准教授。東京女子大学大学院現代文化研究科修士課程修了後、日本語学校専任講師、公立中学校英語講師を経て、（独）国際交流基金ソウル日本文化センターで韓国の中等日本語教育支援を経験。その後、韓国国立ソウル大学校言語教育院研究員を経て、現職。東北大学大学院教育学研究科博士課程後期 3 年の課程修了。博士（教育学）。主な著書に『NEW CONCEPT JAPANESE 신개념 일본어 중급편』(시사일본어사、2008)、『귀로 쏙쏙 일본어 리스닝초급』（共著、다락원、2014）など。2011 年より Web サイト「隣国のことばと文化を学ぼう―日韓交流学習事例集」(http://www.jk-exchange.com) を運営。

隣国の言語を学び、教えるということ
日韓の高校で教える言語教師のライフストーリー

Teaching and Learning Languages of Neighboring Countries:
Life Stories of High School Teachers in Japan and South Korea
Sawabe Yuko

発行	2019 年 3 月 25 日　初版 1 刷
定価	6000 円＋税
著者	ⓒ 澤邉裕子
発行者	松本功
ブックデザイン	上田真未
印刷・製本所	株式会社 シナノ
発行所	株式会社 ひつじ書房

〒 112-0011 東京都文京区千石 2-1-2　大和ビル 2 階
Tel.03-5319-4916　Fax.03-5319-4917
郵便振替 00120-8-142852
toiawase@hituzi.co.jp　http://www.hituzi.co.jp/

ISBN 978-4-89476-967-0

造本には充分注意しておりますが、落丁・乱丁などがございましたら、
小社かお買上げ書店にておとりかえいたします。
ご意見、ご感想など、小社までお寄せ下されば幸いです。

目指せ、日本語教師力アップ！

OPI でいきいき授業

嶋田和子著　定価 2,400 円＋税

成長する教師のための日本語教育ガイドブック（上）

川口義一・横溝紳一郎著　定価 2,800 円＋税

成長する教師のための日本語教育ガイドブック（下）

川口義一・横溝紳一郎著　定価 2,800 円＋税

成長する英語教師をめざして

新人教師・学生時代に読んでおきたい教師の語り

柳瀬陽介・組田幸一郎・奥住桂編　定価 2,600 円＋税

国語科教師の学び合いによる実践的力量形成の研究

協働学習的アクション・リサーチの提案

細川太輔著　定価 4,600 円＋税

初級韓国語学習者の学習態度の変容に関する研究
齊藤良子著　定価 6,800 円＋税

韓国における日本語教育必要論の史的展開
河先俊子著　定価 7,200 円＋税

異文化間コミュニケーションからみた
韓国高等学校の日本語教育
金賢信著　定価 8,800 円＋税

朝鮮語研究　5

朝鮮語研究会編　定価 5,600 円 + 税

朝鮮語研究　6

朝鮮語研究会編　定価 5,000 円 + 税

朝鮮語研究　7

朝鮮語研究会編　定価 5,000 円 + 税

コリア系移住者の民族継承をめぐって
教育戦略と文化伝達
安本博司著　定価 3,600 円＋税

ろう理容師たちのライフストーリー
吉岡佳子著　定価 4,400 円＋税